Margrit Brückner, Lothar Böhnisch (Hrsg.)
Geschlechterverhältnisse

Geschlechterforschung

Herausgegeben von
Lothar Böhnisch, Heide Funk und Karl Lenz

Margrit Brückner, Lothar Böhnisch (Hrsg.)

Geschlechterverhältnisse

Gesellschaftliche Konstruktionen und Perspektiven ihrer Veränderung

Juventa Verlag Weinheim und München 2001

Die Deutsche Bibliothek - CIP-Einheitsaufnahme

Ein Titeldatensatz für diese Publikation ist bei
Der Deutschen Bibliothek erhältlich.

Umschlaggestaltung: Atelier Warminski, 63654 Büdingen
Printed in Germany

ISBN 3-7799-1368-2

Inhalt

Einleitung

Zur Relevanz der Geschlechterforschung

Geschlechterforschung weist die Sozialwissenschaften darauf hin, dass das soziale Dasein von Menschen nicht nur gesellschaftlich vermittelt, sondern auch an ihre jeweilige Leiblichkeit gebunden ist. Diese Leiblichkeit ist einerseits naturgegeben, andererseits ist sie nie nur Natur. Zwar gibt die Art unserer Wahrnehmung und die jeweilige kulturelle Interpretation dieser „Natur“ eine Form, die uns als „natürlich“ erscheint, gleichzeitig unterliegen diese Zuschreibungen starkem Wandel, was zeigt, dass sie von Menschen gemacht sind. Dieses Zusammenspiel von gesellschaftlicher Wandelbarkeit und leiblicher Gebundenheit ist auch letztlich dafür verantwortlich, dass Geschlechterbilder einerseits großen Veränderungen und Ausdifferenzierungen unterliegen, andererseits eine bemerkenswerte Beharrungstendenz aufweisen. Diese Bezugnahme zwischen Leiblichem und Gesellschaftlichem ist es schließlich auch, welche das Geschlecht zur idealen Orientierungs- und Ordnungskategorie hat werden lassen: Das System der Zweigeschlechtlichkeit kommt dem personalen Bedürfnis nach Zugehörigkeit und dem sozialen Bedürfnis nach Ordnung entgegen, weil es inkorporiert und gleichermaßen als Gesellschaftsordnung wiederfindbar ist. Dies drückt sich als weiblicher und männlicher Habitus aus, der scheinbar resistent genug ist, in der heute wachsenden Vielfalt von Frausein und Mannsein weiter zu wirken.

Trotz dieser hohen Relevanz, die der Geschlechtszugehörigkeit und Geschlechterdifferenz als sozial strukturierender Kategorie bis heute zukommt, haben die Sozialwissenschaften bis vor einem viertel Jahrhundert dieser Tatsache kaum Rechnung getragen. Das Problem wurde umgangen, in dem ein Geschlecht - das männliche - zur Norm erhoben und das andere entweder gar nicht berücksichtigt oder an dieser Norm gemessen wurde. Erst die Frauen- und Geschlechterforschung - und in jüngster Zeit die Männerforschung - haben sich dieser Zusammenhänge systematisch angenommen, spielen allerdings im wissenschaftlichen Mainstream immer noch keine wesentliche Rolle.

Offenbar haftet der Geschlechtlichkeit aufgrund ihrer Leibgebundenheit und der Zugehörigkeit zu nur einem Geschlechtsstatus Kränkendes an, mit dem sich auch die Sozialwissenschaft schwer tut, weil sie an die leibseelischen Tiefenstrukturen des Mann- und Frauseins nicht heranreicht, genauso wie sie sich schwer tut, das Angewiesensein der Geschlechter aufeinander aus seiner - freilich sozial gerichteten - menschlichen Natur zu akzeptieren. Denn diese Tatsache unserer aller geschlechtlichen Ursprungs ist es ja, welche die Menschheit dazu genutzt hat, geschlechtsspezifische Differenzen zu konstruieren, die diese existentielle Angewiesenheit entweder gänzlich leugnen oder in eine hierarchische Ordnung einbinden. Diese Überformungen betreffen keineswegs nur Zeugung und Geburt, sondern sollen bis zum Lebensende gültig sein. Dadurch entsteht der strukturelle Zwang, Lebenslagen von Anfang bis Ende nach Geschlechterzugehörigkeit unterscheidbar zu machen.

Wie verzwickt diese Zusammenhänge sind und wie untergründig Geschlecht und andere Zuschreibungen auf der Basis von Körperlichkeit weiterhin wirken, hat die amerikanische Forscherin Sandra Harding bei ihrem Vortrag Anfang der 90er Jahre an der Universität Frankfurt auf folgenden Begriff gebracht:

> „When a woman enters a room, sex comes in and when a black person enters a room, race comes in."

Weiß wird demnach nicht als ethnienspezifische Farbe wahrgenommen, und Männer stehen nicht für Sexualität und Geschlechtlichkeit.

Geschlechtszugehörigkeit bedeutet in einer polarisierten Gesellschaft wie der unsrigen, dass Einzelnen je nach Geschlecht bestimmte Merkmale zu- bzw. abgesprochen werden und so eine hohe identitätsbildende Bedeutung erhalten, denn schon bei der Geburt ist es neben der Frage nach der Gesundheit immer noch die erste Frage, ob es ein Junge oder ein Mädchen ist. Fortan wird alles, was das Kind tut daran gemessen, ob es seinem Geschlecht entspricht und die Handlungen der Erziehungspersonen transportieren eine entsprechend geschlechtsspezifische Botschaft, die entweder von einer Frau oder einem Mann stammen und als männlich oder weiblich zuträglich entschlüsselt werden. Weil dem Geschlecht so eine hohe Bedeutung zugemessen wird und Geschlecht damit den Charakter einer Strukturkategorie angenommen hat, stellt „Doing-Gender", das tägliche Bestätigen der Geschlechterverhältnisse durch das Tun eines Jeden und einer Jeden, einen wesentlichen Faktor menschlichen Handelns und Daseins dar. In der Verschränkung von Handeln und Struktur findet es sich als gesellschaftliches Herrschafts-, Ordnungs- und Regulationsmuster wieder und wirkt damit auf das alltagspraktische Handeln zurück. Geschlechtsdifferente Bedeutungen und Definitionen werden so bewusst und unbewusst immer wieder neu bestätigt aber auch verändert, wobei die historisch-strukturellen Grundmuster, welche die ökonomischen und politischen Machtstrukturen stabilisieren, beharrlicher und überdauernder sind als die alltäglichen Muster in der männlichen und weiblichen, bzw. gemeinsamen Lebensführung.

Während am Anfang Frauen und Männer als weitgehend homogene Gruppe verstanden wurden, beschäftigt sich Geschlechterforschung seit der Entwicklung dekonstruktivistischer Ansätze vorrangig mit Differenzierungen innerhalb der Geschlechtergruppen, d.h. mit Verschiedenheit von Frauen und Männern, wodurch das Veränderungspotential in den Arrangements der Geschlechterverhältnisse zwangsläufig in den Vordergrund rückt. Dieses Interesse nicht an der

Differenz, sondern an der Gegenseitigkeit bei gleichzeitiger Anerkennung der Vielfalt und eigenwertigen Unterschiedlichkeit des Mann- und Frauseins, öffnet auch den Blick für die Wahrnehmung des Eingebundenseins beider Geschlechter in eine Dominanzkultur, die sich gerade in den westlichen Industriegesellschaften über die Globalisierung verselbstständigt hat und Männern wie Frauen gleichermaßen zum Problem wird.

Diese Entwicklung macht die Notwendigkeit eines breiten Forschungs- und Praxisdiskurses „Geschlechterverhältnisse" noch dringlicher. Es zeichnet sich eine Entwicklung von hoher Ambivalenz ab, denn sie führt Frauen und Männer zwar in der Widerständigkeit gegen den Levithan Globalökonomie zusammen, gleichzeitig erzeugt sie aber auch neue Widersprüche dort, wo der globalisierte Wettbewerb Frauen und Männer über die Nationalstaatsgrenzen hinweg gegeneinander ausspielt. Angesichts der Logik der ökonomisch-technologisch vorangetriebenen Prozesse der Globalisierung und Rationalisierung und des zunehmenden Drucks auf die Arbeitsgesellschaften und Sozialstaaten können wir annehmen, dass auf der einen Seite Männer und Frauen sich gemeinsam in der Suche nach menschlichen Entfaltungsmöglichkeiten finden werden, genauso wie sich in den neuen Machtsphären der sozial entbetteten Ökonomien männliche Hegemonien neu festigen, aber auch weibliche Hegemonialansprüche zu ihnen in Konkurrenz treten werden.

Aber nicht nur angesichts dieser ambivalenten Hegemonialentwicklungen wird Geschlechterforschung dringlicher denn je. Es gibt auch eine zweite Ambivalenz, die ihre Notwendigkeit begründet: In der medialen Öffentlichkeit zu Beginn des 21. Jahrhunderts wird eine deutliche und anhaltende Nivellierung der Geschlechterrollen proklamiert. Denn der flexibilisierten Informations- und Wissensgesellschaft sind die traditionellen Geschlechterrollen sperrig und überständig geworden, zählen nicht Männer und Frauen, sondern Subjekte, die, losgelöst von ihren Befindlichkeiten, marktfähige, abstrakte Optionen anmelden und Chancen nutzen sollen. „Männliche" und „weibliche" Muster des Denkens und Verhaltens werden als Teil eines Repertoires betrachtet, aus dem sich die Subjekte das herausnehmen und pragmatisch anwenden, was ihnen in der jeweiligen Situation strategisch angemessen erscheint.

Gleichzeitig zeigen uns aber die vielen Befunde zur Gewalt in der Familie, zum Rechtsextremismus junger Männer oder zu männlichem und weiblichem Suchtverhalten, dass in diesem ökonomisch-technisch vorangetriebenen Prozess der Geschlechterrollennivellierung die Befindlichkeiten und kritischen Lebensprobleme übergangen werden, welche die Subjekte privat auszuhalten und zu bewältigen haben. Unter diesem Bewältigungsdruck tritt die Leibgebundenheit des Mann- und Frauseins erneut hervor, erleben wir längst überholt geglaubte geschlechtstypische Muster des destruktiven Gewaltverhaltens genauso wie der Selbstzerstörung. Wieder können die Sozialwissenschaften sich nicht der Leibgebundenheit und damit der Geschlechtsgebundenheit des menschlichen Verhaltens entziehen, so sehr sie auch auf die Geschlechternivellierung setzen.

Diese Ambivalenzen in der Entwicklung der Geschlechterverhältnisse durchziehen auch die Beiträge dieses Bandes, die vier unterschiedliche thematische Zugänge repräsentieren. Dabei geht es in den beiden ersten Beiträgen von Karin Jurczyk und Lothar Böhnisch vor allem darum, wo sich aus den jeweiligen Kontexten feministischer Frauenforschung und kritischer Männerforschung Anschlüsse für eine Thematisierung des Geschlechterverhältnisses ergeben. Margrit Brückner nimmt dann in ihrem sozialpolitisch reflexiven Zugang Aspekte dieser beiden Versuche auf und bringt sie in einen gemeinsamen geschlechterpolitischen Rahmen ein, der mit der Aufarbeitung der Care-Debatte als entsprechende Bezugsgröße geschlossen wird. Karl Lenz schließlich führt den Diskurs wieder auf die alltagsnahe, interaktive Struktur der Geschlechterbeziehungen zurück, um auch die Möglichkeiten der gemeinsamen Verständigung der Geschlechter untereinander und der Entwicklung entsprechender Spielräume - als empirische Voraussetzung für die Tragfähigkeit des Paradigmas - überprüfen zu können.

Karin Jurczyk

Individualisierung und Zusammenhalt

Neuformierungen von Geschlechterverhältnissen in Erwerbsarbeit und Familie

„Als er mir diesen Ring zum Geburtstag schenkte,
wusste ich, ich würde ihn ewig lieben.
Den Ring natürlich"

Werbung 1999

Heute ist vieles unklar geworden: Auf welcher Basis konstituiert sich der Zusammenhalt der Geschlechter? Lässt sich dieser Zusammenhalt als Solidarität bezeichnen? Und: Kann und muss er angesichts der zu beschreibenden aktuellen Tendenzen in Erwerb und Familie neu gedacht werden?

Hinter diesen Fragen steht zweierlei: eine Prämisse und eine Beobachtung. Die Prämisse bezieht sich auf den Sachverhalt der sozialen Konstruktion der Zweigeschlechtlichkeit. „Zusammenhalt" setzt logisch die Existenz von Verschiedenem voraus, zusammenhalten kann nur, was voneinander getrennt ist. Die Gegebenheit dieses Verschiedenen und Getrennten - des weiblichen und des männlichen Geschlechts - ist nicht als Naturtatsache zu verstehen, sondern als Ergebnis eines permanent reproduzierten Prozesses der „Ver-Zweigeschlechtlichung" (Wetterer 1995, S. 227) des Sozialen. Diese Dichotomisierung bezieht sich auf Institutionen, Organisationen und gesellschaftliche Sphären, direkt und basal aber auf Personen, deren Tätigkeiten und Eigenschaften entlang der Kategorie „weiblich-männlich" ungeachtet der empirischen Breite ihrer Aktivitäten, erst recht ungeachtet ihrer Potentiale reduktionistisch geordnet werden (Roloff/Metz-Göckel 1995). Die hieraus resultierenden Geschlechterordnungen sind wirklichkeitsmächtige Stereotypisierungen: die Geschlechterdifferenz zwischen Frauen und Männern ist - trotz und neben aller binnengeschlechtlichen Differenzierungen - eine soziale Tatsache. Auf der Basis dieser Prämisse soll im folgenden die Rede von Frauen und Männern und auch die anschließende Beobachtung verstanden werden.

Diese Beobachtung bezieht sich auf die aktuelle Gestalt der Geschlechterverhältnisse: Ein großer Teil der Frauen und Männer geht zwar nach wie vor private (Liebes)Beziehungen miteinander ein, sie leben zusammen, bekommen auch

Kinder miteinander und begegnen sich in der Erwerbsarbeit zunehmend als formal „gleiche" Kollegen, dennoch aber finden sich gleichzeitig zunehmend Phänomene für ein „Auseinanderdriften" der Geschlechter in Folge von Individualisierungsprozessen. Ich möchte diese Beobachtung in der These eines neuen Spannungsverhältnisses von Individualisierung und Zusammenhalt der Geschlechter formulieren. Es kann sein, dass dieses Auseinanderdriften nicht neu ist, sondern vielleicht „nur" die Bewusstwerdung und Thematisierung schon lange bestehender (wenn auch im sozialen Prozess der Modernisierung mit Nachdruck konstruierter) gravierender Unterschiede von Interessen und Orientierungen, Fähigkeiten und Praktiken, Lebenswelten und Sinnhorizonten von Frauen und Männern darstellt. Es kann ebenso sein, dass dieses Auseinanderdriften von denjenigen besonders schmerzlich konstatiert wird, die einige Jahrzehnte eine Utopie der Gleichheit, zumindest der Gleichberechtigung der Geschlechter verfolgt haben. Vor welchem speziellen Hintergrund auch immer, spätestens in den neunziger Jahren ist deutlich geworden, dass tradierte Formen des Zusammenhalts der Geschlechter brüchig werden, in Frage gestellt sind und es offen ist, wie seine neuen Formen aussehen können. Diese allgemeine These eines Prekärerwerdens des Geschlechterzusammenhalts, die gewiss streitbar ist, müsste - unter Ausformulierung soziohistorischer Bezugspunkte und -räume, die einen Vergleichshorizont abgeben - in den unterschiedlichen Altersgruppen und sozialen Milieus anhand einzelner Dimensionen einer genaueren empirischen Betrachtung unterzogen werden. Zudem wäre interessant zu erfahren, ob nicht Frauen und Männer als Geschlechtergruppen unterschiedliche Vorstellungen von dieser neuen oder alten „Fremdheit" der Geschlechter haben. Solche empirischen Fragen kann ich hier nicht beantworten[1], sondern ich möchte Hinweise auf strukturelle Hintergründe für dieses neue Spannungsverhältnis von Individualisierung und Zusammenhalt geben. Der Text fragt darüber hinaus zum einen, was die gegenwärtigen Entwicklungen bei Frauen und Männern in einem weiteren Sinn gesellschaftlich bedeuten: für die Verfasstheit von Erwerbsarbeit, das Leben in Familien, die Übernahme von Fürsorgearbeit, und abschließend zum andern, ob, in Anlehnung an die obige Prämisse, Individualisierung vielleicht zu Entgrenzung und Vervielfältigung der dichotomisierten Geschlechtergruppen führt.

Die Überlegungen werden in drei Schritten dargestellt. Erstens wird idealtypisch die traditionelle Basis des Geschlechterzusammenhalts skizziert. Zweitens werden die Entwicklungen in Erwerb und Familie als Tendenzen der Individualisierung beschrieben. Drittens frage ich, was diese Tendenzen für einen Zusammenhalt der Geschlechter heute bedeuten und welche gesellschaftlichen Rückwirkungen sie haben.

1 Eine neue Studie, die den Blick von Männern auf Frauen und das Geschlechterverhältnis untersucht, verweist v.a. auf erhebliche milieuspezifische Differenzierungen (Behnke 1997).

1. Die traditionelle Basis des Geschlechterzusammenhalts: Ökonomische Notwendigkeit, Hierarchie, polare Geschlechterbilder und romantische Liebe. Eine Skizze der ersten Moderne[2]

Was regelte bislang den Zusammenhalt der Geschlechter? Diese Frage zielt nicht auf die libidinösen Anziehungskräfte wie Lust, Liebe und Generativität in ihrer situativen Realisierung, sondern auf die gesellschaftlichen Regelungen und Institutionalisierungen von Geschlechterbeziehungen. Eine solche historische Perspektive zu explizieren ist wichtig, da wir die aktuelle Situation der Geschlechter in Erwerb und Familie auf einer Basis beurteilen, die sich in verschiedenen Etappen in der sog. ersten Moderne entwickelte - und eben diese Basis ist heute im Umbruch, sie entschwindet. In der sog. ersten Moderne - d.h. ca. im Zeitraum des neunzehnten Jahrhunderts bis ungefähr zu den 60er Jahren des zwanzigsten Jahrhunderts - konstituierten sich im soziogeographischen Raum Deutschlands die Geschlechterverhältnisse auf eine spezifische Weise, die wir uns paradoxerweise angewöhnt haben, „traditionell" zu nennen, obgleich sie erst mit der Moderne entstanden[3]. Knapp skizziert, basierten sie auf folgenden Elementen:

Dies ist *erstens* die strukturelle, räumliche und zeitliche Trennung der Gesellschaft in die Frauenwelt „Familie" und in die Männerwelt „Beruf". Beruf wurde zur „Sachwelt", zum Bereich von Tätigkeit und Arbeit, in der das zum Leben notwendige Geld verdient wurde, Familie wurde faktisch zum durchaus arbeitsintensiven Bereich der physischen und psychischen Versorgung der Familienmitglieder. Ideologisch wurde sie aufgeladen zur Welt reiner Emotionen, zum Bereich von Mutter- und Gattenliebe[4].

Diese Entwicklung beinhaltete *zweitens* die Entstehung der geschlechtshierarchischen Arbeitsteilung mit klaren, komplementären Zuständigkeitsbereichen. Auch wenn ein Teil der Frauen immer zusätzlich zu ihrer familialen Arbeit erwerbstätig war, wurden doch alle Frauen idealiter „verhäuslicht". Ein eigenes

---

2 Eine solche Phasierung, mit der man „erste" und „zweite" Moderne trotz aller Einwände als Epochenbegriff verstehen kann, bezieht sich auf das Theorem einfacher und reflexiver Modernisierung bei Beck 1996.

3 Hier sind zwei wichtige Differenzierungen zu bedenken, die allerdings nicht näher ausgeführt werden können. Erstens ist darauf hinzuweisen, dass der Modernisierungstypus und -verlauf in Deutschland nur einer von möglichen Modernisierungspfaden ist. Unterschiede innerhalb Europas hat im Zusammenhang mit der spezifischen Ausformung der Geschlechterverhältnisse in Erwerb und Familie v.a. Pfau-Effinger (1995; 1998) analysiert. Zweitens hat sich ab 1948 mit der Gründung der Bundesrepublik Deutschland und der Deutschen Demokratischen Republik auch innerhalb Deutschlands die Entwicklung gespalten: Verhäuslichung von Frauen und die Ausformung des Modells der Hausfrauenehe bspw. gilt nur für Westdeutschland. Im genaueren Sinn treffen deshalb die folgenden Merkmale der Geschlechterverhältnisse ab den 50er Jahren nur für Westdeutschland zu.

4 Vgl. ausführlich zu diesem historischen Kontext Dietzen 1993; Hausen 1978.

Recht auf Erwerbstätigkeit hatten sie nicht, diese galt nur in der Notsituation des Zuverdienstes oder des Ledigseins als legitim.

Die soziale und ökonomische Existenz von Frauen war damit *drittens* an die eines Mannes gebunden, des Vaters oder des Ehemannes. Frauen waren in allen öffentlichen und privaten Angelegenheiten, auch in der Familie, dem Manne untergeordnet. Diese Hierarchie der Geschlechter war juristisch kodifiziert, sie fand ihren Niederschlag in sozialen Konventionen.

Viertens wurden mit der realen und ideellen Zuordnung der Geschlechter zu bestimmten gesellschaftlichen Sphären und Tätigkeiten Geschlechtscharaktere konstruiert, definiert als vermeintlich typische und naturbedingte Eigenschaftskonstellationen von Frauen und Männern. Diese wurden als polar, einander ausschließend und sich wechselseitig ergänzend verstanden, wie etwa Emotionalität (als weibliche Eigenschaft) und Vernunft (als männliche Eigenschaft). Zwar bildeten sich mit Beginn der Moderne faktisch unterschiedliche Typen von Weiblichkeiten und Männlichkeiten aus (Connell 1999), soziokulturell dominant war jedoch die Tendenz einer vereinheitlichenden Konstruktion von „Frau" und „Mann" als Geschlechtswesen[5]. Die hierarchisch organisierte Geschlechterdifferenz bekam damit historisch eine neue, zentrale, „omnipräsente" Bedeutung in der industriekapitalistischen Gesellschaft.

Fünftens entstand mit der Moderne die Idee der romantischen Liebe als neues Beziehungsideal zwischen den Geschlechtern. Doch konnten es sich zunächst nur wenige „leisten", das Gefühl der Liebe zur Basis ihres Zusammenlebens als Paar bzw. Familie zu machen. Für viele galt lange die vormoderne Regel der Ehegattenwahl, die entweder den Stand, die Einkünfte oder die Arbeitsfähigkeit des Gatten, insbesondere in bäuerlichen Lebenszusammenhängen, in den Vordergrund rückte.

Damit lässt sich die These formulieren, dass die traditionelle Basis der Geschlechterverhältnisse einen *Zwangszusammenhalt* qua geteilter Ökonomie und polarer Geschlechtscharaktere darstellt, der hierarchisch organisiert ist und „abgepuffert" wird durch die Idee der Liebe. Man kann diesen (Zwangs)Zusammenhalt der Geschlechter auch in Analogie zu Emile Durkheims (1992) „mechanischer Solidarität" verstehen, die, ruhend auf einem patriarchalherrschaftlichen Fundament, scheinbar naturwüchsig aus den gegebenen Bedingungen erwächst[6]. Die weibliche und männliche Bezugsgruppe dieser Form der Solidarität werden dabei als zwar polar entgegengesetzte, dennoch aber als

---

5 Auch hier zeigt sich, dass, wie van der Loo und van Reijen (1992) sehr schlüssig argumentieren, Modernisierung ein *Paradox* darstellt: die Entwicklung der Geschlechtscharaktere unterliegt *gleichzeitig* einem Prozess von Vereinheitlichung und Differenzierung.

6 Diese Analogie zu Durkheim ist nur begrenzt stimmig, da er erst die folgende Stufe der "organischen Solidarität" (s.u.) mit der Entwicklung der Arbeitsteilung in Zusammenhang bringt.

komplementäre, sich notwendigerweise ergänzende und insofern als homogenes Ganzes gedacht.

An dieser Konstellation änderte der Prozess der Individualisierung, der mit der Moderne entstand, zunächst nichts. Denn wenn Individualisierung - nach Beck (1986) - anhand dreierlei Dimensionen bestimmt wird: erstens als Freisetzung aus ständischen und traditionell-familialen Zusammenhängen, zweitens als Verlust von Sicherheit durch die Erosion von Traditionen und Werten sowie drittens als neue Einbindung in Institutionen wie Arbeitsmarkt, Bildungssystem und später den Sozialstaat, so wissen wir heute, dass diese Prozesse hauptsächlich Männer betrafen. Erweitern wir die sog. Arbeitsmarktindividualisierung um das Verständnis von Individualisierung im naturrechtlichen Sinn, d.h. als Anerkennung von Menschen als eigenständige Person mit dem Recht auf Selbstbestimmung, trifft auch hier zu, dass Individualisierung zunächst ein einseitig-männlicher Weg war; das neue Menschenbild des autonomen Individuums war männlich konstruiert. Dies geschieht über den Weg der Universalisierung des Mannes zum Menschen schlechthin: er gilt als geschlechtsloser Repräsentant der Gattung „Mensch", wohingegen Frauen vorrangig als Geschlechtswesen bestimmt werden, wie bspw. Georg Simmel (1985) kritisch rekonstruiert. Die soziale Position von Männern in dem skizzierten Zwangszusammenhalt der Geschlechter wird durch ihre fortschreitende Individualisierung nur gestärkt, welche gerade in ihrer Einseitigkeit ein systematischer Bestandteil der Geschlechterverhältnisse der ersten Moderne ist.

2. Die Situation der Geschlechter in Erwerb und Familie. Tendenzen verallgemeinerter Individualisierung in der zweiten Moderne

Die bisher beschriebene Gestalt der Geschlechterverhältnisse ist heute im Umbruch, aber sie ist auch nicht einfach verschwunden: wir finden ein durchaus widersprüchliches Nebeneinander unterschiedlicher Ausprägungen „traditionaler" und „moderner" Elemente in Geschlechterverhältnissen, gerade dies ist typisch für die Gegenwart. In der folgenden Skizze der aktuellen Situation gehe ich von der These aus, dass Frauen heute das Versprechen der Moderne, das Recht auf Eigenständigkeit und Selbstbestimmung, ernst nehmen und auf sich selber anzuwenden beginnen, ohne damit aber einfach dem männlichen Individualisierungsmodell zu folgen. Hierdurch entstehen verschiedene, in sich komplexe Ausprägungen weiblicher Individualisierung, die auch Auswirkungen auf die Arbeits- und Lebensformen von Männern haben. Aufgrund dieser Entwicklungen, die z.T. in Zusammenhang stehen mit gesellschaftsstrukturellen Veränderungen, finden aktuell „Entgrenzungen"[7] oder „Entstrukturierungen[8], vormals

7 Vgl. zu dem in der sozialwissenschaftlichen Diskussion aktuellen Begriff Honegger et al. 1999; Jurczyk/Voß 2000.

relativ klarer, im Verlauf der ersten Moderne etablierter Lebens- und Arbeitsverhältnisse statt, die wiederum die bisherige Basis und Regelung des Zusammenhalts der Geschlechter in Frage stellen. In einem ersten Schritt werden die Veränderungen von Familie dargestellt, obgleich sie eng mit denen des Erwerbsbereichs zusammenhängen.

2.1 Familie: Pluralisierung und Dynamisierung

Zunächst sei das bekannte Faktum wiederholt, dass die sog. Normalfamilie, definiert als Vater-Mutter-Kind-Familie mit Ehe, traditioneller Arbeitsteilung und dem Mann als Alleinverdiener, nur noch eine Lebensform neben anderen ist. Die „fordistische Ara", die als „Blütezeit des männlichen Ernährermodells, des männlichen Alleinverdieners und der Hausfrauenehe" (Ostner 1999, S. 69) der westdeutschen Nachkriegsgesellschaft gelten kann - und damit als Realisierung und Kulminierung o.g. Merkmale der ersten Moderne -, ist zu Ende. Genauer betrachtet, haben private Lebensformen folgende Entwicklung genommen:

- Immer weniger Menschen leben überhaupt in einer Familie: in den Metropolen sind inzwischen die Hälfte aller Haushalte Einpersonenhaushalte. Im Gesamtgebiet der früheren Bundesrepublik ist der Bevölkerungsanteil derjenigen, die alleine leben, von 9,8% (1972) auf 16,6% (1996) gestiegen (BmFSFJ 1999, S. 15ff.). Dies sind nicht nur junge Erwachsene und ältere Menschen, sondern zunehmend Personen im mittleren Lebensalter, v.a. Männer.
- Damit bleibt jedoch die auf den ersten Blick immer noch beachtliche Zahl von 79% der Einwohner (Gesamt)Deutschlands[9], die in Familienhaushalten leben (ebd. S. 19). Der Begriff „Familie" verdeckt dabei jedoch eher die vielfältigen Möglichkeiten, das private Leben zu gestalten. Denn nur 57% der Bevölkerung leben in Mehrgenerationenhaushalten, d.h. mit Kindern im Haushalt (dagegen 1972: 72% im früheren Bundesgebiet) (ebd. S. 16). Nur für 2% der Bevölkerung sind dies Haushalte mit drei und mehr Generationen (1972: 7%). Zurückgegangen ist also v.a. die Zahl der Erwachsenen, die mit einem Ehepartner und Kind(ern) zusammenleben: von 43% (1972) auf 32% (1996) im früheren Bundesgebiet (ebd. S. 26).
- Bedeutsam ist auch, dass sich seit den 60er Jahren die Kinderzahlen nicht nur halbiert haben, sondern eine zunehmende Zahl von Frauen - ca. jede vierte - ganz kinderlos bleibt (Rerrich 1993a, S. 116). Träger des Anstiegs bei den kinderlos bleibenden Frauen ist die wachsende Zahl der Unverheirateten. Diejenigen, die Kinder bekommen, entscheiden sich vermehrt wieder

---

8 Diesen Begriff verwendet auch Lothar Böhnisch in diesem Band in Anlehnung an die geschlechterbezogene Hegemonialtheorie von Robert Connell (1987, 1999).

9 Beim Lesen der Zahlen ist zu beachten, dass die verwendeten Quellen oft unterschiedliche Bezugsräume und -größen angeben.

für zwei Kinder. Die 1960 geborenen Frauen werden jedoch im Durchschnitt nur 1,63 Kinder je Frau bekommen (BmFSFJ 1999, S. 94).

- Weitere, zunehmende Familienformen sind die fast ausschließlich weiblichen Alleinerziehenden, die ca. ein Fünftel aller Familien ausmachen[10], die nicht-ehelichen Lebensgemeinschaften mit und ohne Kinder sowie die gleichgeschlechtlichen Partnerschaften und die Lebensformen des „living apart together", z.B. in Form von Wochenendehen, getrennten Haushalten und Pendelbeziehungen, welche in Statistiken bislang kaum präzise erfasst werden können.
- Nicht zuletzt nehmen Scheidungen und Trennungen zu: die Scheidungsquote hat sich inzwischen auf dem Niveau von ca. 33% stabilisiert (ebd., S. 88). Dabei sinkt jedoch insgesamt sowohl die Eheschließungs- als auch die Wiederverheiratungsquote: nach neueren Schätzungen werden im Westen Deutschlands 29% der 1960 geborenen Männer und 20% der Frauen dieses Geburtsjahrgangs ledig bleiben (ebd., S. 78ff.):

Diese aktuellen Entwicklungen besagen zweierlei: es existieren heute nicht nur verschiedene Lebensformen nebeneinander, sondern im Lebenslauf von Personen ändern sich häufiger als früher Lebensform und Familienstand. Durch die Zunahme von Trennungen und Scheidungen, aber auch von Phasen des Alleinlebens und Wiederverheiratungen sind Lebensformen weniger einheitlich und weniger stabil, sie pluralisieren und dynamisieren sich.

Gleichzeitig zu dieser, auch sozial zunehmend akzeptierten Vervielfältigung von privaten Lebensformen und -verläufen sowie ihrer zunehmenden Brüchigkeit steigt paradoxerweise die Bedeutung von Liebe, von Familie, von Kindern. Die Ansprüche an eine „gelungene Beziehung" sind gewachsen: wo früher als gemeinsame Sache die Kinder, das Haus, der gute Ruf oder die Sicherung der Existenz nach der Phase des Verliebtseins ausreichten, um zusammen zu bleiben, steht heute die Suche nach dem individuellen privaten Glück, das für Vieles herhalten muss. Beck und Beck-Gernsheim (1990) sprechen davon, dass die Liebe zur neuen „Religion" geworden sei, zum Ersatz für Lebenssinn und andere soziale Beziehungen. Was in der ersten Moderne ein romantisches Ideal war, das nur in seltenen Fällen realisiert werden konnte, ist heute milieuübergreifend zur allgemeinen Erwartung geworden. Dies bedeutet nicht nur eine immense Aufwertung von Liebe und intimen Beziehungen, sondern tendenziell auch ihre Überforderung. Denn wo die Erwartung permanenten persönlichen Glücks zur wichtigsten Basis der Zweisamkeit wird, fällt es schwerer, die Mühen des Alltags zu ertragen. Dies gilt um so mehr, als dieser gemeinsame Alltag aufgrund der drastisch gestiegenen Lebenserwartung viele Jahrzehnte dauern kann. Eine Folge ist, dass man eben auch leichter wieder auseinander geht - häufig, um in einer neuen Beziehung neues Glück zu suchen. Eine andere Folge ist, dass Familie und Beziehung zum „Dauerdiskurs" werden. Gemeinsamkeit wird zur

10 Der Anteil der Mütter liegt bei 85% (BmFSFJ 1994: 34).

Verhandlungssache, bei der strukturell immer weniger vorgegeben ist (Beck-Gernsheim 1990). Dies beginnt heute bei der Frage der Namenswahl, es betrifft das zentrale Problem, wer von beiden was, wann, wie und warum in Beruf, Haushalt und Freizeit macht, und mündet darin, dass selbst Verwandschaftsbeziehungen - z.B. die Eltern-Kind-Beziehungen im Falle der Trennung der Eltern, Stiefelternschaften als Folge von neuen Eheschließungen - „erarbeitet" werden müssen (und können) (Giddens 1993). Dadurch erweitern sich zwar klein gewordene Familiennetze wieder, was für die Betroffenen durchaus positiv sein kann, aber auch dies setzt bewusste Auseinandersetzung an die Stelle von zuvor etablierten und klar geregelten familiaren Rechten und Pflichten.

Zusätzlich sind die Vorstellungen vom privaten Glück für Frauen und Männer sehr unterschiedlich. Auch dies ist neuer Konfliktstoff, zumindest, sobald er expliziert wird. Männer betonen nach wie vor v.a. die instrumentelle Seite, dass im Alltag „alles gut läuft", sie wollen Versorgung auf allen Ebenen (Beck-Gernsheim 1990). Frauen legen dagegen Wert auf Verständnis, auf Austausch und innere Nähe, sie wünschen inzwischen für sich selbst das, was wichtiger Aspekt ihrer traditionellen Frauenrolle war: Anerkennung, Gefühle, Zärtlichkeit, Wärme. Sie erwarten Reziprozität. Hier wirkt sich auch ihre zunehmende Berufstätigkeit aus: nicht nur auf ein wachsendes Selbstbewusstsein, was die Formulierung ihrer Erwartungen angeht, sondern darauf, dass auch sie nun eigentlich eine Person brauchen, die „für sie da ist" - mit Streicheleinheiten, Verständnis, Respekt und Hintergrundarbeit.

Diese Lücke wird jedoch nur von wenigen Männern gefüllt: Frauen haben sich zwar aus ihrer einseitigen Zentrierung auf die Familie gelöst, doch umgekehrt sind Männer diesen Weg kaum gegangen. Die Arbeitsteilung zwischen Frauen und Männern erweist sich, trotz partiell veränderter Einstellungen, sobald sie sich alltagspraktisch zusammentun, aber spätestens dann, wenn Kinder da sind, als über die Maßen stabil: familiale Arbeit ist nach wie vor Frauenarbeit. Aktuelle Zeitbudgetuntersuchungen belegen dies (Blanke/Ehling/Schwarz 1996). Drastisch zeigt sich die große quantitative Bedeutung der Hausarbeit an folgenden Zahlen:

> „Alle Personen ab dem zwölften Lebensjahr leisteten in Deutschland (1992) 95,5 Milliarden Stunden an unbezahlter Arbeit (...), das sind 59% mehr als die bezahlte Erwerbsarbeit (60 Milliarden Stunden). Rund 2/3 der unbezahlten Arbeit wurde von Frauen geleistet." (ebd., S. 16)

Auch die qualitativen Untersuchungen im Feld häuslicher Arbeitsteilung (vgl. zusammenfassend Müller 1998 und Rerrich 2000, sowie Jurczyk/Rerrich (Hg.) 1993; Projektgruppe „Alltägliche Lebensführung" 1995) machen deutlich, dass sich zwar einige ihrer Puzzlestücke, aber nicht das Gesamtbild verändert hat. So sind etwa heutzutage Männer, wenn auch nicht proportional zum gestiegenen Berufsengangement von Frauen, im Generationenvergleich stärker in der Familie engagiert als ihre Väter und Großväter, und dies mit einer gewissen Selbstverständlichkeit. Sie „helfen" im Haushalt auf Wunsch partiell „mit" und führen mehr oder weniger folgsam einige Aufgaben aus, sie sind teilweise bewusstere und engagiertere Väter als vor einer Generation. Interessant sind aber die neuen Grenzlinien der Arbeitsteilung: Selbst die (wenigen) Männer, die sich relativ stark an familialer Arbeit beteiligen, überlassen die „wirkliche" im Gegensatz zur „zeitlichen" Verantwortung für Haushalt und Familie und die Gesamtregie über die vielen Facetten des gemeinsamen Alltags ihren Frauen (Jurczyk/Rerrich 1993 a). Auch trifft einerseits zu, dass Männer aufgrund eines veränderten (Selbst)Bewusstseins von Frauen eher unter Rechtfertigungsdruck für ihr Handeln stehen. Andererseits lässt sich jedoch, folgt man einer aktuellen repäsentativen Untersuchung (Statistisches Bundesamt (Hg.) 1997, S. 450), nicht einmal mehr die gängige These stützen, dass Männer „im allgemeinen" heute ihre Einstellung, wenn auch nicht ihre Praxis „modernisiert" hätten. Denn 53% der westdeutschen Männer äußern die Ansicht, dass es am besten für alle Beteiligten sei, wenn der Mann voll im Berufsleben steht und die Frau zu Hause bleibt[11]. So haben sich mit der zunehmenden Erwerbstätigkeit von Frauen und Müttern (s.u.) weder die geschlechtsspezifische häusliche Arbeitsteilung noch die entsprechenden Einstellungen aufgelöst. Im Anschluss an Kathleen Gerson (1993) lässt sich demnach die übliche Modernisierungssemantik umdrehen: es geht nicht mehr darum, die Defizite von Frauen auszugleichen und sie zu mehr „männlichen" Eigenschaften und Tätigkeiten zu ermutigen, sondern darum, das Modernisierungs-Gap (i. e. Lücke) von Männern zu erkennen und in den Mittelpunkt geschlechterpolitischer Strategien zu stellen.

Für Frauen führt das ungelöste Dilemma ihrer Teilhabe an Beruf und dabei fortbestehender familialer Zuständigkeit zu einer hohen Daueranforderung, die allerdings auch den Erwerb spezifischer Kompetenzen (wie Organisations- und Kooperationsfähigkeit, Flexibilität, soziale Empathie etc.) ermöglicht. Um sich zu entlasten, etablieren Frauen komplexe (Frauen)Netzwerke, die Teile der Hausarbeit übernehmen (Rerrich 2000). Sie greifen zunehmend auf eine Strategie zurück, die bislang nur gutbürgerlichen Milieus vorbehalten war und die zu einer erneuten Differenzierung, ja *Polarisierung zwischen Frauen* führt: sie suchen andere Frauen, an die sie Teile „ihrer" Hausarbeit delegieren können. Diese verstärkte Arbeitsteilung und soziale Ungleichheit zwischen Frauen spielt sich ab zwischen denjenigen (wenigen) Frauen, die mit qualifizierter Berufsarbeit soviel Geld verdienen, dass sie einen Teil der Hausarbeit weitergeben können an diejenigen Frauen, die froh sind, überhaupt eine bezahlte, wenn auch meist ungesicherte Beschäftigung in privaten Haushalten oder hausarbeitsnahen Beschäftigungen zu finden. Andere Frauen mit Kindern und Beruf lösen, mangels öffentlicher Kinderbetreuungseinrichtungen, dieses Problem, indem sie auf

11 Diese Zahl ist gegenüber dem zurückliegenden Erhebungszeitpunkt 1991 (51%) wieder gestiegen, v. a. liegt sie signifikant über der der ostdeutschen Männer, wo sie sogar von 35% (1991) noch auf 27% (1996) gesunken ist. Allerdings: bemerkenswert ist, dass sich die westdeutschen Frauen mit 47% (1996) bzw. 49% (1991) nur geringfügig von ihren Männern unterscheiden (ebd.: 451). Die Berufstätigen unter ihnen bejahen dieses Modell 1996 allerdings nur noch mit 30%.

die Großmütter zurückgreifen - europaweit immer noch die wichtigste unbezahlte, wenn auch schwindende[12] Ressource der Kinderbetreuung (vgl. Rerrich 1993b). Auch dies war im Rahmen der Mehrgenerationenfamilie, die in einem Hause wohnte, eine übliche, einfache und naheliegende Strategie; heute erfordert es eigenständige Organisationsarbeit, Großmutter und Kind zeitlich und räumlich zusammenzubringen.

Als Fazit lässt sich ziehen, dass Familien nicht nur in ihren Formen diversifiziert und in ihrem Verlauf dynamisiert sind, sondern dass auch ihr Innenleben, für beide Geschlechter nochmals unterschiedlich, komplexer und komplizierter geworden ist. Dies betrifft sowohl das Leben mit Kindern als auch die Beziehung zwischen den Erwachsenen. Der Aushandlungs- und Abstimmungsbedarf nimmt entsprechend zu, in vielerlei Hinsicht kommt es zu einer neuen „Arbeit des Alltags“ (Jurczyk/Rerrich 1993 (Hg.). Familie ist zu einem fragilen Projekt, zum „Balanceakt“ (Rerrich 1990) geworden, das nicht mehr als alternativlos angesehen wird. Im Rückblick wird, fast paradox, in der zweiten Moderne nicht nur die restriktive, sondern auch die handlungs- und sinnfindungsentlastende Bedeutung allgemein verbindlicher Traditionen deutlich.

2.2 Erwerbsbereich: Entgrenzung und Feminisierung

Wie hat sich nun - in Wechselwirkung mit den skizzierten Veränderungen im Privaten, aber auch unabhängig davon - die Erwerbssituation von Frauen und Männern geändert? Zunächst ist festzustellen, dass die Krise der Arbeit nicht darin besteht, dass der Gesellschaft die Arbeit ausginge, denn notwendige Aufgaben gibt es im Öffentlichen und Privaten mehr als genug: nicht das viel beschworene „Ende der Arbeitsgesellschaft“ steht an, sondern ein Wandel von der „Arbeits- zur Tätigkeitsgesellschaft“ (Senghaas-Knobloch 1999). Das Problem besteht nicht im Mangel von Arbeit, sondern in einer sozial und individuell gerechten und befriedigenden Verteilung unterschiedlicher bezahlter und unbezahlter Tätigkeiten. Ebensowenig hat der oftmals beschworene drastische Abbau von Arbeitsplätzen stattgefunden: seit den 80er Jahren ist ein absoluter und relativer Anstieg der Beschäftigung zu verzeichnen (Willke 1998, S. 277 ff.). In den 80er Jahren nahmen die Arbeitsplätze in Deutschland (bezogen auf das frühere Bundesgebiet) um 3 Millionen zu, in den 90er Jahren nahmen sie zwar wieder ab, es gibt aber heute immer noch absolut betrachtet mehr Arbeitsplätze als 1986. Auch die Erwerbsbeteiligung der 15- bis 64-Jährigen, eine relative Größe, hat geringfügig zugenommen, sie liegt bei gut 70% (ebd.).

Trotz dieser Zunahme der Beschäftigung verzeichnen wir aber einen drastischen Mangel an bezahlter Arbeit. Nicht nur das Arbeitszeitvolumen ist stark verringert: von 1885 Stunden effektiver Jahresarbeitszeit (je Arbeitnehmer im gesamtwirtschaftlichen Durchschnitt) im Jahr 1970 auf 1500 Stunden im Jahr

12 Schwindend deshalb, weil die Großmütter entweder selbst noch berufstätig sind oder nicht mehr bereit sind, ihren wohlverdienten Ruhestand weiterhin mit Hausarbeit und Kindererziehung zu verbringen.

1995 (Willke 1998, S. 90). Darüber hinaus ist die Nachfrage nach Erwerbsarbeit wesentlich deutlicher gestiegen als das Angebot an (bezahlten) Arbeitsplätzen. Dies macht die seit den 90er Jahren konstant hohe Erwerbslosigkeit von ungefähr 10% - zuzüglich der auf mehrere Millionen geschätzten verdeckt Erwerbslosen - deutlich.

Diese Nachfrage kommt vor allem von Seiten der Frauen, der größte Teil der o.g. Zuwächse an Arbeitsplätzen ist an sie gegangen (Stolz-Willig/Veil 1999 (Hg.). Auch hier einige Zahlen:

- Der Anteil der Frauen an der Gesamtzahl der Erwerbstätigen - mithin die allgemeinste Relation von erwerbstätigen Frauen und Männern - beträgt 1995 42% (BmFSFJ 1998, S. 3), was eine leichte, aber kontinuierliche Steigerung zu den Vorjahren bedeutet. Obwohl die Entwicklung auf dem Arbeitsmarkt v.a. hinsichtlich Ost- und Westdeutschland, Branchen, Berufen und Ausbildungsniveaus stark variiert, ja teilweise gegenläufig ist (vgl. Engelbrech/Gruber/Jungkunst 1997), lässt sich festhalten, dass im Westen auch in Krisenzeiten der Frauenanteil im Vergleich zu dem der Männer bis Anfang der 90er Jahre gestiegen ist, was auf die Spezifika des Arbeitsplätzeabbaus in der Industrie und im verarbeitenden Gewerbe sowie auf die Ausweitung von Dienstleistungen zurückzuführen ist (BmFSFJ 1998, S. 55):

  „Der größte Teil des Beschäftigungszuwachses seit dem letzten Tief im Jahre 1983 bis zum Höchststand Mitte 1992 kam zu zwei Dritteln (1,9 Mio.) Frauen zugute.“ (ebd.)

- Dies gilt trotz gleichzeitig hoher Erwerbslosigkeit, an der Frauen im Osten, nicht im Westen Deutschlands, überproportional teilhaben (ebd., S. 3).
- Insgesamt liegt die Frauenerwerbsquote (d.h. Erwerbstätige sowie arbeitslos gemeldete oder in Mutterschutz und Erziehungsurlaub befindliche Frauen im Alter von 16 bis 59 Jahren) 1995 bei 74% in den alten und 87% in den neuen Bundesländern (Datenreport 1997, S. 498). Zieht man die erwerbslosen Frauen hier ab, so bleibt mit den Zahlen des Bundesministeriums in Ostdeutschland eine Erwerbsquote von 74% und in Westdeutschland von 60% (BmFSFJ 1998, S. 51). Das Niveau der Frauenbeschäftigung nähert sich damit in Ost- und Westdeutschland stark an, was aus der Perspektive ostdeutscher Frauen allerdings einen massiven Rückgang bedeutet (vgl. Engelbrech/Gruber/Jungkunst 1997), aus der Perspektive westdeutscher Frauen dagegen eine Steigerung von gut 10% seit 1960 (BmFSFJ 1998, S. 51).
- Auffallend ist v.a. die zunehmende Mütter- und Ehefrauenwerbstätigkeit:

  „1995 waren 57% aller 15- bis 64-Jährigen Frauen mit Kindern (im Haushalt) erwerbstätig, die Hälfte davon in Teilzeitverhältnissen. Von den alleinstehenden Müttern mit Kindern unter 18 Jahren waren 63% erwerbstätig, verheiratete Mütter zu 56,5%“ (BmFSFJ 1998, S. 4).

- Selbst in der problembeladenen Gruppe der Ehefrauen mit Kindern unter 3 Jahren sind 40,4% erwerbstätig; bei denjenigen mit Kindern von 15 bis 18 Jahren sind dies 66,3% (ebd.). In den 60er Jahren war nur jede dritte Mutter schulpflichtiger Kinder erwerbstätig (Garhammer 1997).
- Dies bedeutet, dass Frauen weniger denn je nur in den im sog. Drei-Phasen-Modell vorgesehenen Phasen, sondern in allen Abschnitten ihrer Biografie, formell und informell, Ein-, Aus -, Seiten - und Hintertüreneinstiege ins Erwerbsleben praktizieren. Diese finden jedoch häufig keinen adäquaten Ausdruck in den Statistiken (Born et al. 1996), weil Frauen oftmals nicht in sog. Normalarbeitsverhältnissen, sondern in Graubereichen der marktförmigen Ökonomie arbeiten. Hierzu zählen v.a. nicht gemeldete und nicht versicherungspflichtige Erwerbstätigkeiten von Frauen im Bereich privater Haushalte, wie Putzen und Kinderbetreuung, die zusätzlich auf einige Millionen geschätzt werden (Rerrich 1993b).

Diese eher groben Hinweise machen deutlich, dass die Erwerbstätigkeit von Frauen keine begründungspflichtige Ausnahme mehr ist, sondern (allerdings immer noch prekäre und ambivalente) Normalität. Heute wird von Frauen erwartet, dass sie in der Lage sind, sich zumindest bei Bedarf selbst zu ernähren. Eine doppelte Orientierung von Frauen auf Familie und Beruf ist damit zur selbstverständlichen Anforderung geworden.

Doch damit ist ihre Erwerbstätigkeit auch durch vielfältige Dilemmata gekennzeichnet. Sie ist immer noch eine auf „Widerruf" unter Vorbehalt faktischer oder nur potentiell als subjektiv oder objektiv möglich erachteter Familienpflichten, und dadurch[13] ist sie nach wie vor anders beschaffen als die von Männern. Die geschlechtsspezifische Segregation des Arbeitsmarktes bzgl. Branchen, Berufen und Positionen und entsprechenden Einkommensunterschieden ist weitgehend stabil (BmfSJF 1998, S. 61ff.). Daran hat auch die verstärkte Integration von Frauen in den Arbeitsmarkt nichts geändert, im Gegenteil, denn die quantitativen Zuwächse der Frauenarbeitsplätze in den letzten Jahrzehnten in Westdeutschland verdanken sich überwiegend der Zunahme von Teilzeitarbeit. 1995 sind 18% aller abhängig Beschäftigten teilzeitbeschäftigt, dabei liegt die Teilzeitquote der Frauen bei 39%, die der Männer bei 3% (Bauer et al. 1996, S. 25). Und auch die sog. geringfügige Beschäftigung[14] ist ge-

---

13 Hier muss allerdings bedacht werden, dass die Konnotation von Frauen mit Familie nur *ein* Mechanismus ist, mit dessen Hilfe ihre Differenz (hier i. S. ihrer Besonderheit und Minderwertigkeit am Arbeitsmarkt) konstruiert wird. Es gibt auch andere, inhaltlich wechselnde Begründungen, die das Gleichheitstabu zwischen den Geschlechtern aufrechterhalten wie etwa mangelnde Eignung etc. (Wetterer 1995).

14 Seit der gesetzlichen Neuregelung geringfügiger Beschäftigung am 1.4.1999 gilt als Einkommensobergrenze 630 DM. Ihre Besonderheit besteht in der Versicherungsfreiheit. Zwar können sie jetzt als Pflichtbeitragszeit für den Erwerb von Rentenansprüchen geltend gemacht werden, und mit einem zusätzlichen Beitrag von 7,5% des Lohnes an die Rentenversicherung erhöhen sie die Rentenansprüche. Doch „geringfügig" Beschäftigte sind weder kranken- noch arbeitslosenversichert. Für die berufliche und

schlechtsspezifisch strukturiert: die Zahl der Frauen (3,3 Mio.) liegt um ein Drittel höher als die der Männer (2,3 Mio.) (BmFSFJ 1998, S. 112), auch hier mit allen Konsequenzen geringerer Karriere- und Einkommenschancen. Die vorfindliche Segregation des Arbeitsmarktes baut auf dem nach wie vor eingeengten Berufswahlspektrum junger Frauen auf (ebd., S. 56): Auch heute sind die am häufigsten gewählten Berufe von Frauen Verkäuferin, Arzthelferin, Friseuse und Bankkauffrau.

Bezogen auf den Erwerbsbereich kann man demnach nach wie vor nur von einer „begrenzten Integration" (Gottschall 1995) von Frauen in den Arbeitsmarkt reden. Damit zeigt sich auch die Erwerbssituation von Frauen heute widersprüchlich: einerseits sind sie stärker in Erwerbsarbeit integriert, die eindeutige Zuordnung der Geschlechter zu „ihren" Arbeitsbereichen ist insofern aufgebrochen, als sie, v.a. Mütter und Ehefrauen, zunehmend erwerbstätig sind und ein kleiner Teil v.a. hochqualifizierter Frauen berufliche Arbeit an Stelle von Familie setzt[15], andererseits bewegen sie sich immer noch, da sie die Verantwortung für private Fürsorgearbeit behalten haben, in geringer entlohnten und qualifizierten, statusniedrigeren, zeitlich reduzierten und sozial schlechter abgesicherten Segmenten des Arbeitsmarktes.

So ist es trotz mancher Annäherungen auch im Erwerbsbereich nicht zu einer wirklichen Angleichung der Geschlechter gekommen. Und angesichts anhaltender Umstrukturierungen des Erwerbsbereichs ist mehr als offen, ob Frauen ihre starke Erwerbsorientierung auch künftig realisieren können (vgl. Engelbrech/Gruber/Jungkunst 1997). Es ist zu vermuten, dass eine verstärkte Individualisierung von Frauen, nicht nur, aber auch bezogen auf ihre Partizipation am Arbeitsmarkt, aller Voraussicht nach (wieder) zu einer verstärkten Konkurrenz zwischen den Geschlechtern auf dem Arbeitsmarkt führt.

Denn auch die Erwerbssituation der Männer hat sich verändert, einige Tendenzen wurden bereits angedeutet. Zentral ist, dass sich das Bild „normaler" männlicher Erwerbstätigkeit wandelt. Hintergrund sind „Entgrenzungstendenzen" der Strukturen von Erwerbsarbeit, sie betreffen Arbeitszeit und Arbeitsort, die Verfasstheit der Beschäftigungsverhältnisse, den Berufsverlauf u.a.m. (Voß 1998). Damit wächst das Erwerbslosigkeitsrisiko, v.a. in den tradierten Männerbranchen, und gerade die Form der vollzeitigen, lebenslangen, unbefristeten und abgesicherten Erwerbsarbeit, die bislang im wesentlichen von Männern ausgeübt wurde, wird knapper. So steigt etwa die Tendenz, Berufsanfänger nur noch auf Teilzeitbasis einzustellen, insbesondere solche mit Hochschulabschluss (Willke 1998, S. 106), für einen Teil von ihnen wird daraus ein „lebenslänglich Probezeit", wie die ZEIT 1997 titulierte. Und während beispielsweise

---

private Situation von Frauen spielt geringfügige Beschäftigung eine prekäre und hochambivalente Rolle - dies zunehmend, da sie verstärkt an die Stelle von bislang regulären Teilzeitverhältnissen tritt.

15 Die Studie von Keddi et al. (1999) belegt, dass ca. 10% der jungen Frauen in ihrem Lebensentwurf die Priorität auf Beruf legen, vgl. auch Geissler/Oechsle (1996).

der Anteil der Frauen (in Hessen) mit eigenem Erwerbseinkommen von 30 auf 33% stieg, so fiel er bei Männern von 56 auf 50%[16]. Die Form sog. „monogamer Arbeit“ (Gross 1996) - d.h. die Ausübung ausschließlich eines Berufs über einen langen Zeitraum hinweg oder sogar lebenslang - verschwindet, dafür nehmen Befristung, Selbständigkeit, prekäre Beschäftigungsverhältnisse und in der Folge neue Anforderungen an Arbeitskräfte zu, die nur noch zum Teil im Bild „traditioneller“ abhängiger und verberuflichter Lohnarbeit aufgehen. Arbeitskräfte werden zunehmend zu Unternehmern ihrer selbst, zu „Arbeitskraftunternehmern“, die für ihre adäquate Qualifizierung und Vermarktung selbst zu sorgen haben (Voß/Pongratz 1998). Dabei zeichnet sich eine Polarisierung des Arbeitsmarktes nicht nur nach dem Kriterium der GewinnerInnen und VerliererInnen solcher Entgrenzungen ab, sondern auch danach, dass diese Tendenz (noch) nicht alle betrifft: es wird prekäre, aber auch „Normal“arbeitsverhältnisse nebeneinander geben.

An zwei Beispielen sei die These der Entgrenzung von Arbeit, die nun auch Männer betrifft, kurz erläutert.

- In der *räumlichen* Dimension der Arbeit finden wir eine neue Vermischung von Arbeits- und Lebensbereichen. Mithilfe der Formen neuer Heimarbeit (home-offices, Teleheimarbeit usw.) oder intensivierter Mobil- bzw. Außendienstarbeit sollen unausgeschöpfte Rationalisierungs- und Motivationspotentiale bei den Mitarbeitern oder eine verbesserte Möglichkeiten der Kundenbetreuung erschlossen werden. Die Beschäftigten müssen in der Folge immer selbständiger die räumliche Strukturierung ihrer Arbeit organisieren.
- An die *zeitliche* Entgrenzung von Erwerbsarbeit haben wir uns in den vergangenen Jahren schon fast gewöhnt. Die repräsentative Arbeitszeitstudie des ISO-Instituts in Köln weist die empirische Auflösung der „Normalarbeitszeit“ nach: denn im Jahr 1995 haben nur noch 17% aller abhängig Beschäftigten in der Bundesrepublik sog. „normale“ Arbeitszeiten (Bauer et al. 1996, S. 11ff.). Die anderen fünf Sechstel oder 83% der ArbeitnehmerInnen leisten Schicht- und Nachtarbeit (13%), Wochenendarbeit (Sonntagsarbeit 15% und Samstagsarbeit 31%) und regelmäßige Überstunden (45%), sind zu 18% teilzeitbeschäftigt und 28% arbeiten mit Gleitzeit. Männer sind an diesen Flexibilisierungen, abgesehen von Teilzeitarbeit (s.o.), mindestens gleichermaßen beteiligt. Zwar hält der Trend zur Flexibilisierung bereits länger an, und es gab immer schon Gruppen, die zu ungewöhnlichen Zeiten gearbeitet haben wie PolizistInnen, Krankenpflegepersonal u.a.. Doch Flexibilisierungen weiten sich drastisch aus: noch vor zehn Jahren waren 27% im Rahmen sog. Normalarbeitszeiten erwerbstätig (Groß et al. 1987, S. 6ff.). Zugenommen haben in den letzten Jahren v.a. Sonntags-, Teilzeit-, Gleitzeit- und Überstundenarbeit (Bauer et al. 1996, S. 25). Die Daten belegen, dass Arbeitszeiten immer weniger dauerhaft und für große Gruppen verbindlich sind, sondern dass zunehmend zur Disposition steht, wann und wie lange ge-

16 Nach einem Bericht der Gießener Allgemeinen Zeitung vom 15.12.1997.

arbeitet wird. Das betrifft nicht nur Beginn und Ende der täglichen Arbeit, sondern greift immer mehr auch auf Woche, Monat und Jahr sowie die Rhythmisierung des Arbeitslebens insgesamt über.

Für Frauen waren diese „Unregelmäßigkeiten“ Normalität, für Männer werden sie es erst jetzt. Das Brüchigwerden des sog. Normalarbeitsverhältnisses, das eine bislang typische, auf den männlichen Alltag und Lebenslauf zugeschnittene Form beruflichen Arbeitens darstellte, trifft deshalb Männer in ihrem Erwerbsleben anders. Auch ihre Erwerbsarbeit ist nun umfassenden Tendenzen der Flexibilisierung, Deregulierung und Entgrenzung ausgesetzt. Bei der Inblicknahme der aktuellen Erwerbssituation von Männern ist demnach ein Perspektivenwechsel zu vollziehen: die „Krise der Arbeit“ erweist sich für Männer als eine Infragestellung ihres status quo der vergangenen Jahrzehnte; die Entwicklung der Frauenerwerbstätigkeit hat dagegen den umgekehrten Ausgangspunkt: den der „selbstverständlichen“ Abweichung von der männlichen Norm. Bezogen auf die Erwerbsarbeit von Männern lässt sich deshalb heute tendenziell nachgerade von einer „Feminisierung“ der Arbeit sprechen, insofern als auch männliche Erwerbsverläufe diskontinuierlicher werden, die Arbeit geringer bezahlt, flexibel (selbst)organisiert, zunehmend fristig und unsicher. Hier scheint sich eine Schere zwischen den Geschlechtern zu schließen, allerdings in einer Anpassung nach „unten“. Diese Entwicklung erinnert an die von feministischer Seite in den 80er Jahren vertretene These der „Hausfrauisierung der Arbeit“ (von Werlhof et al. 1983), welche bereits damals im internationalen Zusammenhang diskutiert wurde und die aktuell von Beck (1999) plakativ formulierte These der „Brasilianisierung der Arbeit“ vorwegnahm[17].

3. Zusammenhalt unter den Bedingungen zunehmender Individualisierung: Solidarität der Geschlechter als reflexives Projekt der „zweiten“ Moderne und seine strukturellen Voraussetzungen

Ich möchte die Entwicklungen von Erwerbsarbeit und Familie folgendermaßen zusammenfassen: Für beide Geschlechter hat sich in den vergangenen Jahrzehnten ihre Erwerbssituation geändert, ebenso wie sie sich innerhalb von Familie teilweise neu positionieren, auch zeigt sich binnengeschlechtlich eine größere Vielfalt an Lebens- und Arbeitsformen. Dennoch ist - aufgrund einer verschiedenen Ausgangssituation - sowohl die Krise der Erwerbsarbeit wie die Krise der Familie in ihren Verläufen, in ihren Bedeutungen und Folgen für beide Geschlechter unterschiedlich. Auf diesem Hintergrund wird plausibel, wa-

17 Dieses Stichwort weist allerdings auch auf eine Leerstelle dieses Textes hin: die mangelnde Einbindung der Diskussion um die Entwicklung von Arbeit im Kontext von Globalisierung. M. E. kann jedoch diese Debatte, einschließlich der Frage nach GewinnerInnen und VerliererInnen in internationaler Perspektive, nicht sinnvoll in zwei Absätzen umrissen werden.

rum auch, trotz aller Binnendifferenzierung, aktuelle Interessen und Orientierungen von Frauen und Männern im Umgang mit diesen Krisen unterschiedlich sind.

Bei *Frauen* ist davon auszugehen, dass ihre stärkere Partizipation an Erwerbsarbeit oder zumindest ihr Wunsch danach forciert wird durch drei Ursachen: erstens dadurch, dass Ehe und Familie keine Existenzsicherung mehr bedeuten, zweitens durch ein Interesse an mehr Selbstbestimmung und Unabhängigkeit sowie drittens durch die immanente Struktur der Hausarbeit als nicht-anerkannter und isolierter Tätigkeit, welche aufgrund sinkender Kinderzahlen und steigender Lebenserwartung auch quantitativ an Bedeutung verliert. Frauen *wollen* also nicht nur erwerbstätig sein, sondern sie *müssen* dies auch[18].

Doch auch wenn die Transformation der Geschlechterverhältnisse im Hinblick auf Berufstätigkeit damit eher einseitig von Frauen auszugehen scheint, erweisen sich die Konstellationen von Lebensentwürfen, Identitäten, Alltag etc. auch auf ihrer Seite als vielfältig und widersprüchlich. Neuere Untersuchungen weisen auf deutliche Differenzierungen, ja Polarisierungen der Lebensentwürfe junger Frauen hin: zwischen solchen, die Familie und solchen, die Beruf in den Vordergrund stellen und auf Mann und Kinder verzichten sowie solchen, die explizit ihre Verbindung anstreben (Geissler/Oechsle 1996; Keddi et al. 1999). Zwar lässt sich die „typische“ Form weiblicher Individualisierung nach Angelika Diezinger (1991, 1993) als „gebundene Individualisierung“ bezeichnen, eine Individualisierung also, die Bindungen ebenso wie verantwortliche Fürsorgearbeit in die eigenen Interessen bewusst ein- und nicht ausschließt. Immer deutlicher tritt daneben jedoch das Segment derjenigen Frauen um Dreißig hervor, die sich bewusst für einen Lebensentwurf jenseits von Familie entscheiden (Keddi et al. 1999).

Die strukturellen Ambiguitäten der Individualisierung von Frauen finden sich auch auf der Ebene alltäglicher Lebensführung wieder: angesichts der neuen Risiken und Konflikte, die ihr Anspruch auf mehr Selbstbestimmung mit sich bringt, praktizieren viele Frauen ambivalente Strategien in ihrem Alltagshandeln. So wechselt etwa ein bestimmter Typus von Frauen, die sog. „Chamäleonfrauen“ (Jurczyk/Rerrich 1993b), je nach Ort und Anforderung quasi bruchlos seine Identität und Aktivität: aktiv, zielstrebig und selbstbewusst im Beruf, „legen“ diese Frauen zu Hause, bildlich gesprochen, sofort „die Schürze an“. Sie thematisieren Konflikte und Widersprüche im Hinblick auf Geschlechterbilder und Arbeitsteilung nicht. Oder aber sie loben in einer „Ökonomie der Dankbarkeit“ (Hochschild 1989) das familiale Engagement ihrer Männer weit über deren tatsächliche Leistung hinaus, um deren Partizipation und Motivation zu erhalten. Sie halten „Konsensfiktionen“ über die egalitäre Teilung der Arbeit aufrecht, eine „Illusion von Gleichheit und Emanzipation“ (Koppetsch/Burkart

18 Ein weiterer zentraler Grund für die steigende Frauenerwerbstätigkeit ist ihr hohes Bildungsniveau, das an das der Männer nahezu angeglichen, an manchen Stellen sogar höher ist (BmFSFJ 1998: 21ff).

1997), die sich bei genauer Betrachtung der realen Zeitquanten als nicht begründet erweist. Man kann zusammenfassen, dass Frauen heute Beziehungen zwar nicht mehr, wie die Generation ihrer Mütter, um (fast) jeden Preis bewahren, sie dennoch aber auch bei zunehmender Selbständigkeit meist beziehungsorientiert leben, wobei sie zur Aufrechterhaltung ihrer prekären inneren und äußeren Balancen und des Zusammenhalts ihrer Beziehungen mit Männern komplexe Strategien entwickeln. Frauen sind also nicht nur strukturell genötigt, Widersprüchliches zu vereinbaren, sondern sie tragen das Spannungsverhältnis von Individualisierung und Zusammenhalt, von Autonomie und Bindung auch in sich selbst. Ein großer Teil der Frauen hat zwar, mehr oder weniger freiwillig, ein Interesse an der Veränderung der Geschlechterverhältnisse, aber auch ihm machen die „Fröste der Freiheit" (von Wysocki 1980) Angst.

Demgegenüber gibt es kaum artikulierte äquivalente Veränderungswünsche von *Männern* (vgl. Behnke 1997; Connell 1999; Meuser 1998). Zwar hat die „zweite" Moderne zu weiteren Differenzierungen der Geschlechterbilder und der entsprechenden Handlungsweisen auch bei Männern geführt:

- in solche, die die Männerrolle reflektieren
- in solche, die verbal oder konkret die Gleichheitsforderung von Frauen, insbesondere in Beruf und Gesellschaft, unterstützen
- in solche, die als aktive Väter und/oder in der Hausarbeit einen größeren Beitrag in der Familie leisten
- in Traditionalisten, die sich auf etablierte Geschlechterbilder und -welten berufen, die dabei aber eine Verantwortung als Familienernährer übernehmen (vgl. v.a. Meuser 1998, S. 183ff.)
- in solche, die sich eine „Superfrau" wünschen, die alles kann, ohne ihre eigene männliche Rolle zu ändern
- in solche, die die Emanzipation von Frauen (miss)verstehen als Gelegenheit, sich von reziproken Versorgungspflichten zu befreien
- und schließlich in solche, die sich der veränderten Realität von seiten der Frauen verweigern, indem sie entweder gewalttätig werden oder auf vermeintlich fügsamere Frauen aus anderen Kulturen zurückgreifen.

Trotz dieser Differenzierungen liegt verteilungsmäßig ein starkes Gewicht auf Traditionalität. Der Gedanke also, dass die für Männer neuen objektiven Unsicherheiten im Hinblick auf den Verlauf ihrer „Normalbiografie" und die Gestaltung ihres „normalen Alltags" subjektiv durchaus zu produktiven Verunsicherungen führen könnten, entspringt offensichtlich eher dem Wunschdenken von (einigen) Frauen. Die geschlechtsspezifische Arbeitsteilung, die die männliche Zuständigkeit für berufliche Arbeit impliziert, scheint den Interessen der meisten Männer zu entsprechen - was nicht verwundert, da doch die hieraus resultierende soziale Position mit Privilegien verknüpft ist.

So lässt sich zwar eine umfassende Verunsicherung von Männern im Hinblick auf ihre tradierte Geschlechterrolle konstatieren. Doch nur wenige interpretieren sie als Chance, um Berufliches und Familiales anders als bislang zu gewichten und den Blick zu öffnen für die Vereinseitigungen, die mit der Zentrierung auf berufliche Arbeit und Identität auch verbunden sind. Männer haben, so zeigen die Untersuchungen, eher ein Interesse an herkömmlichen Mustern der Arbeitsteilung und der Arbeitszeit, sie wünschen sich lediglich mehr Freizeit (vgl. Bielenski/Strümpel 1988; Hörning et al. 1990; Strümpel 1988). Diese „Zeitkonservativität" lässt sich auch, aber nicht nur mit den ungleichen Einkommensstrukturen von Frauen und Männern begründen, ebenso wichtig scheint, trotz oder wegen der o.g. Verunsicherungen ein nach wie vor stabiles Bild von einem „richtigen" männlichen Lebensentwurf. Und auch der Teil der Männer, der zumindest verbal eine größere Selbständigkeit von Frauen befürwortet, nimmt dies kaum zum Anlass einer praktischen Änderung des eigenen Verhaltens.

Im Hinblick auf die Perspektive der Geschlechterverhältnisse ist ein besonders interessanter Befund der Studie von Meuser (ebd., S. 246ff.), dass sich Modernisierung i. S. von Egalität nicht, wie zu vermuten, in Milieus mit besonders hohem Bildungsniveau findet, sondern am ehesten bei jungen Facharbeitern, die pragmatisch-orientierte Arrangements leben. Dort wird die Geschlechterhierarchie nicht reflektiert und politisiert (auch nicht von Seiten der Frauen), sondern aufgrund äußerer Notwendigkeiten (z.B. durch Schichtarbeit oder bei „dual-career-couples") und der Anerkennung der „gleichen" Leistung der Frauen findet eine Teilung der Arbeit statt. Diese Männer betonen gleichzeitig, dass ihr Verhalten nichts mit Emanzipation zu tun habe; es ist als Ausdruck einer geschlechtsneutralen Leistungsethik zu verstehen (ebd.).

Wo Frauen sich also zumeist in der widersprüchlichen Situation befinden, nach wie vor auf fürsorgliches Handeln für andere verpflichtet zu werden und berufliche Interessen hintanzustellen, ohne jedoch hierüber noch eine verläßliche Existenzsicherung in den Institutionen Ehe und Familie zu bekommen (mit der Konsequenz, ihre umfassende Verfügbarkeit für familiale Belange zu reduzieren und teilweise auf Kinder zu verzichten), scheinen Männer dieses strukturelle Paradox zu ignorieren - zumindest interpretieren sie es nicht als Handlungsanforderung an sich selbst. Man kann sagen, dass es in privaten Beziehungen an einer Äquivalenz der Fürsorge der Geschlechter füreinander mangelt. So lässt sich zusammenfassen, dass die Veränderungen in der Erwerbs- und Lebenssituation von Männern eher von „außen", durch die skizzierten strukturellen Umbrüche, als durch von männlichen Subjekten getragene Veränderungswünsche induziert sind, wie dies zumindest bei einem Teil der Frauen der Fall ist. Diese Umbrüche sowie die Veränderungen von Frauen nehmen sie kaum als Chance für ein anderes Miteinander wahr, sondern oftmals als Bedrohung ihrer Geschlechteridentität - im „guten" Fall nur als weiteren Individualisierungsschub.

In gewisser Weise stehen wir damit heute vor einer Pattsituation. Der traditionelle Geschlechtervertrag komplementärer Versorgung, der in Reinform ohnehin nur für begrenzte Gruppen funktioniert hat, ist aufgekündigt, aber es ist kein neuer an seine Stelle getreten. Je wichtiger die Liebe individuell geworden ist, um so weiter haben sich die Geschlechter voneinander entfernt, um so fragiler werden ihre Beziehungen. Vielleicht ist dies unvermeidlich, wenn tatsächlich nichts als Liebe, als „reines Gefühl" die Basis von Beziehungen ist - denn diese ist von Natur aus flüchtig. Oscar Wilde formulierte spöttisch:

> „Der einzige Unterschied zwischen einer Laune und der ewigen Liebe besteht darin, dass die Laune etwas länger dauert." (zitiert nach Süddeutsche Zeitung 1999)

Die Frage des Zusammenhalts der Geschlechter über das „reine Gefühl" der Liebe hinaus ist - unter den skizzierten Bedingungen der zweiten Moderne - aber noch nicht einmal gestellt, geschweige denn beantwortet. Vielleicht sind wir gerade an einen Punkt angekommen, wo es aufgrund des übermächtigen Ideals der romantischen Liebe einerseits, aber auch aufgrund des Ideals individueller Selbstverwirklichung andererseits unsinnig scheint, überhaupt diese Frage zu stellen. Selbstbezogene Interessen treffen auf wenig realitätstaugliche Vorstellungen von Liebe und Gemeinsamkeit: dies ergibt eine schwierige Gemengelage für die Konstruktion von Geschlechterbeziehungen, die mehr als situativ sein sollen.

Damit stellt sich gesellschaftspolitisch betrachtet aber noch ein ganz anderes Problem. Unter Bedingungen, wo „Natur", Konvention, Hierarchie und ökonomische Notwendigkeit als Begründungen für den Geschlechterzusammenhalt brüchig werden und Frauen unterschiedliche und ambivalente Strategien und Interessen verfolgen, entsteht ein Vakuum an Zuständigkeit für reproduktive Arbeit: wer, wenn nicht länger kollektiv das weibliche Geschlecht, wird Fürsorgearbeit übernehmen? Wer wird beispielsweise die angesichts der wachsenden Alterspyramide gewaltige Zahl zu versorgender alten Menschen pflegen? Angesichts der demographischen Entwicklung von immer mehr Alten und immer weniger Kindern scheint es ein gesellschaftspolitischer Luxus, die Frage der Verbindung von familialem und beruflichem Leben und Arbeiten weiterhin als Frauenproblem zu betrachten - und noch dazu als individuelles Problem jeder einzelnen Frau. Es ist ein grundlegendes Problem aller Mitglieder und Institutionen dieser Gesellschaft. Auch auf dieser allgemeinen und überindividuellen Ebene, d.h. über die persönlichen Beziehungen im Kontext von Gerechtigkeit, Anerkennung und Glücksuche hinausgehend, stellt sich die Frage nach Individualisierung und Zusammenhalt der Geschlechter neu - es sei denn, Gen-, Reproduktions- und andere medizinische Technologien werden als ernsthafte gesellschaftspolitische Optionen erachtet, um Krankheit, Bedürftigkeit und Pflege zu umgehen und damit Probleme von Fürsorgearbeit zu lösen.

Die Folgen der für die Geschlechter fortschreitenden, wenn auch unterschiedlich gerichteten und gestalteten Individualisierung, die sich binnengeschlechtlich nochmals ausdifferenziert, sind im Hinblick auf ihren Zusammenhalt, ihr Zusammenkommen und ihr Zusammenbleiben wenig diskutiert. Es ist nicht nur deutlich, dass die allgemeine und oft allzu pauschale Diskussion um Individualisierung nicht geschlechtsneutral geführt werden kann - zu erheblich sind die nach wie vor trotz aller Pluralisierungen bestehenden Unterschiede in Lebenslagen und Lebensführungen von Frauen und Männern. Darüber hinaus ist die hier zentrale Frage, ob und wie diese zweierlei (bzw. die binnengeschlechtlich nochmals vervielfältigten) Individualisierungen zueinander ausbalanciert werden können oder anders formuliert: wie sich das neue Spannungsverhältnis von Individualisierung und Zusammenhalt der Geschlechter gestaltet. Ich möchte hierzu die These formulieren, dass die zunehmende Fragilität des Zusammenhalts der Geschlechter gleichzeitig, scheinbar paradox, die Möglichkeit des Entstehens einer neuen Art des Zusammenhalts bietet: einer *reflexiven Solidarität der Geschlechter.*

Ich will dies abschließend an der Frage diskutieren, welche Perspektiven die skizzierten Entgrenzungen im Erwerbsbereich für die Geschlechterverhältnisse in sich bergen. Einerseits spricht viel dafür, dass diese die Individualisierung von Männern, aber auch von Frauen, wollen sie den beruflichen Anforderungen gerecht werden, eher noch weiter vorantreiben. Denn in der Tat verlangen viele der neuen Beschäftigungsmöglichkeiten zunehmend nach „Job-Nomaden" (ZEIT 1997), nach mobilen, voll verfügbaren, flexiblen und ungebundenen Personen, was ein Leben in verpflichtenden Beziehungen, v.a. ein Leben mit Kindern, erschwert. Die meisten neuen Jobs, v.a. die hochqualifizierten, fordern den vollen Einsatz der ganzen Person (vgl. Voß/Pongratz 1998). Aber auch Niedrigqualifizierte müssen permanent bereit sein, Leistung zu bringen. Für *beide* gilt, dass nicht nur angesichts knapper Arbeitsplätze, sondern auch angesichts der neuen Wirtschafts- und Sozialpolitik, die auf mehr Markt, mehr Wettbewerb, mehr Flexibilität, weniger Staatsausgaben und niedrigere Löhne setzt, sich die Konkurrenz der Arbeitskräfte, zwischen und innerhalb der Geschlechter, untereinander verschärft. Jede Stunde, die dabei für die Familie verwendet wird, fehlt im Kampf gegen den kinderlosen Konkurrenten (Süddeutsche Zeitung 1999).

Dies ist jedoch nur die eine Seite: denn andererseits machen die Veränderungen von Berufen in Richtung „Job", wie kürzere Arbeitszeiten, zunehmende Fristigkeit, geringere Einkommen etc., gleichzeitig ein Leben von nur einem Gehalt schwieriger. Angesichts des neuen Primat des Marktes und des neuen „Laborismus" sind Personen, vor allem aber Familien, auf Mehrfacheinkommen angewiesen (Ostner 1999, S. 72). Die männliche Einverdienerehe weicht endgültig dem Modell der Zuverdienerehe, ohne damit aber wirklich eine ökonomische Selbständigkeit von Frauen wie in anderen europäischen Ländern (vgl. Pfau-Effinger 1995) erreicht zu haben. Bereits bestehende Familien werden dadurch vielleicht eher zusammengeschweißt, aber Familiengründungen nicht eben befördert. Es ist mehr als fraglich, ob die neue Strategie des arbeitspolitischen „Empowerment", d.h. alle Subjekte prinzipiell beschäftigungsfähig zu machen, ein Leben als Familie erleichtert, wenn nicht zumindest gleichzeitig entscheidend die Rahmenbedingungen einer „Vereinbarkeit“ von Beruf und Familie wie etwa Kinderbetreuungseinrichtungen verbessert werden. Hierfür scheint aber erst recht kein Geld in den öffentlichen Kassen zu sein. Unter den Bedingungen des neuen Turbokapitalismus, in dem, perspektivisch überspitzt, alle, Frauen wie Männer, hochflexibel erwerbstätig sein müssen, ohne jedoch davon noch eine existenzsichernde Entlohnung und eine kalkulierbare Berufsbiografie erwarten zu können, wird Familie möglicherweise zu einem elitären Projekt für diejenigen, die es sich leisten können; die finanziell Schlechtergestellten erfahren durch Kinder unkalkulierbare Risiken. Damit werden Kinder zu einer „Sollbruchstelle“ zukünftiger Geschlechterbeziehungen. Jenseits der Kinderfrage aber wird die Perspektive des Zusammenhalts der Geschlechter in der individualisierten Erwerbsgesellschaft verstärkt davon abhängen, ob diese, diesmal auch von Männerseite, ökonomisch aufeinander verwiesen sind. Dabei unterliegt beides einer hochgradigen sozialen Ungleichheit: berufliche Position und Einkommen entscheiden nicht nur darüber, ob sich eine Person auf der Gewinner- oder Verliererseite des Arbeitsmarktes befindet, sondern verstärkt auch wieder über die Kinderfrage und das Beziehungsverhalten. *Auch hier ist das Fazit widersprüchlich: Die gleiche Entwicklung der Erwerbsarbeit, ihre Entgrenzung, macht, milieuspezifisch differenziert, ein gemeinsames Leben sowohl schwieriger als auch notwendiger.*

Ich möchte zum Schluss zwei Szenarien skizzieren: ein mehr und ein weniger optimistisches. Nach der eher optimistischen Einschätzung haben heute die Geschlechter trotz aller bestehender struktureller und individueller Barrieren erstmals ansatzweise überhaupt die Möglichkeit, sich als „Gleiche“ zu begegnen. Man kann die geschilderten Befunde so zusammenfassen, dass der Prozess der Individualisierung zwar einerseits wie eine sich selbst verstärkende Spirale ist, der die Geschlechter immer weiter auseinanderbringt. *Dennoch ist aber andererseits durch Individualisierung auf ökonomischer Ebene sowie auf der Ebene der Orientierungen zum erstenmal wirklich „Solidarität“ als wechselseitig anerkennendes Verhältnis von Frauen und Männern möglich.* Eine solche Solidarität wäre qualitativ anders konstituiert als der bislang skizzierte traditionelle Zusammenhalt der Geschlechter, der auf der Basis polarisierender Geschlechterbilder, von Hierarchie und von ökonomisch notwendiger Komplementarität der Arbeitsteilung als Zwangsverhältnis und Notzusammenhang funktionierte. Fallen diese traditionellen Bedingungen weg, müssen und können die Gründe für und die Formen des Zusammenlebens von Frauen und Männern bewusst formuliert und aktiv gestaltet werden. Geschlechterbeziehungen werden damit zu einem reflexiven Projekt, das v.a. mit Freiwilligkeit und dem Wissen um Alternativen der Lebensgestaltung zu tun hat. *Individualisierung - verstanden als geistige, emotionale, körperliche, sexuelle und ökonomische Selbstbestimmung - ist so gesehen kein Gegensatz zu einer neuen Solidarität der Geschlechter, sondern gerade ihre Voraussetzung.*

Dabei basiert Anerkennung im Geschlechterverhältnis auf der Akzeptanz des „Andersseins" des/r Anderen, welches jedoch nicht mit kollektiven Geschlechtscharakteren und nicht mit der komplementären Geschlechterdichotomie, sondern mit individuellen Unterschieden begründet wird, die in der Eigenständigkeit jeder Person liegen. Hier lässt sich wiederum eine Analogie zu Durkheims „organischer Solidarität" als bewusst hergestellter, aber risikohafter, tendenziell anomischer Solidarität ziehen, die sich aus der Verschiedenartigkeit von Menschen speist. So paradox es klingt, lässt sich eine solche neue Solidarität zwischen den Geschlechtern auch als Auflösung des Dualismus zwischen Frauen und Männern als prinzipiell differenten Geschlechtsgruppen und als Anerkennung der Vielgestaltigkeit weiblicher und männlicher Geschlechtswesen verstehen (vgl. hierzu auch Teubner 1995). Es ist zu hoffen, dass die Triebkräfte der Menschen, wie Sexualität, die Sehnsucht nach Bindung und Intimität, der Wunsch nach Kindern, stark genug sind, damit Frauen und Männer in ihrer Vielgestaltigkeit die Mühen dieses reflexiven Projektes wechselseitiger Anerkennung auf sich nehmen.

Aber - und dies ist die weniger optimistische These -: unter aktuell verschärften Konkurrenzbedingungen bzgl. Arbeitsplätzen und Bildung sind die notwendigen Ressourcen dafür, dass die Formen des Zusammenlebens bewusst und egalitär gestaltet werden können, zunehmend sehr ungleich verteilt. Als Voraussetzungen von Individualisierung und in der Folge von „reflexiven" Geschlechterbeziehungen müssen zum einen die Möglichkeit finanzieller Eigenständigkeit, die auch als Kombination von personenbezogenem Erwerbseinkommen und staatlicher Mindestsicherung denkbar sind, und zum andern kulturelles und soziales Kapital, zu denen Bildung und kommunikative Kompetenzen zumindest in rudimentärer Form gehören, gelten. Doch die Arbeitsmarktprognosen sind für beide Geschlechter ungewiss, noch mehr für Frauen. Wenn neue und alte Arbeitsplätze kein ausreichendes Einkommen mehr gewährleisten, gleichzeitig aber einen zunehmend hohen beruflichen Einsatz fordern, wird parallele Fürsorgearbeit trotz z.T. familienfreundlich gedachter Flexibilisierungen eher erschwert. Und ebenso zeichnet sich eine deutliche Polarisierung der Ausstattung mit Bildung ab. Die Konturen sozialer, oft gewaltbereiter Problemgruppen mit niedrigem Bildungsniveau, in denen tradierte Geschlechterbilder neu belebt werden, werden schärfer. Hier ist wenig Raum für Anerkennung und Aushandlung. Es ist nicht nur plausibel, dass Familiengründungen und das Eingehen einer verbindlichen Beziehung unter solchen Bedingungen schwerer fallen, sondern auch, dass Familie und Beziehung in neuer, komplizierter Weise wieder zum „Notzusammenhang" werden. Denn was passiert in einer Familie, die emotional zerrüttet ist, in der aber aufgrund finanzieller Knappheit eine Trennung nicht in Erwägung gezogen wird? Wie vertragen sich neue ökonomische Abhängigkeiten mit veränderten Orientierungen wie Gleichheits- bzw. Selbstverwirklichungsidealen? Funktioniert der Rückgriff auf traditionelle Geschlechterbilder noch - oder wieder - und für welches der beiden Geschlechter? Es ist zu beobachten, dass eine „Lösung" darin bestehen kann, dass sich Paare ganz bewusst für eine traditionelle geschlechtsspezifische Arbeitsteilung entscheiden, womit sie allerdings ein oberflächlich betrachtet „altes" Muster zum Ergebnis gemeinsamer Aushandlung umwandeln und damit dessen hierarchische Qualität verändern (Jurczyk/Rerrich 1993a). Eine andere Möglichkeit aber ist, dass in Krisensituationen Gewalt eingesetzt wird, in der die „männliche Dividende" zum Zuge kommt[19], weil andere Lösungen und Handlungsalternativen nicht verfügbar sind.

Die sich abzeichnenden gesellschaftlichen ungleichen Chancenverteilungen und Polarisierungen, die auch die Problemfelder sozialer Arbeit mitbestimmen, dürfen nicht zugunsten eines idealisierenden, aber realitätsfernen Bildes einer angeblich verbreiteten „neuen Partnerschaft" zwischen den Geschlechtern ignoriert werden. Individuelle finanzielle Eigenständigkeit (auch wenn diese sich aus mehreren Geldquellen zusammensetzt) und Bildung müssen als strukturelle Voraussetzungen für eine neue Geschlechtersolidarität mitreflektiert werden (bei der Geschlecht als Zweigeschlechtlichkeit, nur scheinbar absurd, letztlich nicht mehr im Vordergrund steht). Es geht um die politische, soziale und wissenschaftliche Rahmung eines Prozesses, der die Verbindung von Individualität und Solidarität in Geschlechterverhältnissen als Möglichkeit begreift - es sei denn, wir befinden uns auf dem „Weg in eine utopielose Zeit" (Klinger 2000). Die skizzierte neue Verbindung von Individualität und Solidarität ist mehr als ein Geschlechterthema, sie berührt auch die Frage, in welcher Gesellschaft wir leben wollen und ob dort Platz für eine Fürsorgeethik (Eckart 1992) ist. Wenn allerdings dieser „solidarische Individualismus" (Helmut Berking) im Anschluss an die Erosion der geschlechterpolarisierenden Zuweisung von Individualität und Autonomie an Männer und Zusammenhalt und Bindung an Frauen nicht zentral auch ein Geschlechterthema ist, hat er wenig Chancen, ein wirksamer neuer gesellschaftlicher Integrationsmodus zu werden.

Literatur

Bauer, Frank/Groß, Hermann/Schilling, Gabi (1996): Arbeitszeit '95. Arbeitszeitstrukturen, Arbeitszeitwünsche und Zeitverwendung der abhängig Beschäftigten in West- und Ostdeutschland. Hrsg. vom Ministerium für Arbeit, Gesundheit und Soziales des Landes Nordrhein-Westfalen. Düsseldorf

Beck, Ulrich (1986): Risikogesellschaft. Auf dem Weg in eine andere Moderne. Frankfurt/Main

Beck, Ulrich (1996): Das Zeitalter der Nebenfolgen und die Politisierung der Moderne. In: Beck, Ulrich/Giddens, Anthony/Lash, Scott: Reflexive Modernisierung. Eine Kontroverse. Frankfurt/Main, S. 16-102

Beck, Ulrich (1999): Schöne neue Arbeitswelt. Vision: Weltbürgergesellschaft. Frankfurt/New York

---

19 Ein Ausdruck von Connell (1987, 1999) für das „letztendlich" immer vorhandene Potential männlich-hierarchischen Verhaltens (vgl. hierzu auch den Beitrag von Böhnisch in diesem Band).

Beck, Ulrich/Beck-Gernsheim, Elisabeth (1990): Das ganz normale Chaos der Liebe. Frankfurt/Main

Beck-Gernsheim, Elisabeth (1990): Von der Liebe zur Beziehung? Veränderungen im Verhältnis von Mann und Frau in der individualisierten Gesellschaft. In: Beck, Ulrich/ Dies., a.a.O., S. 65-104

Behnke, Cornelia (1997): „Frauen sind wie andere Planeten". Das Geschlechterverhältnis aus männlicher Sicht. Frankfurt/New York

Bielenski, Harald/Strümpel, Burkhard (1988): Eingeschränkte Erwerbsarbeit bei Frauen und Männern. Fakten - Wünsche - Realisierungschancen. Berlin

Blanke, Karen/Ehling, Manfred/Schwarz, Norbert (1996): Zeit im Blickfeld. Ergebnisse einer repäsentativen Zeitbudgeterhebung. Bd. 121 der Schriftenreihe des Bundesministeriums für Familie, Senioren, Frauen und Jugend. Stuttgart, Berlin, Köln

Born, Claudia/ Krüger, Helga/ Lorenz-Mayer, Dagmar (1996): Der unentdeckte Wandel. Annäherung an das Verhältnis von Struktur und Norm im weiblichen Lebenslauf. Berlin

Bundesministerium für Familie, Senioren, Frauen und Jugend (BmFSFJ) (Hg.) (1994): Bericht der Regierung der Bundesrepublik Deutschland für die 4. Weltfrauenkonferenz 1995. Bonn

Bundesministerium für Familie, Senioren, Frauen und Jugend (BmFSFJ) (Hg.) 1998: Frauen in der Bundesrepublik Deutschland. Bonn

Bundesministerium für Familie, Senioren, Frauen und Jugend (BmFSFJ) (Hg.) 1999: Die Familie im Spiegel der amtlichen Statistik. Bonn

Connell, Robert W. (1987): Gender and Power. Sydney

Connell, Robert W. (1999; orig. 1995): Der gemachte Mann. Konstruktion und Krise von Männlichkeiten. Opladen

Dietzen, Agnes (1993): Geschlecht und Modernität. In: Dies.: Soziales Geschlecht: soziale, kulturelle und symbolische Dimensionen des Gender-Konzeptes. Opladen, S. 45-60

Diezinger, Angelika (1991): Frauen: Arbeit und Individualisierung. Opladen

Diezinger, Angelika (1993): Geschlechterverhältnis und Individualisierung: Von der Ungleichheitsrelevanz primärer Beziehungen In: Frerichs, Petra/Steinrücke, Margareta (Hg.): Soziale Ungleichheit und Geschlechterverhältnisse, Opladen, S. 145-158

Durkheim, Emile (1992; orig. 1930): Über soziale Arbeitsteilung. Studie über die Organisation höherer Gesellschaften. Frankfurt/Main

Eckart, Christel (1992): Der Blick in die Nähe. Fürsorglichkeit als Fokus feministischer Gesellschaftskritik. In: Die Neue Gesellschaft/Frankfurter Hefte, 1/1992, S. 63-70

Engelbrech, Gerhard/Gruber, Hannelore/Jungkunst, Maria (1997): Erwerbsorientierung und Erwerbstätigkeit ost- und westdeutscher Frauen unter veränderten gesellschaftlichen Rahmenbedingungen. In: Mitteilungen aus der Arbeitsmarkt- und Berufsforschung, Nürnberg, 1/1997, S. 150-169

Garhammer, Manfred (1997): Familiale und gesellschaftliche Arbeitsteilung - ein europäischer Vergleich. In: Zeitschrift für Familienforschung, Jg. 9, H. 1/1997, S. 149-162

Geissler, Birgit/Oechsle, Mechtild (1996): Lebensplanung junger Frauen. Zur widersprüchlichen Modernisierung weiblicher Lebensläufe. Weinheim

Gerson, Kathleen (1993): No Mans Land. Mens changing Commitments to Family and Work. New York
Giddens, Anthony (1993): Wandel der Intimität. Sexualität, Liebe und Erotik in modernen Gesellschaften. Frankfurt/Main
Gießener Allgemeine Zeitung vom 15.12.1997
Gottschall, Karin (1995): Geschlechterverhältnis und Arbeitsmarktsegregation. In: Becker-Schmidt, Regina/Knapp, Gudrun-Axeli (Hg.): Das Geschlechterverhältnis als Gegenstand der Sozialwissenschaften. Frankfurt/New York, S. 125-162
Groß, Hermann/Prekuhl, Ulrich/Thoben, Cornelia (1987): Arbeitszeitstrukturen im Wandel. In: Der Minister für Gesundheit und Soziales des Landes Nordrhein-Westfalen (Hg.): Arbeitszeit '87. Teil II, Düsseldorf
Gross, Peter (1996): Das Verschwinden monogamer Arbeit. In: Hauswirtschaft und Wissenschaft. Jg. 44, H. 3/1996, S. 99-105
Hausen, Karin (1978): Die Polarisierung der „Geschlechtscharaktere". Eine Spiegelung der Dissoziation von Erwerbs- und Familienleben. In Rosenbaum, Heidi (Hg.): Familie und Gesellschaftsstruktur. Frankfurt/Main, S. 161-191
Hochschild, Arlie/Machung, Anne (1989): The second Shift. Working Parents in the Revolution at Home. New York
Hörning, Karl, H./Gerhard, Annette/Michailow, Matthias (1990): Zeitpioniere. Flexible Arbeitszeiten - neuer Lebensstil. Frankfurt/Main
Honegger, Claudia/Hradil, Stefan/Traxler, Franz (Hg.) (1999): Grenzenlose Gesellschaft? Verhandlungend des 29. Kongresses der Deutschen Gesellschaft für Soziologie, 16. Kongresses der Österreichischen Gesellschaft für Soziologie, 11. Kongresses der Schweizerischen Gesellschaft für Soziologie in Freiburg, Bd. 1 u. 2, Opladen
Jurczyk, Karin (2000): Zeithandeln. Moderne Lebensführung, Geschlecht und der Umgang mit Zeit. Unveröff. Ms., Gießen
Jurczyk, Karin/Rerrich, Maria S. (Hg.) 1993: Die Arbeit des Alltags. Beiträge zu einer Soziologie der alltäglichen Lebensführung. Freiburg
Jurczyk, Karin/Rerrich, Maria S. (1993 a): Lebensführung weiblich - Lebensführung männlich. Macht diese Unterscheidung heute noch Sinn? In: Dies. (Hg.): Die Arbeit des Alltags, a.a.O., S. 279-309
Jurczyk, Karin/Rerrich, Maria S. (1993 b): Wie der Alltag Struktur erhält. Objektive und subjektive Einflussfaktoren der Lebensführung berufstätiger Mütter. In: Born, Claudia/ Krüger, Helga (Hg.): Erwerbsverläufe von Ehepartnern und die Modernisierung weiblicher Lebensläufe. Weinheim, S. 173-190
Jurczyk, Karin/Voß, G. Günter (2000): Entgrenzte Arbeitszeit - Reflexive Alltagszeit. Die Zeiten des Arbeitskraftunternehmers. In: Hildebrandt, Eckart (Hg.): Reflexive Lebensführung. Berlin
Keddi, Barbara/Pfeil, Patricia/Strehmel, Petra/Wittmann, Svendy (1999): Lebensthemen junger Frauen - die andere Vielfalt weiblicher Lebensentwürfe. Eine Längsschnittuntersuchung in Bayern und Sachsen. Opladen
Koppetsch, Cornelia/Burkart, Günter (1997): Die Illusion der Emanzipation. Zur häuslichen Arbeitsteilung in Partnerschaften. In: Rehberg, Karl-Siegbert (Hg.): Differenz und Integration. Die Zukunft moderner Gesellschaften. 28.

Kongress der Deutschen Gesellschaft für Soziologie in Dresden, Bd. 2, Opladen, S. 415-418

Klinger, Cornelia (2000): Auf dem Weg ins utopie-lose Jahrhundert. Vortrag bei der Ringvorlesung der Interdisziplinären Arbeitsgemeinschaft Frauenforschung der Justus-Liebig-Universität, 11.1. 2000, Gießen

van der Loo, Hans/van Reijen, Willem 1992: Modernisierung. Projekt und Paradox. München

Meuser, Michael (1998): Geschlecht und Männlichkeit. Soziologische Theorie und kulturelle Deutungsmuster. Opladen

Müller, Ursula (1998): The Micropolitics of Gender Differences in Family Life. In: Ferreira, Virginia/Tavares, Teresa/Portugal, Silvia (Hg.): Shifting Bonds, Shifting Bounds. Women, Mobility and Citizenship in Europe. Oeiras (Portugal), S. 329-344

Ostner, Ilona (1999): Das Ende der Familie wie wir sie kannten. In: Blätter für deutsche und internationale Politik. H.1, 1999, S. 69-76

Pfau-Effinger, Birgit (1995): Teilzeitarbeit und Modernisierung des Geschlechterkontraktes im europäischen Vergleich. In: Gräbe, Sylvia (Hg.): Private Haushalte und neue Arbeitsmodelle. Arbeitsmarkt und Sozialpolitik im Kontext veränderter Lebensformen. Frankfurt/New York, S. 53-86

Pfau-Effinger, Birgit (1998): Der soziologische Mythos von der Hausfrauenehe - soziohistorische Entwicklungspfade der Familie. In: Soziale Welt, Heft 2, Jg. 49, S. 167-182

Projektgruppe „Alltägliche Lebensführung“ (Hg.) (1995): Alltägliche Lebensführung. Arrangements zwischen Traditionalität und Modernisierung. Opladen

Rerrich, Maria S. (1990, 2. Aufl.): Balanceakt Familie. Zwischen neuen Leitbildern und alten Lebensformen. Freiburg

Rerrich, Maria S. (1993a): Familie heute: Kontinuität oder Veränderung? In: Jurczyk, Karin/Rerrich, Maria S. (Hg.): a. a. O., S. 112-132

Rerrich, Maria S. (1993b): Auf dem Weg zu einer neuen internationalen Arbeitsteilung der Frauen in Europa? Beharrungs- und Veränderungstendenzen in der Verteilung von Reproduktionsarbeit. In: Schäfers, Bernhard (Hg.): Lebensverhältnisse und soziale Konflikte im neuen Europa. Frankfurt/New York, S. 93-102

Rerrich, Maria S. (1996): Modernizing the Patriarchal Family in West Germany: Some Findings on the Redistribution of Family Work Between Women. In: European Journal of Womens Studies, Heft 1, Jg. 1, S. 27-37

Rerrich, Maria S. (2000): Neustrukturierungen der Alltagsarbeit zwischen Lohn und Liebe - Überlegungen zu möglichen Entwicklungspfaden bezahlter häuslicher Dienstleistungen. In: Friese, Marianne (Hg.): Modernisierung personenorientierter Dienstleistung. Opladen, i.E.

Roloff, Christine/Metz-Göckel, Sigrid (1995): Unbeschadet des Geschlechts. Das Potentiale-Konzept und Debatten der Frauenforschung. In: Wetterer, Angelika (Hg.): a. a. O., S. 263-286

Senghaas-Knobloch, Eva (1999): Von der Arbeits- zur Tätigkeitsgesellschaft? Zu einer aktuellen Debatte. In: Arbeit, Jg. 8, H. 2/1999, S. 117-136

Simmel, Georg (1985; orig. 1911): Schriften zur Philosophie und Soziologie der Geschlechter. Frankfurt/Main

Süddeutsche Zeitung 14.12.1999, Feuilleton, Christian Nürnberger: Ehe, wem Ehe gebührt

Statistisches Bundesamt (Hg.) (1997): Datenreport 1997. Zahlen und Fakten über die Bundesrepublik. Bonn

Stolz-Willig, Brigitte/Veil, Mechtild (Hg.) (1999): Es rettet uns kein höhres Wesen. Feministische Perspektiven der Arbeitsgesellschaft. Hamburg

Strümpel, Burkhard et al. (1988): Teilzeitarbeitende Männer und Hausmänner. Motive und Konsequenzen einer eingeschränkten Erwerbstätigkeit von Männern. Berlin

Teubner, Ulrike (1995): Das Fiktionale der Geschlechterdifferenz. Oder: wie geschlechtsspezifisch ist die Kategorie Geschlecht? In: Wetterer, Angelika (Hg.): a. a. O., S. 223-246

Voß, G. Günter (1998): Die Entgrenzung von Arbeit und Arbeitskraft. Eine subjektorientierte Interpretation des Wandels von Arbeit. In: Mitteilungen aus der Arbeitsmarkt- und Berufsforschung, Jg. 31, S. 473-487

Voß, G. Günter/Pongratz, Hans (1998): Der Arbeitskraftunternehmer. Eine neue Grundform der Ware Arbeitskraft? In: Kölner Zeitschrift für Soziologie und Sozialpsychologie, Jg. 50, H. 1/1998, S. 131-158

Wetterer, Angelika (Hg.) (1995): Die soziale Konstruktion von Geschlecht in Professionalisierungsprozessen. Frankfurt/New York

Wetterer, Angelika (1995): Dekonstruktion und Alltagshandeln. Die (möglichen) Grenzen der Vergeschlechtlichung von Berufsarbeit. In: Dies. (Hg.): a. a. O., S. 223-246

Werlhof, Carola von/Mies, Maria/Bennholdt-Thomssen, Veronika (1983): Frauen, die letzte Kolonie. Zur Hausfrauisierung der Arbeit (Bd. 4 der Reihe Zukunft der Arbeit). Reinbek bei Hamburg

Willke, Gerhard (1998): Die Zukunft unserer Arbeit. Bundeszentrale für politische Arbeit. Hannover

Wysocki, Gisela von (1980): Die Fröste der Freiheit. Aufbruchphantasien. Frankfurt/Main

Die ZEIT: Uwe Jean Heuser/Stefan Willeke: Lebenslänglich Probezeit, Dossier, Nr. 39, 19.9.1997: S. 13

Lothar Böhnisch

Männlichkeiten und Geschlechterbeziehungen - Ein männertheoretischer Durchgang

Kritische Männerforschung setzt - darin der Kritischen Theorie verpflichtet - nicht nur an den sozialen Äußerungen von Männern an, sondern versucht diese zur Totalität der gesellschaftlichen Verhältnisse und zu den inneren Befindlichkeiten des Mannes in Bezug setzen und in ihrer nun erst deutlichen Widersprüchlichkeit und Spannungsgeladenheit neu zu gewichten. Ein vorweggenommenes Beispiel: In einer Gesellschaft, die nicht mehr unter dem Diktat öffentlich durchgesetzter und entsprechend patriarchal verfasster Männergewalt steht, wird privat durchgesetzte Männergewalt zum Abweichenden Verhalten, zum Delikt. Gleichzeitig nehmen die betroffenen Männer für sich - im Rückgriff auf eine öffentlich gestützte privatistische und naturalistische Familienideologie - in Anspruch, dass sie sich in der Familie nehmen können, was ihnen zusteht. Diese männliche Option wird aber nun nicht mehr aus patriarchal-gesellschaftlicher Legitimation und entsprechendem Gewohnheitsrecht aktiviert, sondern aus einer spezifisch männlichen Bedürftigkeit: Je mehr dem nach außen gedrängten Mann in seinen Arbeitsbeziehungen die Sehnsucht nach dem Innen verwehrt ist, desto mehr wächst der Drang, sich das Emotionale - um jeden Preis - in „seiner“ Familie zu holen. Wir erkennen: der Mann ist Täter und Opfer (der Verhältnisse) zugleich. Die Tat wird in einer solchen Herangehensweise keinesfalls beschönigt oder gar verschwiegen. Es wird nur die Trennung zwischen Täterschaft und Mannsein gemacht. Nur so ist es möglich, an die Bedürftigkeit des Mannes heranzukommen, sie zu thematisieren. Erst wenn die Analyse der sozialen Entbettungsprozesse in der flexibilisierten und der globalisierten Arbeitsgesellschaft mit den tiefenpsychischen Befindlichkeiten der betroffenen Männer gedankenexperimentell verschränkt werden kann - in dieser Totalität also - erhalte ich Einsicht in die Bedürftigkeit des Mannes, die im Gewaltverhalten abgespalten ist.

Daraus ergibt sich auch die Art und Weise, wie Parteilichkeit im Sinne kritischer Männerforschung zu verstehen ist. Es dürfte wohl deutlich geworden sein, dass es nicht darum geht, für den Täter Partei zu ergreifen, in dem man etwa nach neutralisierenden Gründen für seine Tat sucht. Vielmehr soll versucht werden, die komplexe männliche Bedürftigkeit, die in dem konkreten Tätermann steckt herauszuarbeiten und öffentlich - an die Gesellschaft gerichtet - zu thematisieren.

Wir sehen also, welchen Unterschied es macht, ob ich Gewaltverhältnisse in den Geschlechterbeziehungen aus dem traditionellen Paradigma der geschlechtshierarchischen Dualität oder aus der veränderten Lage des Mannes in einer anomischen Gesellschaft heraus aufschließe. Unsere Grundthese lautet deshalb: Die Lage von Männern in hochrationalisierten und sozial entstrukturierten Arbeitsgesellschaften zu Beginn des 21. Jahrhunderts ist - bei den einen mehr bei den anderen weniger - durch die Gleichzeitigkeit der Suche nach dem Innen und des Zwangs zur Externalisierung, zur Abspaltung des inneren Selbst gekennzeichnet. Andererseits haben sich durch die Art und Weise, wie sich die Arbeitsgesellschaft entstrukturiert hat und der sich technologisch verselbstständigende Industriekapitalismus die männliche Arbeitskraft nicht mehr massenhaft braucht, Chancen für die Frauen eröffnet, eigene gesellschaftliche Einflusszonen, Gegenwelten zu schaffen, aber auch bislang männlich gehaltene Machtpositionen zu erringen und sie sich in ihrem weiblichen Habitus typisch anzueignen. Vor diesem gesellschaftlichen und historischen Hintergrund ist es nicht verwunderlich, dass es heute verschiedene Männlichkeiten und Weiblichkeiten gibt, was sich auch in einer Pluralität der Geschlechterverhältnisse äußert. Dabei finden wir traditionelle geschlechtshierarchische Verhältnisse genauso wie partnerschaftlich ausgehandelte. Wir erleben Männer, die aus der Arbeitsgesellschaft ausgegrenzt und auf die Beziehungs- und Unterstützungsarbeit von Frauen angewiesen sind. Wir staunen, wie sich Jungen und Mädchen in den Jugendkulturen weiterführender Schulen in ihrem Habitus oft betont geschlechtsangleichend verhalten. Wir sehen Männer und Frauen die gleichermaßen nach Positionen der gehobenen „Innovationsindustrie" streben und in dieser Erfolgskultur sich so angleichen, als ob sie ihr Mann- und Frausein abgelegt hätten. Man scheint miteinander auszukommen. Die Frauen haben aufgeholt, die Männer mussten abgeben.

So liest man es in den Gesellschaftsseiten der deutschen Zeitungen. Geschlechterkämpfe gibt es danach nur noch in den Gerichtssälen, in den Wohnstuben zerrütteter Familien, aber doch nicht mehr in der Normalität des Alltags. Auch in der Sozialwissenschaft wird argumentiert: Männer und Frauen seien angesichts der strukturellen Zwänge der Arbeitsgesellschaft so aufeinander angewiesen, dass sie es sich gar nicht leisten können, Geschlechterkonflikte anzuzetteln und schließlich: der Einzelne steht immer mehr im Vordergrund und regelt seine Beziehungen je nach biografischen Erfordernissen, ganz pragmatisch, egal ob Mann oder Frau.

Dieses offiziöse Bild der Nivellierung des Geschlechterverhältnisses entspricht dem Vergesellschaftungsmuster der Flexibilisierung, durch das die postmoderne „Wissens- und Informationsgesellschaft" geprägt ist. Der Mensch muss heute in der Lage sein, jederzeit verfügbar, optionsbereit, offen und mobil zu sein. Starre Rollenmuster behindern diesen Vergesellschaftungstyp Flexibilität sowohl strukturell als auch ideologisch. Die zunehmend mit Globalisierungsmentalität durchsetzte Gesellschaft kennt nur noch Gewinner oder Verlierer in den gesellschaftlich-biografischen Glücks- und Risikospielen der Einzelnen, egal ob sie nun Männer oder Frauen sind. Die Geschlechterkategorie scheint ins Private gerutscht und im Gesellschaftlich-Öffentlichen nicht mehr relevant.

Kein Wunder, dass Befragungen, die sich hauptsächlich auf gesellschaftlich vermittelte Einstellungen zu den Geschlechtern beziehen, diesen Trend widerspiegeln. Wenn eine neuere, auch in „Psychologie heute" (11/1999) präsentierte Männerumfrage für Deutschland (Volz/Zulehner 1998) erbringt, dass gerade unter jungen Männern traditionelle Männerrollen verpönt sind, während ältere Männer noch eher traditionell geschlechterstereotyp orientiert sind, dann sollte man sich bei der Interpretation des Ergebnisses - bevor man den „neuen Mann" der jüngeren Generation kreiert - erst einmal überlegen, ob nicht die Jüngeren viel stärker als die Älteren diesem Gebot der Flexibilität unterworfen sind und es meist schon internalisiert haben. Mit traditionellen Männerbildern kommt man heute nicht nur in der akademischen Beziehungskultur, sondern vor allem auch in der neuen ökonomischen Erfolgskultur nicht weiter. Die traditionell hierarchische Geschlechterdualität kann hier kein gesellschaftliches Orientierungsmuster mehr sein, weil sie gegenüber der flexibilisierten Erfolgskultur sperrig und deshalb nicht erfolgreich ist. Nicht umsonst ist der öffentlich aggressiv-maskulin und gewalttätig auftretende Mann mit dem Etikett des Verlierers, des Erfolglosen behaftet. Von ihm setzt man(n) sich nicht ab, weil man ein „anderer Mann" sein, sondern weil man demonstrieren will, dass man zu den Gewinnern gehören möchte. Dabei ist diese ökonomisch-konsumtive Erfolgskultur externalisierter denn je, huldigt dem männlichen Prinzip des Außen und des Nicht-Innehaltens radikaler als zuvor. Nur: sie ist nun zum Systemprinzip geworden, zieht deshalb Männer und Frauen gleichermaßen an.

Die offensichtliche Nivellierung der Geschlechterdualität ist also mit Ambivalenzen behaftet. Zum einen ist sie verbunden mit einem ökonomisch rücksichtslos vorangetriebenen Prozess der sozialen Entbettung, der diejenigen, die im erfolgskulturellen Lichte stehen, zu „abstract workers", die im risikogesellschaftlichen Schatten dagegen tendenziell überflüssig werden lässt. Wenn Männer und Frauen zu abstrakten Menschen mutieren oder überflüssig werden, dann wird die Kategorie Mann oder Frau scheinbar nicht mehr gebraucht. Das Lob der Differenzierung wie ihre Leugnung interessieren nicht mehr.

Wenn da nicht die dunkle Seite des Psychischen und Privaten wäre. Die Ergebnisse von Meinungsumfragen und die Erfahrungen von Therapeuten driften immer mehr auseinander. Der innere Preis, der für gesellschaftliches Mithalten und unbedingte Flexibilität zu zahlen ist, schlägt hier gerade auch geschlechtstypisch zu Buche. Es wäre aber zu einfach zu sagen, in der gesellschaftlichen Öffentlichkeit hätten sich die Geschlechterrollen nivelliert, in der Familie wirkten sie zwar weiter und deshalb handle es sich hier lediglich um Modernisierungsrückstände. Geschlechtstypische Gewaltverhältnisse im Privaten haben ihre eigenen Logik. Sie sind auch nicht mit dem Begriff der „traditionellen Geschlechtsrollenorientierung“ zu begreifen, denn es geht hier um Bewältigungsverhalten, dass der Ambivalenz und Gespaltenheit der Postmoderne entspringt, auch wenn es sich traditioneller Muster bedient.

Diese Szenerie der Ambivalenz, der unterschiedlichen aber ineinander verstrickten Welten des öffentlichen und privaten Geschlechterverhältnisses will ich im Folgenden aus der Sicht der Männerforschung. beschreiben. Dabei wird deutlich werden, wie gesellschaftlicher Nivellierungs- und tiefenpsychischer Bewältigungsdruck je ihre eigenen Wirklichkeiten des Geschlechterverhältnisses konstituieren und dennoch nicht voneinander trennbar sind.

Zur gesellschaftlichen Entstrukturierung und Pluralisierung von Männlichkeit und Weiblichkeit

Das Patriarchat ist in die Struktur abgewandert, man sieht es nicht mehr. Männer und Frauen agieren für sich, modern, ohne frauen- und männerbewegte Sentimentalität. Aber: In Krisenzeiten - siehe Massenarbeitslosigkeit - bricht der Geschlechterkampf wieder auf. Dann aber sind wir unvorbereitet und klammern uns wieder an die alten geschlechtshierarchischen Stereotype und Rollenbilder. Im übrigen braucht man nur in die Familien zu schauen, zu welcher Gewalttätigkeit sich das Männliche aufschwingen kann, wie hinterhältig Frauen werden können, wenn es nach der Scheidung um den Besitz der Kinder geht. Das Patriarchat ist geblieben und doch wieder nicht. Mehr Männer als je zuvor verhalten sich egalitär und dennoch wirkt ein heimlicher männlicher Lehrplan weiter. Andere Männer wieder sind offen und versteckt gewalttätig, legalisiert in der Privatheit der Familie oder der gesellschaftlichen Normalität der Konkurrenzwirtschaft. Frauen werden von Männern bis in die Widerlichkeit des mafiösen Frauenhandels ausgebeutet und gleichzeitig rücken Frauen in Führungspositionen und beherrschen das Alltagsmanagement der Konsum- und Kulturindustrie. Es ist eine geschlechterplurale Welt, die den Geschlechterkampf überdeckt, gleichsam in den Untergrund schickt, und ihn doch immer wieder - dosiert und begrenzt - ausbrechen lässt. Der australische Männerforscher Robert Connell hat für diesen Zusammenhang den Begriff der „hegemonialen Männlichkeit“ geprägt (1987, vgl. auch Donaldson 1993): Das Patriarchat, die Männerherrschaft - so argumentiert er - hat sich in den westlichen Industriegesellschaften modernisiert, indem es zunehmend indirekt geworden und pluralisiert worden ist. Das starre hierarchische Prinzip der direkten Männermacht ist längst zu sperrig geworden für eine Gesellschaft, die ihre Bildungs- und Flexibilitätsreserven im globalen Wettbewerb mobilisieren soll. Macht- und Unterwerfungsriten haben heute keine Steuerungsqualität mehr. Das moderne Patriarchat nimmt und lässt den Männern Privilegien gleichermaßen, nun aber weniger auf Kosten der Frauen. Die Männer mussten abgeben und bekommen nun ihre eigene Hilflosigkeit, die die Frauen ihnen nun nicht mehr abnehmen wollen, selbst zu spüren. Auch Männer leiden nun unter dem Patriarchat und immer mehr Frauen sind nicht mehr bereit, sich das neue, offene oder versteckte Leiden der Männer aufzubürden.

Die Männer als die Modernisierungsverlierer? Wenn man die Galerien der Gescheiterten durchgeht, so sind es die Männer, die deutlich überrepräsentiert sind: Bei den Schulabbrechern, in den Gefängnissen, in den Verlustlisten der Beziehungskatastrophen - ab und an ein Amokläufer. Frauen dagegen bewegen sich inzwischen ungeniert, mit der ihnen eigenen Überraschungsfähigkeit, in den männlichen Domänen. Die Waage scheint endlich im Gleichgewicht. Und dennoch: Viele Männer fühlen sich weiter überlegen, auch wenn sie es objektiv nicht mehr sind.

Hier wirkt die Option auf die „patriarchale Dividende“ (vgl. ausführlich zu diesem Begriff: Männerforschungskolloquium Tübingen 1995): Auch wenn du der letzte underdog bist, ausgegrenzt und niedergehalten, bist du immer noch ein Mann und damit im Prinzip mehr wert als jede Tussi. Diese Abwertung des Weiblichen wird von den einen verschämt und verlegen, von den anderen offen kultiviert. Die Art und Weise, wie in osteuropäischen Ländern Mädchen in die Prostitution gezwungen und dann in Westeuropa in ihr gehalten werden, offenbart die brutale Selbstverständlichkeit dieses Prinzips: Wo Männer unterlegen sind - hier im Verlust von Arbeit, nationalem Ansehen, militärischer Ordnung - schlägt ihre Hilflosigkeit um in Abwertung des Nichtmännlichen, Schwächeren, Weiblichen.

Diese Hilflosigkeit hat ihren Grund. Die Wirtschaft braucht die Masse Mann nicht mehr - auch so muss man die Arbeitslosigkeit sehen - und lässt viele Männer mit ihrer über Generationen geprägten Arbeitsmännlichkeit allein. Sie braucht nur noch das männliche *Prinzip* der Externalisierung, des Wachstums ohne Bedenken, der Beschleunigung ohne Innehalten. *Das Prinzip Männlichkeit ist zum systemischen Prinzip geworden.* Das Kapital ist somit nicht mehr auf das ausschließliche Bündnis mit den Männern angewiesen; nur noch auf eine sozial unabhängige Elite von Globalplayers. Wissensunternehmern, Kommunikationsmanagern, Publizisten, Börsianern - aber das können auch Frauen sein. Der geschlechtsneutrale Börsengang hat den maskulinen Cowboygang abgelöst. Dennoch läßt das Externalisierungsprinzip den Durchschnittsmann nicht los. Er muß es *für sich* anstreben, will er in dieser Gesellschaft Erfolg haben.

Diese neuen systemischen Konstellationen der Externalisierung haben dem Geschlechterkampf und den Geschlechterbewegungen die Spitze abgebrochen. In der globalisierten Erfolgskultur, deren Schwaden bis in den provinziellen Alltag hineinziehen, zählt sowieso nur das, was konkurrenzfähig und in diesem Sinne erfolgreich ist. Männliche Durchsetzungsorientierung und weibliches Einfühlungsvermögen werden längst nicht mehr auseinanderdividiert, sondern - nun in der Zauberformel der Effektivität - zusammengebunden um ein Höchstmaß an ökonomischer Effizienz und ein Mindestmaß an Reibungsverlusten zu erreichen. Nicht die Frauenbewegung allein hat durchgesetzt, dass die Produktionsprozesse der Zukunft „weiblicher" verlaufen, sondern der Kapitalismus hat sich um seiner Modernisierung und Regeneration willen der Frauenbewegung bedient und die Geschlechterfrage für Männer und Frauen neu eingebunden. Inzwischen hat der Globalisierungsdiskurs die Geschlechterfrage ausgetrocknet. Menschen werden freigesetzt und überflüssig, dass dabei wesentlich mehr Frauen aber auch besonders betroffene Männer die Opfer sind, scheint letztlich nebensächlich.

Die kapitalistische Wirtschaftsstruktur hingegen hat sich wenig geändert. Der Kapitalismus hat sich im 19. Jahrhundert ein Programm gegeben, das bis heute heißt: Wachstum und Profiterweiterung um jeden Preis. Marx hatte dem Kapitalismus ob seiner inneren Widersprüchlichkeit und Menschenverachtung den Untergang vorausgesagt. Im Laufe des 20. Jahrhunderts hat sich dieser Kapitalismus aber modernisiert, indem er zum sozial durchwachsenen Kapitalismus mutierte, der das Soziale widerwillig aber effizient einband. Im Konsumkapitalismus schließlich wurden die Menschen von Proletariern zu werkbewussten Arbeitern und Konsumenten gemacht, sie richteten ihr Leben nun nicht mehr an den Schrecken, sondern den Verheißungen des Kapitalismus aus, sie banden Glück und Leid gleichermaßen an ihn. Der neue fordistische Zusammenhang von Arbeit und Konsum schuf eigene Identitäten, strukturierte das Leben und stabilisierte so das System, das diese Identitäten erzeugt. Dass dieses System von Anfang an „männlich" war, weil der moderne Kapitalismus und das vormoderne Patriarchat ein historisches Bündnis eingegangen sind, ist heute verblasst. Denn seitdem hängen beide, die Männer und Frauen gleichermaßen am Kapitalismus. Die Männer vielleicht mehr, weil sie an ihn eher existentiell gebunden sind als die Frauen. Aber auch diese fühlen sich im Kapitalismus heimisch, nicht nur weil er sie in seine Prinzipien zwingt, sondern weil er das Weibliche so integrieren kann, dass es nicht nur seiner Modernisierung nutzt, sondern auch die Frauenrolle mit neuer Identität ausstatten kann. Der Erfolg der Frauenbewegung und die Modernisierung des Kapitalismus zum Konsumkapitalismus gehen ineinander über.

Deshalb kann es auch, solange der Industriekapitalismus so funktioniert, keine ökonomisch-politisch wirksamen Männerbewegungen geben. Wenn sich Frauen gegen den Kapitalismus auflehnen, dann muss er die Signale aufnehmen, da sie darauf hinweisen, dass seine Reproduktionslogik nicht mehr funktioniert, dass die Geschlechterhierarchie abgebaut, die Integration der Geschlechter elastischer werden muss. Das, was die Frauenbewegungen und die Feministinnen immer wieder für sich eingefordert haben, dass nämlich die Frauenarbeit als Haus- und Beziehungsarbeit die kapitalistische Produktionstätigkeit nicht nur stützt, sondern erst ermöglicht, hat das Kapital inzwischen auch gewittert. Der Vereinbarkeitsdiskurs ist nicht nur ein frauenpolitischer, sondern genauso ein strategischer Diskurs des industriellen Systems.

Mit der Zulassung und Kultivierung des Vereinbarkeitsdiskurses wurde auch die Voraussetzung für das Entstehen einer weiblichen Hegemonialität geschaffen, die nicht nur mit der männlichen Hegemonialität verschränkt ist. Die neue Gleichstellung der Frauen verläuft nach dem Hegemonialprinzip, das sie dort den Männern gleichstellt, wo es für das gesellschaftliche Funktionieren notwendig ist, das ihnen auch dort eigene Macht und Definitionsspielräume zubilligt, wo dies für die Steigerung der Elastizität der kapitalistischen Externalisierung sinnvoll scheint.

In dieser neuen weiblichen Hegemonialität, die mit der männlichen korrespondiert, haben die Frauen, auch wenn sie sich längst in das männliche Prinzip des Industriekapitalismus eingelebt und dieses auch für sich interpretiert haben, etwas den Männern voraus, das wiederum ihr subjektives Überlegenheitsgefühl stärkt und durchaus als „weibliche Dividende" bezeichnet werden kann. Sie können ihre Naturkarte ausspielen: Frauen haben es nicht nötig, sich so in der externalisierten Massenproduktionsgesellschaft verheizen zu lassen. Das können die Männer für sie machen. Frauen können heute ihre Mutter- und Familienfunktion gegen die Männer wenden, zumal diese den Vereinbarkeitsdiskurs nicht mehr so steuern können wie früher, da ihn die Frauen selbst in die Hand genommen haben. Frauen können sich dieser Gesellschaft entziehen, ihre Gebärmacht hat in der Spätmoderne einen hegemonialen Bezug erhalten. Entsprechend dem hegemonialen Prinzip existieren in der gesellschaftlichen Gegenwartsszenerie auch unterschiedliche und einander konträre Weiblichkeiten nebeneinander, entwickeln sich genauso Rituale des Ausspielens von Frauen untereinander oder von Männern durch Frauen. Nur Männer verfügen nicht über die Naturkarte, sie sind in das Prinzip der Externalisierung, das auch die postmoderne Gesellschaft in neue Technologisierungs- und Rationalisierungsexzesse der Naturüberwindung treibt, weiter verstrickt oder ihm ausgesetzt, ohne es nun - bis auf die Minderheit der Erfolgreichen - verkörpern zu können. Der gespaltene Mann als spätmoderner Typus von Bedürftigkeit und Gewalt scheint auf: konsumtiv zum Inneren gelockt, ökonomisch zu Externalisierung gezwungen. Die männliche Opferperspektive bleibt somit weiterhin gesellschaftlich verdeckt. Nur in der individuellen, privaten Betroffenheit ist sie wohl für manche stärker spürbar denn je zuvor.

Die erfolgsorientierte Frau hingegen, die ihre weiblichen Tugenden der Empathie - aber auch ihre Beziehungsmacht - gewinnbringend im modernen Management plaziert, verachtet die traditionelle, vormoderne Weiblichkeit der ökonomisch abhängigen sexuell ausgebeuteten Familienfrau genauso, wie sie den in Polaritäten denkenden und entsprechend dualistisch agierenden Feministinnen verständnislos gegenübersteht. In der Mitte aber hat sich ein Idealbild, ein Leittypus hegemonialer Weiblichkeit herausgebildet: Die gut ausgebildete Frau mit Berufsoption, die ihre Kinder- und Familienphasen selber steuert, die ihr Muttersein im modernen Haushaltsmanagement aufgehen und ihre Konsumorientierung nicht mehr feministisch denunzieren lässt und die den Mann eher funktional denn hierarchisch betrachtet. Eine postfeministische Szenerie hat sich aufgetan. Die Tendenz zur Biografisierung hat ihr Übriges getan. Je mehr die Menschen aus kollektiven Zusammenhängen freigesetzt und in individuelle

Kalküle von Chance und Risiko gedrängt worden sind, desto mehr orientiert sich ihr Mann- und Frausein an biografischen Optionen, denn an der Beteiligung an und Durchsetzung von Geschlechterbildern. Männer und Frauen suchen sich aus geschlechternivellierenden Lebensstilen das heraus, was für ihre biografische Verwirklichung, zur Optimierung ihres eigenen Lebens paßt und fragen weniger danach, ob es sich hier um ein gelungenes Mann- oder Frausein im Sinne kollektiv zugemuteter Lebensmuster handelt. Es geht nun um ein Mann- und Frausein, das dem subjektiv-biografischen Wohlbefinden und weniger einer Bewegung förderlich ist. So werden die Männlichkeiten und Weiblichkeiten nicht aufgehoben, aber von konsumtiven und erfolgskulturellen Lebensstilen überdeckt. In biografischen Krisensituationen aber - so die vielfältigen Erfahrungen aus Lebensberatung und Krisenintervention - treten sie dann - nun unbearbeitet und für die Betroffenen selbst überraschend - wieder in schonungsloser Eindeutigkeit hervor. Soziologische Geschlechterrollen und leibseelisch verankertes Mann- und Frausein gehen also nicht automatisch zusammen. Das Geschlechterverhältnis ist vielmehr durch typische „Verdeckungen" (Funk 1992) gekennzeichnet, die unter der Oberfläche des alltäglichen Handelns wirken und das Mann- und Frausein immer wieder aufladen und so das Geschlechterverhältnis in Spannung halten. Diese Verdeckungen sollen zuerst thematisiert und gewichtet werden. Erst dann will ich versuchen, die Zusammenhänge der gesellschaftlichen Konstruktion von Männlichkeit so aufzuschließen, dass deutlich werden kann, dass sich die männliche Seite des Geschlechterverhältnisses, so wie sie sich historisch-gesellschaftlich entwickelt hat, nicht nur als soziologische Konstruktion sondern genauso - und darin das Soziale stets relativierend - als kulturanthropologische Verstrickung darstellt.

Verdeckungen I: Gewalt und Bedürftigkeit - die dunkle Seite des Geschlechterverhältnisses

So haben wir uns lange dagegen gewehrt, dass Gewalt in unserem Alltag so präsent ist, wie sie heute wiederholt und inzwischen vorhersehbar auftritt. Wir erschrecken, dass sich viele Täter ihrer Gewalt nicht schämen, die ihnen entgegengebrachte Verachtung, das Stigma nicht fürchten, sondern es geradezu suchen. „Stigmaaktivisten" könnte man sie nennen, die ihre Taten selbstgefällig und provokativ vor sich her tragen. Die Medien, die Forschung beschäftigt sich mit ihnen. Aber die Angst und Abscheu, die man ihnen entgegenbringt, scheint ihnen kaum etwas anzuhaben, sie sehen darin eher die Aufmerksamkeit, die sie auslösen. Es sind junge Männer vornehmlich zwischen 18 und 30 Jahren, die sich gegen Ausländer, als Hooligans in den Stadien oder zu rechtsradikalen Anlässen zusammenrotten. Manche von ihnen sind überzeugt, dass sie - stellvertretend für viele Sympathisanten hinter den Gardinen - handeln und treten entsprechend selbstbewußt, gleichsam als krude nationalistische Ordnungsmacht, auf. Andere lassen sich mittragen, suchen nicht nur den körperlichen Kick, sondern auch das soziale Erfolgserlebnis: Die Teilnahme an der Gewaltszenerie ist für sie zur einzigen Gelegenheit geworden, sozial zu zeigen, dass sie da sind, wer sind.

So schwer es auch fällt, hinter diesen Gewalttaten andere Motive zu sehen, die von der Gewalt ablenken, die Person von der Tat abspalten und die Persönlichkeit des Täters suchen, so wichtig ist dieser Vorgang des Verstehens (was beileibe nicht heißt, die Tat akzeptieren), um den Zusammenhang zwischen der Befindlichkeit dieser jungen Männer und ihren Taten herstellen zu können. Gewalt ist für sie - unbewußt - das extreme Mittel, Selbstwert zu erlangen, aus Verhältnissen herauszutreten, in denen sie sozial zurückgewiesen sind und die Orientierung verloren haben. Jemanden zusammenschlagen vermittelt - zumindest in der „Gewaltsekunde“ - das Gefühl, oben zu sein, zu wissen wo es langgeht, sich Macht zu holen, die einem sonst verwehrt wird. Gewalt ist in diesem Deutungszusammenhang das extremste Mittel, Probleme von innen nach außen zu kehren, sie gegen andere zu richten - die Dimension der männlichen Externalisierung scheint wieder durch.

Neben der öffentlich sichtbaren Gewalt gibt es auch die männliche Gewalt im Verborgenen. Männer, die in Familien schlagen, Frauen und Kinder zwingen, ihnen zu Willen zu sein. Es sind Männer dabei, die selbst fassungslos sind, über das, was sie angerichtet haben, wenn das häusliche und nachbarliche Schweigen gebrochen und das Ausmaß der Familienkatastrophe sichtbar wird. Sie lieben doch ihre Frau und ihre Kinder, sie haben sich doch nur etwas geholt, auf das sie Anspruch haben und das sie brauchen - Intimität, Zuwendung. Gewalt aus Liebe? Sind solche Männer nur über Gewalt zu Intimität fähig? So absurd das klingen mag, so schnell wir solche Anklänge wegschieben, weil sie uns widersinnig erscheinen, so real sind sie. Der außengeleitete Mann sucht in seinen Krisen die Geborgenheit und Intimität der familialen Bindung in einer Art und Weise, welche die Familie überfordert und dazu führen kann, dass sie sich ihm verschließt. Er gerät in den Zwang, dies aufzubrechen, „seine“ Familie sich ihm gefügig zu machen. Je ausgesetzter Männer ökonomischen und gesellschaftlichem Druck sind, desto verheißungsvoller erscheint ihnen die Geborgenheit und Intimität der Familie. Die Familie muss es bringen, um jeden Preis. Das hören wir auch unterhalb der Schwelle der Gewalt, überall: Kaum ein Manager, kaum ein Bundesligaspieler gibt im Interview zu nicht Protokoll, dass er den Druck nur aushalten, weil er seinen Rückzugsort und Anker in der Familie hat. Wie es Frau und Kindern dabei geht, wird kaum ausgesprochen, die Option, der Anspruch des Mannes, steht im Vordergrund.

Deshalb ist es problematisch, bei Extremkonstellationen der Gewalt stehenzubleiben. Vor allem wir Männer neigen ja dazu, solche so gewalttätigen Artgenossen als Scheusale herauszustellen, damit die Abgrenzung zu ihnen umso deutlicher und die heile Welt der vielen guten und wenigen bösen Männer wiederhergestellt ist.

Vielleicht ist das auch das unbewußte Motiv bei manchem Lehrer, wenn er versucht, Gewalt in der Schule als Sonderproblem aus dem Alltag herauszuhalten.

Berichten doch gerade die Schulforscher von alltäglichen Körperverletzungen, Erpressungen und Einschüchterungen in den Schulen. 5 bis 8% der männlichen Schüler in Deutschland sollen alltäglich gewaltbereit sein und der Anteil derer, die von den Magnetzonen der Gewalt angezogen werden, wird auf ein Viertel geschätzt (vgl. dazu Schubarth/Melzer 1995).

Ratlosigkeit in der sozialen Diagnose; reicht der Verweis auf die soziale Perspektivlosigkeit aus? Sicher sind bei jungen Rechtsextremisten die meisten aus sozial desolaten Verhältnissen, kommen aus Milieus, in denen direkte gewalttätige Auseinandersetzungen gang und gebe sind. Man hat früh gelernt, Probleme so zu lösen und deshalb sind die Hemmschwellen des Gewalthandelns niedrig, wenn man sein Problem nicht auf andere Weise mitteilen kann, wenn man mit sich selbst weder aus noch ein weiß.

Auch unter den Gewalttätern in den Familien sind viele, die schon selbst als Kind Gewalt erfahren haben. Aber gerade bei diesen Tätern zeigt sich, dass die Problematik nicht auf die unteren sozialen Schichten begrenzbar ist, sondern quer durch alle Schichten geht. Und bei den Schülern? Die schulische Gewaltforschung sagt, dass es meist Jungen sind, die keine Bindung an die Schule haben, aus überforderten Familien stammen, die es den Kindern und Jugendlichen schwermachen, Bindungen - und damit Einfühlungsvermögen und Verantwortlichkeit für andere - aufzubauen und zu leben. Als psychischer und sozialer Bodensatz männlicher Gewalt haben sich also soziale Überforderung und psychische Hilflosigkeit herauskristallisiert.

Wenn wir diesen Zugang vertiefen, dann befinden wir uns - noch in den Vorhöfen der Gewalt - in jener männlicher Problematik, die man mit dem Begriff des „Ausgesetztseins" des Mannes umschreiben kann. Diesen Faden nimmt auch der Schweizer Psychoanalytiker Arno Gruen (1992) auf, wenn er versucht, das gesellschaftliche Ausgesetztsein des Mannes mit seiner seelischen Befindlichkeit so zu verknüpfen, dass plausibel wird, dass männliche Gewalt eingebunden ist in eine typische Konstellation männlicher Hilflosigkeit. Er entwickelt die Theorie, dass Männer mit dem modernen gesellschaftlichen „Ausgesetztsein" des Menschen, dass sich im Zwang zur Unterdrückung der eigenen Bedürfnisse und der Verleugnung der menschlichen Hilflosigkeit psychisch äußert, schlechter umgehen können als Frauen. Diese kulturanthropologische, gesellschaftlich mediatisierte Benachteiligung des Mannes führt ihn immer wieder in den Zwang zu gewaltförmigen Entäußerungen.

Hilflosigkeit ist für Gruen erst einmal ein allgemein menschliches Phänomen, das Mann und Frau im Ausgesetztsein gegenüber der modernen Gesellschaft gleichermaßen erfaßt. Der Mann aber ist dem gesellschaftlichen Anpassungszwang im Sinne des Verwehrtseins der eigenen (z.B. androgynen) Gefühle in einer patriarchalischen Gesellschaft am unmittelbarsten ausgesetzt. Jungen müssen von Vätern und Müttern für spätere machtvolle, aktive, herrschende, unterdrückende Positionen „fit gemacht" werden. Ein Zugeben ihrer Gefühle - Angst, Ohnmacht, Hilflosigkeit, Trauer - würde dabei sehr stören und „paßt" nicht zum Mannsein. Es wird von Vater und Mutter nicht gespiegelt, sondern ignoriert, unterdrückt und bestraft. So entsteht ein nur schwacher Kontakt zum Selbst - oder er geht gänzlich verloren.

Dagegen „kann die Frau Leben in die Welt bringen" (Gruen 1992, S. 95): Sie kann in dieser Potentialität (das heißt, auch wenn sie es faktisch nicht täte) etwas aus ihrem Selbst heraus „herstellen", das ihr die Gesellschaft auch in ihrem Anpassungszwang letztlich nicht nehmen kann. Die Frau ist dem Eingeständnis der menschlichen Hilflosigkeit, das notwendig ist für die personale Autonomie, näher und damit nach innen selbstsicherer als der zwanghaft nach außen agierende, außen Selbstsicherheit suchende, externalisierende Mann. Sie ist in dieser „Fluchtmöglichkeit ins Selbst" dem Manne überlegen. Diese, auch in unserer Gesellschaft (z.B. in der mythischen Symbolik des Feminismus oder in der privaten Empathie der Frauen) immer wieder aufscheinende und von Männern gefürchtete oder sie zumindest oft hilflos machende Überlegenheit der Frau, lässt uns Männer die Hilflosigkeit nur noch weiter spürbar werden (ohne in Kontakt mit ihr zu kommen). Menschliche Hilflosigkeit und Verwehrtheit der eigenen Gefühle und die männliche Hilflosigkeit angesichts der inneren Überlegenheit der Frau kulminieren so im kompensatorischen Syndrom männlicher Externalisierung, des Machtstrebens nach außen bei gleichzeitiger Abwertung der Innenbezogenheit („Gefühlsbezogenheit") von Frauen. „Grundlegend für das Verhalten des Mannes in unserer Kultur ist die Angst vor Hilflosigkeit, Schwäche und Verwundbarkeit [...]. Seine Selbstachtung ruht deswegen auf dem Image seiner Wichtigkeit (also wirklicher oder nur eingebildeter Macht), zu deren Bestätigung er Bewunderung benötigt. Und dazu dient ihm die Abstraktion der Frau, die in ihrer behaupteten „Minderwertigkeit" oder zumindest „Unterlegenheit" die Chance erhält, durch die Anerkennung seiner „Kraft" und „Überlegenheit" dieses Image aufzubauen und zu stabilisieren." (Gruen 1992, S. 50)

Wir haben es also hier mit einen tiefenstrukturellen Mechanismus der Abwertung und mithin mit einem tiefenpsychischen „Kern" männlicher Gewaltverführung zu tun. Die Abwertung des Weiblichen, wie sie sich schon im Prozess des Aufwachsens von Jungen aufbaut, beinhaltet damit durchaus einen Aspekt von Gewalt, da anderen - hier den Frauen - eine Definition ihres Selbst aufgezwungen wird. Dieses „jemandem gegen seinen Willen etwas aufzwingen" steckt ja im Kern jenes Gewaltbegriffes, wie ihn der Soziologe Max Weber entwickelt hat: Gewalt als die Chance, jemandem auch gegen dessen Willen ein bestimmtes Handeln, Tun oder Unterlassen aufzuzwingen. Dieser Zwang trägt immer den Aspekt der Abwertung, der Mißachtung der persönlichen Integrität des Anderen in sich.

Wichtig ist nun bei der Argumentation Gruens, dass in solchen bis zur Gewaltförmigkeit gehenden Abwertungsvorgängen zwar konkrete Personen involviert, aber letztlich gar nicht gemeint sind. Die eigene Frau oder Partnerin wertet man nicht ab, aber das Weibliche allgemein. Mit dem türkischen Nachbarn behauptet man gut auszukommen, man hat nichts gegen ihn, aber etwas gegen „die Türken" insgesamt. Die Erkenntnis dieses Mechanismus der Abstraktion ermöglicht es uns, einen Zusammenhang zwischen seelischer Befindlichkeit und männlicher Gewaltbereitschaft herzustellen.

Der Mechanismus der Abstraktion erlaubt es dem Manne, seine innere Hilflosigkeit, mit der er sich selbst schwer auseinandersetzen kann, da er nicht gelernt hat mit ihr bei sich selbst umzugehen, allgemein nach außen abzuspalten, zu externalisieren. Die eigene Hilflosigkeit und Ausgesetztheit, die einen innen bedroht, wird auf Andere, Schwächere projiziert, vor allem auf solche, die das Signum der Hilflosigkeit tragen, bzw. denen es gesellschaftlich zugeschrieben ist: Frauen, Behinderte, Ausländer etc. Diese werden nun abgewertet, gedemütigt, körperlicher oder psychischer Gewalt ausgesetzt. Generell kann man sagen: Die eigene Hilflosigkeit sucht sich ihren Weg nach außen in die Hülle von Schwächeren und wird dort bekämpft.

Dieser innere Mechanismus der Abstraktion geht mit einem äußeren, gesellschaftlichen Mechanismus zusammen. Am Beispiel der Gewalt gegen Frauen in der Familie kann man sehen, wie die konkrete Betroffenheit des Mannes nicht nur durch den Zwang zur Abspaltung und Projektion seiner Hilflosigkeit auf die schwächere Frau gemindert und schließlich aufgelöst wird, sondern wie ihn auch die gesellschaftlichen Ideologien von der Unterlegenheit des Weiblichen und der Überlegen des Männlichen darin (bisher) unterstützten: In Wirklichkeit sieht der Mann sich selbst in Frauen durch Abstraktionen, „die einer Metaphysik der Notwendigkeit von Stärke, des Herrschens und der Macht entsprechen und nicht der eigentlichen Realität des Anderen" (Gruen 1992, S. 59). Das Entwicklungsprinzip der industriekapitalistischen Gesellschaft, die Externalisierung als Überwindung der Abhängigkeit von der Natur und als Abstraktion von naturgebundener Hilflosigkeit, kommt dem Mann, in den das Externalisierungsprinzip inkorporiert ist, entgegen. Männliche Gewalt als Bekämpfung der eigenen Hilflosigkeit gedeiht also in einer gesellschaftlichen Kultur der Unterdrückung von Hilflosigkeit, ihrer Abwertung und Überformung im Namen des externalisierenden Fortschritts. Männern wird von Kindheit an die Angst eingeflößt, dass sie sich Gefühlen wie Hilflosigkeit und Schwäche nicht hingeben dürfen, dass sie sie abspalten müssen. Das Konkurrenzsystem der industriekapitalistischen Arbeitsgesellschaft bietet ihnen die legalen Wege an, Hilflosigkeit von sich abzutrennen. Der illegale Weg der offenen Gewalt wird dann um so mehr gesellschaftlich angeprangert, je stärker bei den Menschen der Verdacht aufkeimt, dass das System selbst Gewalt - wenn auch verdeckt strukturell und nicht offen ausagiert - produziert. Die, die ausgeschlossen werden in diesem System, die Ausgegrenzten und Überflüssigen, aber auch die, die den Alltagsdruck nicht mehr aushalten, und zur Gewalt greifen, ziehen so die Ängste und Unsicherheiten der Durchschnittsbevölkerung auf sich, entlasten dadurch das System, in dem sie von seiner gewalttätigen Struktur ablenken und den Massen das Gefühl geben, nicht nur besser als jene, sondern auch in der Normalität aufgehoben zu sein.

So ist männliche Gewalt in ihren offenen Formen immer ein Kampf gegen die eigene Hilflosigkeit, ein Kampf gegen sich selbst. Das ändert nichts am Schicksal der Opfer dieser Gewalt und soll sie nicht aus dem Blick geraten lassen. Hier aber kommt es uns darauf an, zu zeigen, in welche ausweglose Lage gerade jene Männer geraten können, die biografisch keine Chance haben und hatten, mit der eigenen Hilflosigkeit selbstbezogen umgehen, sie aussprechen und mitteilen zu können, ohne Angst haben zu müssen, zu verlieren oder gar unterzugehen. Vor allem aber muss immer wieder daran erinnert werden, dass die Gesellschaft die Ideologien für jene Abstraktionen liefert, die den Umschlag von Hilflosigkeit in offene Gewalt begünstigen. Dem Übel männlicher Gewalt kann deshalb erst dann an die Wurzeln gegangen werden, wenn eine gesellschaftliche Kultur der Anerkennung von Hilflosigkeit um sich greifen kann. Dann erst ist die konkrete gesellschaftliche Voraussetzung dafür geschaffen, dass das Gegenüber konkret bleibt, dass gespürt werden kann, wie das Erkennen der eigenen Hilflosigkeit in Empathie und Verantwortung für andere münden kann.

Vor diesem Hintergrund ist es nicht mehr abwegig, im Falle von männlicher Gewalt gleichzeitig von männlicher Bedürftigkeit zu sprechen. Unter Bedürftigkeit verstehe ich einen leibseelischen Zwangszustand, in dem man sich nach etwas sehnt, das gleichzeitig verwehrt ist und - da dieser Zustand schwer aushaltbar ist - nach Entladung drängt. Je stärker Männer der zunehmend segmentierten und emotionslosen Konkurrenzgesellschaft ausgesetzt sind, je weniger sie ihre Überlegenheit im Alltagsleben ausspielen und bewundern lassen können, desto mehr macht sich das männliche Bedürfnis breit, die „quasinatürlichen“ und entsprechend privaten Beziehungen für die Bewältigung der eigenen Hilflosigkeit und Schwäche zu verwenden.

Aus dem Bedürfnis entsteht Bedürftigkeit, wenn die Familie, vor allem die Partnerin, nicht bereit ist, diesem, so wie es sich als einseitige Forderung darstellt, entsprechend nachzukommen. Dass diese Bedürftigkeit bei manchen Männern nicht nur in Frustration oder Rationalisierungen aufgeht, sondern in Gewalt umschlagen kann, hat wiederum mit dem tiefenpsychischen Wirken der patriarchalen Dividende zu tun, die besonders in kritischen Lebenssituationen aktiviert wird.

Verdeckungen II: Was Jungen und Männern verwehrt ist

Dass Männern der Zugang zu ihrem Inneren mehr oder minder verwehrt ist, und dass daraus jene spannungsreiche Bedürftigkeit entstehen kann, wie ich sie eben beschrieben habe, ist ein Grundproblem jedweden Mannseins in den Industriegesellschaften. D.h. es ist in der gesellschaftlichen Konstruktion von Männlichkeit und der biografischen Entwicklung des Mannseins angelegt. Es bildet gewissermaßen eine verdeckte Grundstruktur. Wie Männer damit zurechtkommen, hängt letztlich davon ab, welche familialen und sozialen Möglichkeiten sie haben, diese Grundspannung produktiv, d.h. ohne Zwang zu destruktivem Handeln, zu bewältigen. Als ein Strukturproblem der Entwicklung des Mannseins entzieht es sich der normativen Bewertung. Männer sind nicht von Grund auf gewalttätig abwertend, sondern dies hängt von den Umständen und Möglichkeiten ab, die Jungen und Männer haben, damit umzugehen, sich aus der negativen Magnetzone dieses Spannungsfeldes zu befreien.

Verwehrtheit und Bedürftigkeit sind schon in der Struktur des Aufwachsens von Kindern und Jugendlichen angelegt (vgl. zur männlichen Sozialisation: Böhnisch/Winter 1997). Es wirkt dabei ein verstecktes Erziehungs- und Beeinflussungsmodell, in dem Eltern und soziale Umwelt, Traditionen und Institutionen von Erziehung und Bildung zusammenwirken. Dieses Zusammenspiel ist in sich so verwoben, dass z.B. die Eltern nur bedingt gegensteuern können. Und: Es geschieht vor allem verdeckt, die Beteiligten sind sich dessen oft gar nicht bewusst.

Das Aufwachsen von Jungen in unserer Industriegesellschaft ist durch die Suche des Jungen nach männlicher Geschlechteridentität im Bindungs-/Ablösungsverhältnis zur Mutter und in dem Verlangen nach dem - mit ihm konkurrierenden und ihn zugleich suchenden - „männlichen" Vater (oder einer vergleichbaren männlichen Bezugsperson) bestimmt. Für den Jungen ist es aber schwer über den Vater - oder eine ähnlich nahe männliche Bezugsperson - die Alltagsidentifikation zu bekommen, die er braucht, um in ein ganzheitliches - Stärken und Schwächen gleichermaßen verkörperndes - Mannsein hineinwachsen zu können. Die Väter sind ja nicht nur räumlich (z.B. über die Berufsrolle), sondern auch „mental" abwesend, wenn sie zu Hause sind, sich aber wenig um die häusliche Beziehungsarbeit kümmern. Diese obliegt meist der Mutter, die sich dem Jungen in ihren Stärken *und* Schwächen zeigt. Die Schwächen des Vaters und seine alltäglichen Nöte des Mannseins, des Ausgesetztseins und der Verletzungen im Beruf werden dagegen für viele Jungen nicht sichtbar. Das einseitige Vaterbild - verstärkt durch die „starken" Männerbilder, die der Junge mit zunehmenden Alter über die Medien wahrnimmt - führen bei ihm in der Regel zur „Idolisierung" des Mannseins und zur Abwertung des Gefühlsmäßigen, „Schwachen", da er die eigenen „weiblichen" Gefühlsanteile, die er ja seit der frühkindlichen Verschmelzung mit der Mutter in sich trägt, immer weniger ausleben kann. Das liegt aber nicht nur an der einseitigen Vateridentifikation, sondern auch am Verhalten der Mutter: Männlichkeit wird auch von der Mutter - im Blick auf die spätere „Gesellschaftstüchtigkeit" des Sohnes - nach außen gefördert, in der gefühlsmäßigen Beziehung Mutter-Sohn aber eher zurückgewiesen.

Kinder werden in eine Welt hineingeboren, in der das Männliche immer noch die Norm verkörpert, in der mithin Konkurrenz, Macht und männlich besetzte Positionen hoch bewertet und in einer unübersehbaren Selbstverständlichkeit anerkannt sind. Deshalb ist es nicht verwunderlich, dass Eltern in der Regel darauf achten, dass die Entwicklung ihrer männlichen Kinder ohne Abweichung von dieser gesellschaftlich gestützten (Männlichkeits-)Norm verläuft. Sie tun das - weil männliche Norm und herrschende Norm zusammenfallen - weniger aus einem reflektierten Geschlechterrollenverständnis heraus, sondern aus der Absicht, ihren Jungen zur Gesellschaftstüchtigkeit zu erziehen. Schon hier werden die Weichen dafür gestellt, dass Jungen viel weniger als Mädchen lernen, sich in Frage zu stellen, und auch weniger angehalten werden, auf andere Rücksicht zu nehmen. Die Gesellschaft verlangt nun einmal von den Männern Durchsetzungsvermögen, Konkurrenzfähigkeit. Jungen müssen sich deshalb für konkurrentes und rücksichtsloses Verhalten kaum verantworten, ihr Handeln wird anders - man könnte sagen: gesellschaftlicher - ausgelegt als das der Mädchen, die eher persönlich bewertet werden.

Der in der männlichen Sozialisation angelegte Mechanismus der Externalisierung und des mangelnden Selbstbezugs wird im Erwerbsalter durch die gesellschaftliche und biografische Fixierung des Mannes auf die Welt der Erwerbsarbeit verstetigt und sozial eingebettet. So ist es nicht verwunderlich, dass sich hinter manchen außengeleiteten Verhaltensweisen von Männern Wünsche, Sehnsüchte und andere Gefühle verbergen, die nicht von innen her ausgedrückt und deshalb nach außen abgespalten werden müssen. So kommt es, dass in externalisierten Verhaltensweisen von Männern, vor allem dann, wenn sie sich antisozial äußern, die Bedürftigkeit nicht vermutet oder gesehen wird, die dahinter steckt. Dieses Nach-außen-gedrängt-sein, Bei-sich-selbst-nicht-innehalten-können führt auch dazu, dass Männer es schwer haben Empathie zu zeigen, das heißt sich in die Gefühle Anderer hineinversetzen zu können. Der Mangel an Empathie stärkt natürlich das Konkurrenzverhalten, das von Männern traditionell in der Arbeitswelt erwartet wird und schwächt die Sensibilität für Fürsorglichkeit. Männer mögen es nicht so sehr, wenn jemand Probleme hat, sie wollen, dass es oder er funktioniert. Das fängt schon in der Familie an: Wenn die Jungen schlechte Zeugnisse nach Hause bringen, wenn sie gar auffällig werden, dann ist es eher die Mutter, die sich um die Nöte des Jungen kümmert, die versucht, an ihn heranzukommen, die ihm die Möglichkeit gibt, seine Befindlichkeit zu zeigen. Der Vater orientiert sich meist am Außen, an den mangelnden Leistungen oder an der Tat. Für ihn ist daran entscheidend, dass der Sohn nicht funktioniert, denn wenn der Sohn nicht funktioniert, dann könnte es auch so aussehen, dass der Vater nicht funktioniert. Wenn Männer arbeitslos werden, dann fühlen sie sich vor allem deswegen entwertet, weil sie die Angst überfällt, dass sie nicht mehr funktionieren und dass sie nun überhaupt nichts mehr wert sind. Deshalb ist es auch so wichtig, z.B. bei Wiedereingliederungsprojekten mit langzeitarbeitslosen Männern, darauf zu achten, dass sie Gelegenheiten bekommen, zu zeigen, dass sie auch Fähigkeiten und Kompetenzen außerhalb der Arbeit - im kulturellen und sozialen Bereich - haben, und dass sie diese Fähigkeiten entwickeln können.

Die Orientierung am Funktionieren-Müssen durchzieht alle männlichen Lebensbereiche. Auffällig und problematisch ist der Bereich der männlichen Sexualität. Auffällig, weil die Pornoindustrie, aber auch die Medien, den sexuell potenten, den funktionierenden Mann in einer Art und Weise kreiert haben, dass Jungen und Männer - zumindest wenn sie unter sich sind - diesem Maßstab überhaupt nicht mehr entgehen können. Gerade weil die Suche nach männlicher Geschlechteridentität im Jugendalter tiefenstrukturell durch Idolisierung des Männlichen und Abwertung des Weiblichen gekennzeichnet ist und dieses Muster in der Pornoindustrie nicht nur reproduziert, sondern in den mechanischen Rahmen des Funktionierens gestellt wird, eignet es sich als Verständigungsmuster über männliche Sexualität. Schon in den Jungencliquen wird damit geprotzt, dass es wieder und wie oft es funktioniert hat, und keiner wird es wagen zuzugeben, dass es bei ihm nicht funktioniert. Hier fangen die Probleme für viele Jungen schon an: In einer pornografisierten Welt, in der Männern vorgegaukelt wird, sie könnten so viel Sex haben wie sie wollen, wenn sie nur funktionieren, scheint es für Jungen, die Probleme mit ihrer Sexualität haben, die nicht so leicht eine Partnerin finden, sozial tödlich, dies gegenüber Anderen zuzugeben. Gerade hier wachsen Bedürftigkeiten. Denn die Jungen spüren, dass Sexualität mehr ist als nur das Funktionieren von Geschlechtsorganen, sie merken auch, dass die Mädchen, mit denen sie gerne zusammen sein möchten, auch anderes erwarten, als nur sexuelle Funktionstüchtigkeit und haben gleichzeitig Angst, dass sie in dieser Gefühlswelt nicht zurechtkommen (vgl. auch Milhoffer 2000). Das männliche Externalisierungsprinzip beinhaltet also auch immer eine Warnung vor dem Innen: Wenn du dich Gefühlen hingibst, dich mitreißen lässt, dann bist du verloren, ausgeliefert, dann hast du keine Kontrolle mehr über dich selbst, dann kannst du nicht mehr funktionieren. Um immer funktionieren zu können, müssen Männer alles unter Kontrolle haben, eine Kontrolle, die sich leicht in Stress verwandelt (vgl. zum männlichen Sexual- und Gesundheitsverhalten Bründel/Hurrelmann 1999).

Mit dem Prinzip der Kontrolle hängt das Prinzip der Rationalisierung eng zusammen. Rational eingestellt sein und rationalisierend handeln bedeutet für viele Männer wiederum, keine Gefühle zulassen, sich einer Sachlogik entweder intellektuell oder auch nur hierarchisch (Dienst an der Sache) zu unterwerfen. Einer vorgestellten Sachlogik gehorchen, auch wenn man sie nicht versteht, ist für viele Männer noch weniger riskant, als Gefühlen nachzugeben. Wiederum: Blinder Gehorsam der Rationalität und Sachlogik gegenüber gelingt dann, wenn man Gefühle nicht an sich heranlässt, das heißt, wenn man sie abwertet und in Bereiche außerhalb der Rationalitätsbezirke von Arbeit, Beruf und öffentlicher Präsenz verbannt. Dieser Aspekt der Entemotionalisierung scheint mir am männlichen Rationalitätsprinzip das Wichtigste, weniger der klassische ideologische Dualismus zwischen rationaler männlicher und weiblicher emotionaler Welt; hier liegt eher die kulturelle Tradition der Abwertung des Emotionalen, weil dem Weiblichen zugeschrieben. Heute macht uns folgende Entwicklung zu schaffen: Je emotionsloser die Arbeits- und Berufswelt durch stetige Rationalisierungsprozesse wird, desto mehr konzentrieren sich die endgültig zurückgedrängten emotionalen Bedürfnisse der Männer auf die Familien. Das Problematische dabei ist, dass viele Männer diese Entemotionalisierung nicht merken, dass sie den immer neuen Sachlogiken weiter folgen und diese Entwicklung als selbstverständlich ansehen. Ebenso selbstverständlich ist ihnen dann das Bedürfnis, ihre Gefühlswelt in der Familie zu finden, besser gesagt: von der Familie bereitgestellt zu bekommen.

Wenn wir uns das Zusammenspiel dieser männlichen Einstellungs- und Verhaltensmuster ansehen, so fällt uns immer wieder ihr Zwangscharakter auf: Männer können nicht anders, deshalb sind sie auch sehr einsam, und müssen einsame Entscheidungen „gegen ihre Gefühle" treffen. Männer verhalten sich also gegen sich selbst, tun sich selbst Gewalt an. Auch von dieser Seite muss man das männliche Gewaltproblem beleuchten, nicht nur von der Täterseite. Es geht hier um strukturelle Gewalt, um den von vielen Männern gespürten aber nicht rational begreifbaren Zwang, unter dem sie stehen, sich selbst zu verletzen, zu zerstören, um dem gesellschaftlichen Erwartungsbild oder Idol von Männlichkeit nahezukommen. Schon die Verletzungen kleiner Jungen müssen sichtbar, präsentierbar und heldenhaft erzählt sein. Mit Unfällen im Haushalt - wenn man bei Geschirrspülen oder Putzen hilft - lässt sich kein männlicher Staat machen, das geht auch erwachsenen Männern so. Verletzungen gelten als männliche Symbole, wenn sie mit außerhäuslichem Risikoverhalten verbunden sind. Die Parole „hart gegen sich selbst sein" beinhaltet auch immer: Keine Gefühle sich selbst gegenüber und damit auch nicht gegenüber Anderen zeigen. Gewalt gegen sich selbst und Gewalt gegen Andere liegen bei manchen Männern eng beieinander.

Dieser schwierige Zugang zum eigenen Selbst, der für männliches Verhalten charakteristisch ist, wird Männern im Alltag meist gar nicht zum Verhängnis. Es gehört zur sozialen Normalität, dass Männer so sind, es wird ja den Männern gesellschaftlich abverlangt, und in der sozialen und familialen Umwelt des Mannes hat die Frau genug Strategien entwickelt, um damit umzugehen. Prekär werden solche männliche Verhaltens- und Einstellungsmuster für den Mann dann, wenn er in kritische Lebensereignisse gerät, in denen sich seine Umwelt nicht mehr auf ihn einstellt, in denen die männlichen Bewältigungsmuster nicht mehr funktionieren und sich schließlich gegen ihn selbst wenden. Kurzum: Bei kritischen Lebensereignissen - wie z.B. Arbeitslosigkeit, Verlust der Partnerin, Berufsunfähigkeit, Altersübergang, - wirkt der blockierte Selbstbezug oft wie eine Falle, in die Mann nach einem langen Prozess des sich „Männlich-dagegen-Stemmens" hineingerät.

Wie sich das blockierte Selbst gegen den Mann richtet, auf ihn zurückschlägt, kann man bei landesüblichen Scheidungskonflikten, wo es um die Kinder geht, beobachten. Ich gehe im folgenden Beispiel von der Situation geschiedener Männer aus, denen es im gerichtlichen Scheidungsverfahren mit Rechtsanwalt nicht gelungen ist, weder Sorge- noch ausreichendes Zugangsrecht zu ihren Kindern zu bekommen und die sich nun in einem Zustand der Ohnmacht befinden, den sie zwar immer vehementer externalisieren, aber dennoch spüren, dass sie dies ohne Hilfe nicht durchhalten können. Sie wenden sich schließlich -

wenn nichts mehr fruchtet - an Männerberatungsstellen. Was dann in der Regel abläuft, möchte ich am Modell einer Männerberatung nachzeichnen, das ich entwickelt habe. Es gibt einen modellhaften Verlauf wieder, das heißt die verschiedenen Phasen fallen bei verschiedenen Männern unterschiedlich aus, aber es zeichnet sich doch ein relativ durchgängiges Grundmuster ab.

Der Mann kommt in die Männerberatung auf dem Höhepunkt seiner Ohnmacht, die er inzwischen schon extrem abgespalten hat. Er hat alles versucht, seine Kinder wiederzubekommen; nichts hat's bewirkt, die Männerberatung, so mißtrauisch er ihr gegenüber steht, ist sein letzter Strohhalm. Der Männerberater wird erst einmal die Situation akzeptieren müssen, in der er auf den Mann trifft. Dieser bekräftigt noch einmal seinen Anspruch, den er aber inzwischen so hoch externalisiert hat, dass es ein Macht- und Besitzanspruch geworden ist. Der Rationalisierungsmechanismus ist so weit gediehen, dass die Frau, die er einmal geliebt hat, inzwischen ein Scheusal geworden ist, das an allem Schuld ist und seine Umgebung gegen ihn aufgehetzt hat. Er ist isoliert, er leidet unter Kontrollverlust und signalisiert dauernd, dass es ihm zu schaffen macht, dass er nicht mehr funktioniert. Der Berater muss ihm sagen, ihn damit konfrontieren, dass er über die Beratung keine Aussicht haben werde, die Kinder zu bekommen, denn hier in der Männerberatung gehe es nicht um die Kinder, sondern nur um ihn, nur darum, wieder Zugang zu seinem blockierten Selbst zu finden. Die meisten Männer willigen dennoch in die Beratung ein, sie wissen zwar nicht, auf was sie sich da einlassen, haben vielleicht auch im Hinterkopf immer noch die Hoffnung, die Beratung schon in ihre Richtung drehen zu können - das Kontrollverlangen keimt wieder auf. Sie machen aber mit, weil es ja der letzte Strohhalm ist. Im Fortgang der Beratung kann das Ziel dem betroffenen Manne gegenüber konkretisiert werden: Wir können dir zwar nicht irgendeine Aussicht geben, deine Kinder wiederzubekommen, aber wir können dir eins versprechen: Wenn du in der Beratung bleibst und mitmachst, dann wirst du dich mit der Zeit wohler fühlen und endlich du selbst sein. Wir können dein äußeres Problem nicht lösen, aber versuchen an deinem Inneren mit dir zu arbeiten, damit du dir nicht mehr selbst im Weg stehst, und dadurch ganz andere Möglichkeiten erhältst, mit der Sache einmal so umzugehen, dass du nicht mehr abwerten und hassen und das Verhältnis zu deinen Kindern nicht in einen Besitzanspruch umwandeln musst.

In der zweiten Phase ist es wichtig, den Mann in seinem Selbst erst einmal von dem akuten Problem zu lösen. Die Trennung von Person und Problem ist eine klassische therapeutische Faustregel. Denn wenn wir am Problem bleiben, verfällt der Mann immer wieder in erneute Externalisierungen und Rationalisierungen. Wir müssen ihn vielmehr dazu stimulieren, dass er von sich erzählt, denn er soll ja in der Dauer der Beratung dazu ermuntert und gestützt werden, seine eigene Hilflosigkeit so zu spüren, dass er sie nicht abspalten muss, dass er nicht Angst haben muss, an seiner Schwäche unterzugehen, sondern dass es ihm gut tut, über diese Schwäche zu erzählen, seine Befindlichkeit zu öffnen und dabei zu erfahren, dass - von seinem Gegenüber - anerkannt wird, dass er gerade in dieser Schwäche seinen eigentlichen Wert zeigt. Dazu braucht es eine Atmosphäre des Vertrauens, abgeschirmte Sitzungen, abgelöst von gemeinsamen Spaziergängen, die dokumentieren, dass man sich von dem Problem ablösen und zu sich selbst kommen kann. Erst wenn in der therapeutischen Beziehung spürbar wird, dass der Mann sich wohlfühlt wenn er von sich erzählt, wird es möglich, ihn an einer Selbsthilfegruppe teilhaben zu lassen, in der vier bis sechs Männer mit dem gleichen Bewältigungshintergrund erfahren können, dass ihre innere Befindlichkeit und der neu gewonnene Zugang zum Selbst, der immer noch fragil ist, weil mit der eigenen Hilflosigkeit bisher nur im geschützten therapeutischen Raum umgegangen wurde, auch sozial kommunizierbar sind. Wenn dies gelingt, fühlen sich die Männer dann auch meist nicht mehr als Verlierer, sondern als Menschen, die etwas in sich selbst gefunden und gewonnen haben und von da aus ihr Problem nicht mehr zwanghaft angehen müssen. Sie können jetzt warten, andere Bindungen aufnehmen, die Lage entspannen und werden damit für die frühere Frau - aber auch die Kinder - nicht mehr zur Bedrohung.

Verdeckungen III: Die ‚naturmythische' Angst vor der Frau - Tiefendimensionen des Geschlechterverhältnisses

Mit der steigenden Bedürftigkeit des Mannes tritt eine fast archaische anmutende Angst vor dem Weiblichen wieder an die Oberfläche der Zivilisation. Denn dort wo Bedürftigkeit zunimmt, wird auch wieder Frauenabwertung zelebriert und die männliche Dividende eingefordert. Dabei geht es nicht so sehr um die Frage, inwieweit die soziale und berufliche Emanzipation der Frau Männer unter Druck gesetzt hat. Sicher ist es - z.B. in Ostdeutschland - deutlich, dass der Verdrängungswettbewerb am Arbeitsmarkt durch eine Geschlechterkonkurrenz gekennzeichnet ist, in der die Männer wie selbstverständlich Optionen auf Arbeitsplätze ausspielen und viele Frauen - ebenfalls wie selbstverständlich - sich zurückziehen. Was hier unter „männlicher Angst vor der Frau" verhandelt werden soll, liegt tiefer, wenngleich es natürlich doch immer wieder die soziale Geschlechterkonkurrenz anrührt und auflädt.

Worum es hier geht, ist das kulturanthropologische Phänomen, dass Männer den Frauen Kräfte und Vermögen qua Geschlecht zuschreiben, die sich ihnen als Männer entziehen und die sie über ihr Geschlecht auch nicht erreichen können. Wir haben davon schon gesprochen, als wir der These Arno Gruens nachgingen, die Frau könne „von Natur aus" - d.h. es ist vom Manne nicht kulturell herstellbar - mit der Hilflosigkeit und dem Ausgesetztsein des Menschen in der industriekapitalistischen Welt besser umgehen als der Mann, da sie über etwas verfügt, das ihr gesellschaftlich nicht genommen werden kann: Sie kann Leben gebären. Sie besitzt damit „von Natur aus" eine Fähigkeit, die der rationalen Gesellschaft, die ja von ihrer modernen Logik auf Überwindung der Natur aus ist, prinzipiell entgegensteht. Damit hat die Frau „neben“ der Gesellschaft, einen Rückzugsort aber auch eine Widerständigkeit, die von Männern nicht nur nicht erreichbar, sondern auch nicht verstehbar ist.

Ich kenne keine Männer, die nicht zugeben müßten, dass sie ein bestimmtes für sie irrationales Verhalten von Frauen fürchten: Wenn sie sich in Diskussionen emotional ausklinken, die Rituale der Männer nicht mitmachen, vielleicht sogar den Raum verlassen, bleiben wir Männer ratlos zurück und bilden schnell unser Urteil: irrational, hysterisch, unsachlich. Um die Geburt des ersten Kindes herum entwickeln Männer hektische Aktivitäten, stürzen sich in Arbeit, umkreisen oder fliehen das ihnen nicht geheuere Geschehen der Geburt, das doch so offensichtlich den Frauen gehört und von den Frauen auch als ihr Eigenes durchlebt und durchlitten wird. Noch so männerfreundliche Geburtsvorbereitung und Geburtsbegleitung können darüber nicht hinwegtäuschen, dass das Gebären der Frau gehört. Bei kritischen Lebensereignissen, vor allem der Scheidung, versuchen Männer oft vergebens, ihre Vaterschaft der Mutterschaft entgegenzusetzen. Hier wendet sich die Naturalisierung der Frau, wie sie gesellschaftlich über Jahrhunderte als Machtinstrument betrieben worden ist, gegen den Mann. In vielen Vormundschaftsgerichtsurteilen schwingt die natürliche Mutterschaft als implizite Begründung der Zuweisung der Kinder an die Mutter mit. Aber es gibt auch noch andere Beispiele: Dass Frauen oft die Familie und das Kinderkriegen einer unsicheren und/oder ätzenden Arbeit vorziehen, dass sie Arbeitslosigkeit besser verkraften, da ihnen die Ausweichrolle in der Familie bleibt, ist - bei aller Abhängigkeit - ein Indiz dafür, dass sich Frauen im Gegensatz zu Männern aus prekären gesellschaftlichen Konstellationen im Rekurs auf ihre naturalisierte Familien- und Mutterrolle herausziehen können. Diese Ambivalenz wird in der feministischen Diskussion kaum thematisiert. Die Beispiele lassen sich weiter treiben, wir können sie auch früh im Aufwachsen von Jungen und ihrem Verhältnis zu Mädchen finden: Schon Fünf- bis Siebenjährigen macht es zu schaffen, dass sie keine Kinder kriegen können, und oft ist beschrieben worden, wie rührend ihre Versuche sind, sich und anderen einzureden, dass sie dazu doch in der Lage wären bzw. alle Hilfs- und Ersatzmittel (Flasche statt Stillen) aufführen, um diesen offensichtlichen Vorteil der Mädchen wettzumachen.

Das erinnert durchaus an die frühgeschichtlichen Beispiele aus Stammeskulturen, in denen Männer versuchten, den weiblichen Gebärvorgang zu simulieren, selbst in Gebärhütten zogen, um es den Frauen gleichtun zu können und ihre Macht zu brechen. Von den Naturvölkern wurde der weibliche Gebärvorgang als naturmythische Macht der Frauen empfunden. Man hatte ja damals noch keine medizinischen Erkenntnisse, konnte sich Menstruation und Gebärvorgang genauso wenig erklären wie die eigene Zeugung, so dass nur die mythische Interpretation blieb.

Dass Männer seit den frühen Stammeskulturen versucht haben, eine soziale Gegenmacht zu dieser „Naturmacht“ der Frau aufzubauen, hat uns jene geschlechtshierarchische Sozialgeschichte gezeigt, in der wir heute noch stehen. Ob es nun die Männerbünde sind (s.u.), die sich von den Stammeskulturen bis in die Moderne ziehen, ob es die unterschiedlichen und fortdauernden Legitimationsversuche männlicher Dominanz sind, in denen die Naturmacht der Frau in ihre „Naturnähe", „Naturgebundenheit" umdefiniert und somit ihre Unterlegenheit gegenüber männlich gesteuerter Rationalität zementiert wird oder ob es die bis ins 20. Jahrhundert hineindauernde medizinische Herrschaft über die Frau war - die Gynäkologie war eine Erfindung der Männer, der Frauenarzt bis in die Mitte des 20. Jahrhunderts ein männliches Monopol -; überall finden wir die Anzeichen dafür, dass das biologische Vermögen des weiblichen Geschlechts kulturelle und soziale Gegenreaktionen und Folgen zeitigte, die nicht nur das alltägliche Geschlechterverhältnis berühren, sondern weitreichend gesellschaftsmächtig waren und sind. Wenn der Sozialpsychologe Wilfried Gottschalch in diesem Zusammenhang schreibt, dass, „solange die Menschen nicht geklont werden", „der fundamentale biologische Geschlechtsunterschied eine folgenreiche Angst der Männer vor den Frauen erzeugt", dann redet er nicht biologistischen Interpretationen das Wort, sondern zeigt auf, wie der biologische Unterschied kulturell und sozial verarbeitet, mithin Geschlechterhierarchie zwar sozial konstruiert wird, aber nicht aus der Luft heraus, sondern von den konkreten Geschlechtsunterschieden her. „Aus dem Geschlechtsunterschied folgt die Angst der Männer vor den Frauen, vor der mythischen Baubokratie. Das ist ein drängendes Motiv, das soziale Patriarchat, welche historische Form auch immer, zu verteidigen und zu erneuern" (1991, S. 115). Die baubokratische Macht der Frauen, d.h. ihre sozial transformierte naturmythische Geschlechtermacht geht also dem sozialen Patriarchat voraus.

Auf die Bedeutung dieses kulturgenetisch rückgebundenen, in der Moderne ins Unterbewußte gelegten Unterlegenheitsdilemmas des Mannes, hat schon der Berliner Sexualwissenschaftler Magnus Hirschfeld in den zwanziger Jahren hingewiesen, indem er zwischen der „Scheu der Frau" vor dem Mann auf der einen und der „Furcht des Mannes" von der Frau auf der anderen Seite unterschieden hat. Die Furcht des Mannes beruht danach auf der ihm unerklärlichen und unfaßbaren Verbindung der Frau zur Natur. Gottschalch wiederum geht sogar so weit, dass er diesen Zusammenhang in einer vorsozialen Gesetzlichkeit aufgehen sieht: „Wir müssen ... mit einer Bereitschaft zum Frauenhaß rechnen, der relativ unabhängig von der gesellschaftlichen Verfassung in der männlichen Konstitution angelegt ist" (1991, S. 101). Männliche Angst vor den Frauen und Frauenhaß sind in der modernen Zivilisation überformt, brechen aber in großen aber auch in alltäglichen Zivilisationskrisen immer wieder auf. Denken wir an die grauenvollen Schilderungen aus den Balkankriegen in den 1990er Jahren, in denen von getöteten Frauen berichtet wird, denen vorher blindwütig die Geschlechtsteile verstümmelt wurden. Aber auch unser Alltag ist davon nicht verschont. Wenn wir uns anschauen, in welcher Art Medienberichte über Vergewaltigungsdelikte aufgemacht sind, so können wir nicht selten herauslesen, wie doppeldeutig diese Berichte aufgebaut sind: Die Abscheu vor dem Verbrechen wechselt ab mit dem gruseligen Kitzel, der Männer immer wieder überkommen kann, wenn sie lesen und sich vorstellen, dass eine Frau gefügig, willig gemacht wird, auch wenn sie dabei zerstört wird.

Verdeckungen IV: Mutter-Sohn-Beziehungen

„Die Trennung der väterlichen von der kindlichen Welt in unserer Zivilisation lässt eine [...] anschauliche Erfahrung auf beiden Seiten nicht zu; ja das Kind weiß nicht, was der Vater tut, der Vater nicht, wie das Kind in seine Fertigkeiten hereinwächst [...]. Die Identität ist für das Kind schwierig zu finden, weil es zuviel seinen Phantasien über den Vater überlassen bleibt, statt ihn in einer Welt erfahren zu können, in der es ihn durch Mittätigkeit kennenlernt. (Mitscherlich 1963, S. 193f). Derweil wächst die familiale Macht der Mutter, der man alltagswirklich begegnen kann, die den Jungen zwar loslassen, gleichzeitig den Vater in der Familie aufbauen und hochhalten muss. So ist ihre Macht eine doppelte geworden: Sie konfrontiert den Vater nicht nur mit ihrer Überlegenheit bei der Geburt des Kindes, sondern auch damit, dass es von ihr abhängig ist, wie der Vater in die Familie eingeführt, wie er aufgebaut und hochgehalten wird. Der Psychoanalytiker Martin Lukas Moeller sprach deswegen von einem modernen Männermatriarchat im Kleinen: „Die Männergesellschaft hinterlässt zu Hause in Form einer Mutter-Kind-Union ein Miniaturmatriarchat. Da dieses Matriarchat doch das genetische Milieu der Kinder darstellt, prägt die Mutter fast ausschließlich ihre Söhne und damit die später herrschenden Männer. Mit anderen Worten: In der vaterlosen Gesellschaft, wider Willen isoliert, bestimmt nur noch die Mutter die Entwicklung zum Mann" (1983, S. 214).

Inzwischen können wir fragen, ob der gegenwärtige Strukturwandel der Arbeitsgesellschaft, in der die Arbeitszeiten immer kürzer und die Gelegenheiten zur Familienarbeit auch für Männer immer größer werden, nicht auch Räume und Gelegenheiten schafft, die familialen Geschlechterkonstellationen zu verändern, um so aus der „vaterlosen Gesellschaft" (Mitscherlich) herauskommen zu können. Väter könnten mehr anwesend sein, früh in die alltäglichen Beziehungs- und Erziehungsbereiche eintreten, sodass die ideologisch tradierte Figur der Mutterliebe ihren Pol in der Vaterliebe finden und dadurch entlastet werden und in eine früh ausbalancierte Elternschaft münden kann. Die Aussichten dafür scheinen ganz unterschiedlich zu sein. Es gibt Familien, die von ihren ökonomischen und sozialen Möglichkeiten her dieses Ziel eher realisieren können, und es gibt wiederum eine Menge Familien, für die der Strukturwandel der Arbeitsgesellschaft nur noch mehr Druck hervorruft und bewirkt, dass sich die Mütter noch mehr an ihre Kinder klammern und die Väter es noch schwerer haben, in die Familie hineinzukommen. Denn für viele, vielleicht für den Großteil der Bevölkerung, bringt die technologische Entwicklung der Arbeitsgesellschaft mit der zunehmenden Freisetzung von Menschen eher eine weitere Überforderung denn eine Entlastung der Familie. Zum einen engen die Rationalisierungsprozesse der Arbeitswelt die betrieblichen Räume - vor allem bei weniger qualifizierten Arbeitsvorgängen - ein, in denen soziale und emotionale Beziehungen außerhalb des Produktionszwecks möglich waren, sodass die Familie zum zentralen und oft einzigen Ort der Verheißung geworden ist: Partnerschaft und Familie sollen das bringen, was in der Arbeitswelt nicht mehr möglich ist: emotionalen Rückhalt, Zuwendung, Geborgenheit. Damit entsteht ein Druck auf die Familien, vor allem dann, wenn die Familienmitglieder selbst Schwierigkeiten haben sich als Familie zu begreifen und eher ihre individuellen Interessen in der und über die Familie zu verwirklichen versuchen. Die Kinder sind dabei die schwächsten Glieder. Mütter forcieren dann oft die symbiotische Mutter-Sohn-Beziehung über das frühkindliche Alter hinaus, möchten sich im und am Kind verwirklichen, lassen nun erst recht nicht los. Väter reklamieren den emotionalen Besitz an der Familie nicht über Zuwendungen, sondern über Forderungen bis hin zur Gewalt. Aber auch die arbeitslosen Väter können selten ihre nun freigesetzte Zeit nutzen, um in der Familie und für den Sohn emotional anwesend zu sein. Eher versuchen Sie, ihre externalisierte Arbeitsrolle, die sie nun verloren haben, durch Außenaktivitäten zu kompensieren und der Familie gegenüber das Bild des externen Vaters und damit das klassische hierarchische Modell der Familienmacht aufrechtzuerhalten. Aber auch die arbeitslosen Väter, die sich emotional in die Familie hineinbegeben wollen, haben ihre Schwierigkeiten: Zum einen haben sie nicht gelernt, dieses Vatersein in Stärken *und* Schwächen einzubringen, und es fällt ihnen erst recht in einer Zeit schwer, in der sie mit der Arbeit auch ein Gutteil ihres Selbstwertes verloren haben. Zum anderen verteidigen die Mütter Familie und Haushalt als ihre emotionale Machtbasis und sehen den nun darin eindringenden Vater mit seiner Bedürftigkeit erst einmal als Fremdkörper an.

Ich will hier nicht zu schwarz malen, sondern deutlich machen, dass der Strukturwandel der Arbeitsgesellschaft und der Anstieg arbeitsfreier Zeit nicht automatisch eine Entlastung der Familie und ihre Öffnung für den Vater mit sich bringen.

Angesichts dieser Einschätzung der Gesellschaftsentwicklung ist davon auszugehen, dass das problematische Mutter-Sohn-Modell und das aus ihm heraus verlängerte Männer- und Frauenmodell in seiner Unfertigkeit und Gestörtheit auf unabsehbare Zeit weiterhin die Struktur des Geschlechterverhältnisses bestimmen wird. „Die Mutterherrschaft wirkt sich auf Söhne viel belastender aus als auf Töchter [...], diese haben es leichter, sich mit der einzig verbliebenen Person, der aus Ohnmacht dominanten Mutter, zu identifizieren. Die Söhne geraten in größere Widersprüche. Mit dem ausschließlichen Vorbild Mutter, die sie verinnerlichen, nimmt ihre Weiblichkeit zu. Schon heute ist zu fragen, inwieweit Männlichkeit nicht nur die Abwehr der notgedrungen weiblichen Verinnerlichungen ist, mit denen die Männer allein nicht auskommen“ (Möller 1981, S. 232). Aus dieser Mangelsituation resultiert - wir haben es bereits am Fall des Aufwachsens von Jungen beschrieben - die Idolisierung des Männlichen und damit zwangsläufig die Abwertung des Weiblichen. Jungen und Männer haben es dadurch schwer, ein selbstbestimmtes, das heißt aus dem

Selbst kommendes Verhältnis zwischen Männern und Frauen aufzubauen. Sie agieren - unterschiedlich bewältigt - immer wieder in Abhängigkeit von Müttern und Frauen oder besser: in Abhängigkeit von einer Konstellation, die nicht aus dem Machtstreben der Mutter, sondern ihrer Zwangslage heraus entspringt. Insofern ist die Abhängigkeit der Männer von Frauen und die gleichzeitige männliche Abwertung der Frau im Alltag schwer thematisierbar, weil es ein tiefenstrukturelles Phänomen ist, das den männlichen und weiblichen Akteuren so überhaupt nicht bewußt sein kann. Es tritt - wie alles Tiefenpsychische - an der Oberfläche der Verhaltensweisen anders auf und wird von den Menschen auch entsprechend anders gedeutet.

Das können wir früh beobachten, wenn sich Jungen und Mädchen einander nähern und damit - nach der frühkindlichen Phase - zum ersten Mal wieder hoffnungsvoll und hoffnungslos zugleich in das Magnetfeld der Mann-Frau-Beziehung geraten. Ihnen widerfährt das zu einem Zeitpunkt - im Verlauf der Pubertät - zu dem sich bei ihnen als Vierzehn- bis Achtzehnjährige bereits jenes doppeldeutige Mädchen- und Frauenbild festgesetzt hat, das sie im Verlauf des Aufwachsens in der bekannten typischen Spannung von Abwertung des Weiblichen und Idolisierung des Männlichen erlebt haben. Gleichzeitig befinden sich die meisten Jungen im Prozess der Ablösung von der Familie und suchen in Gleichaltrigengruppen - Cliquen - persönliche und soziale Orientierung zu gewinnen. Solche Cliquen sind meist männlich dominiert, weil hier Jungen zusammenkommen, die fast alle in unterschiedlicher Weise das Problem mit sich herumtragen, dass sie immer noch auf der Suche nach sich als Mann sind und in dieser Suche nicht fündig werden, weil sie in dieses Hin- und Hergerissensein von Anziehungskraft und Abwertung des Weiblichen geraten sind. Kein Wunder, dass die Dynamik solcher Cliquen - offen oder versteckt, je nach sozialer Herkunft - von diesem Mechanismus der Abwertung und Idolisierung geprägt ist. Gleichzeitig spielen die Mädchen, die in solchen Cliquen sind, eine bezeichnende Rolle: Bei den äußeren Aktivitäten der Gruppe, im äußeren Machtgefüge, spielen sie eine untergeordnete Rolle. Die Jungen lassen an ihnen ihr männliches Überlegenheitsgefühl aus und werten sie immer wieder ab oder weisen sie zurück, demütigen sie. Im inneren Gefüge solcher Cliquen spielen dagegen Mädchen eine sehr dominante Rolle, sie tragen vor allem zum Zusammenhalt der Clique bei, sie vermitteln bei Streitigkeiten und Konflikten nach innen und außen. Sie sind es auch - und das ist in Jungencliquen immer gefürchtet -, welche durch das Einfädeln einer Partnerbeziehung einzelne Jugendliche aus der Clique herausbrechen: Mit der festen Freundin scheint der Junge für die Clique verloren. So ist die Jungenclique, die doch so wichtig ist für den Übergang des Jungen von der Familie in die gesellschaftliche Realität, und in der die meisten Jungen nach einer Familien-, Kinder- und Grundschulzeit, in der sie meist von Frauen begleitet wurden, zum erstenmal unter Männern sind, kein echter Haltepunkt in der Findung männlicher Identität und eines selbstbestimmten Verhältnisses zu Frauen, sondern sie kann zu einem weiteren Kristallisationspunkt des männlichen Dilemmas im Lebenslauf werden. Viele

Jungen haben auch hier wieder keine Beziehung zu sich selbst, keine Ruhe auf der Suche nach Männlichkeit, keine Gewißheit im Verhältnis zu Frauen gefunden. Im Gegenteil: Es spielen sich hier oft Verhaltensmuster gegenüber Mädchen ein, die dann auch im späteren Leben im Verhältnis zu Frauen immer wiederkehren. Jungen spüren, wie sie sich nach Emotionalität und Bindung sehnen, wollen sich Mädchen entsprechend nähern, sind aber nicht imstande, dieses Gefühl in entsprechendes soziales Verhalten umzusetzen, da ihnen dies seit der Kindheit immer wieder manifest oder latent verwehrt wurde. Sie fühlen weiblich, nähern sich aber den Mädchen männlich, mit Imponiergesten oder einer verbalen bis hin zur körperlichen Anmache, auf die heute viele selbstbewußte Mädchen nicht mehr reagieren. Das treibt manche Jungen dazu, entweder die Anmache noch aggressiver zu versuchen, sich so zu holen, was man braucht, dem Gegenüber aber nicht entsprechend vermitteln kann. Hier beginnen die kleinen Spiralen der Gewalt gegen Frauen aus männlicher Bedürftigkeit heraus, die sich später vergrößern und im Leben immer wieder auftreten können. Andere Reaktionsweisen von Jungen - und später auch von Männern - sind Rückzug und enttäuschte Isolation, in der dann die Abwertung des Weiblichen bis hin zum Frauenhaß weiter gedeiht.

In diesem Gruppenklima gedeihen auch jene stereotypen Einstellungen der männlichen Bewertung von Frauen, derer sich Männer im Laufe ihres Lebens immer wieder bedienen und in denen auch wieder das Grundmuster von Anziehung und Abwertung aufscheint: Die unnahbare, nie erreichbare Traumfrau auf der einen Seite, das Sexualobjekt, die benutzbare Hure auf der anderen. Auch dies erschwert wieder Kommunikation mit Mädchen und Frauen, weil Jungen und Männer oft ihr Kontrollverhalten gegenüber Mädchen und Frauen an diesen Stereotypen und ihrer unüberbrückbaren Spannung ausrichten. In Krisensituationen der Partnerschaft und natürlich bei der Scheidung brechen diese Stereotype nicht selten wieder bei den Männern auf.

Beziehungen zu Mädchen und später zu Frauen sind immer wieder von diesem Hin- und Hergerissensein bestimmt und erscheinen deshalb für viele Männer riskant, angstbesetzt. Diese Angst muss abgespalten und in äußeres Dominanzverhalten umgesetzt werden. Wo keine Verständigung mit den Frauen gelingt, wo das Dominanzverhalten nicht einschlägt, bleibt nur der Rückzug in die männliche Einsamkeit. Das Schweigen der Männer über sich selbst und Frauen gegenüber ist ein Ausdruck dieser Einsamkeit. Es ist aber nicht die Einsamkeit der Gefühle, sondern die harte Einsamkeit dessen, der allein gegenüber der (Frauen)Welt steht und deshalb noch härter mit sich und anderen sein muss. Nicht von ungefähr ist das Bild des „lonesome Cowboy“ bei sich dominant und hart gebenden Männern so beliebt.

Wenn dann die feste Freundin da ist, eine längere Partnerschaft beginnt oder nach einiger Zeit sogar geheiratet wird, glättet das Aufeinanderangewiesensein und der Verständigungszwang über das Gemeinsame die männlichen Wogen des Hin- und Hergerissenseins. Dennoch wirkt das zwiespältige Mutter-

Sohn/Mann-Frau-Modell weiter. Denn in der Partnerschaft prallen ja zwei unterschiedliche Geschlechterkulturen aufeinander. Viele junge Männer schwanken weiterhin zwischen dem Hin- und Hergerissensein von Gefühlsbeziehung und um so heftigere Abwertung der romantisierenden Liebe, die aber viele Mädchen/Frauen - zumindest am Anfang der Partnerschaft oder Ehe - von den Männern erwarten. Und da es Männer - von ihren biografischen Erfahrungen in Kindheit und Jugend her - schwer haben, mit Gefühlsbeziehungen außerhalb von Sondersituationen, also im Alltag, umzugehen, pendelt sich bald das externalisierte Verhalten wieder ein: Die Beziehung, die Ehe und später die Familie soll „funktionieren", daran mißt sich der Mann, daran - so glaubt er - wird er gemessen. Die Frauen - auch wenn sie berufstätig sind - ziehen sich dann oft wieder in das Innere der familialen Beziehungsarbeit zurück, festigen ihre emotionale Binnenmacht bewußt oder unbewußt auch gegenüber ihren Männern. Diese wiederum können - von ihrem externalisierten Funktionsverständnis her - die Gefühle und Sehnsüchte, die sie in der Familie stillen möchten, dann erst recht nicht entsprechend mitteilen. Männliche Bedürftigkeit und weibliche Enttäuschung machen sich in vielen Familien breit, können dann in kritischen Familiensituationen folgenreich aufbrechen.

Männer können also - bildhaft gesprochen - Frauen nicht entrinnen. Die Macht der Mutter ist weiter in ihnen. Um gleich vorzubauen: Hier wird Müttern nicht die Schuld zugeschoben, dass sie dafür verantwortlich sind, wie sich Männer entwickeln. Moeller hat ja - in seinem Zitat zum Familienmatriarchat - auch ausdrücklich davon gesprochen, dass das „wider Willen" der Beteiligten existiert, dass dies also ein struktureller Vorgang ist. Selbst Mütter, die ihre Söhne zu „anderen" Männern erziehen und erziehen wollten, erzählen, dass sie irgendwann dann doch gemerkt haben, dass sie nicht über den Schatten ihrer widersprüchlichen Mutterrolle - den Jungen von sich ablassen müssen und gesellschaftsfähig machen - springen konnten. So wird deutlich, wie diese für Söhne zwiespältige Rolle der Mütterlichkeit ein gesellschaftliches Muster ist. Darauf zielt auch der Befund der amerikanischen Sozialpsychologin Nancy Chodorow ab, die direkt den Begriff des „Mutterns" (mothering) gebraucht, um die typische Abhängigkeitskonstellation des Junge- und Mannwerdens begreifen zu können: „In den isolierten Kleinfamilien heutiger kapitalistischer Gesellschaften erzeugt das Muttern der Frauen spezifische Persönlichkeitsmerkmale bei Männern [...] Es bereitet Männer auf ihre Teilnahme an einer männlich dominierten Familie und Gesellschaft vor, auf ihre geringere emotionale Beteiligung am Familienleben und auf ihre Mitwirkung in der kapitalistischen Arbeitswelt [...] Die Mütter führen die Väter bei den Kindern als wichtige Figuren ein, sie bauen die Väter für die Kinder erst auf, um einen Ausgleich dafür zu schaffen, dass Kinder ihre Väter nicht im gleichen Maße wie ihre Mütter kennenlernen können. Gleichzeitig aber unterhöhlen sie seine Position sozialer Überlegenheit oder angemaßter Familienautorität" (1985, S. 234). Dies geschieht vor allem dadurch, dass sie dem Jungen in ihrer alltäglichen Repräsentanz nahe ist und der Junge immer wieder spürt, dass der Vater in seiner emotionalen Bedürftigkeit im Binnenkreis der Familie letztlich doch immer wieder vom Entgegenkommen bzw. der Verweigerung der Mutter abhängig ist.

Die zwiespältige Abhängigkeit des Sohnes von der Mutter und später des Mannes von der Frau bleibt auch dann, wenn sich die Jungen von der Mutter gelöst haben. Sie äußert sich darin, dass sie sich den emotionalen Zugang zu sich selbst immer wieder von der Mutter und später von der Frau erhoffen, weil sie ihn in ihrer externalisierten Welt selbst nicht herstellen können. Wird dann das verwehrte Selbst als Hilflosigkeit erlebt, äußert es sich nach außen in jenen Abspaltungen als Aggression Schwächeren gegenüber, wie wir sie bereits beschrieben haben, oder nach innen in der Enttäuschung an der Mutter. Ich habe bei der Begleitung von Projekten, die mit deliquenten Jugendlichen gearbeitet haben, immer wieder diese übergroße und doppeldeutige Bedeutung der Mutter für die Jungen erlebt. Wenn es einmal gelungen war, mit den Jungen über sich selbst ins Gespräch zu kommen, nicht über das Delikt, sondern über ihre eigenen Ängste und Sehnsüchte, dann stand immer wieder die Enttäuschung an der Mutter im Vordergrund, vom Vater war so gut wie keine Rede.

Die Mutter-Sohn-Beziehung zwiespältiger Abhängigkeit ist somit gleichsam zum Modell des durchschnittlichen Männer-Frauen-Verhältnisses in unserer Gesellschaft geworden. Es ist wiederum ein tiefendynamisches Verhältnis, das der Oberfläche sozialen Lebens verborgen ist und sich in den alltäglichen Handlungen der Männer nicht so äußert, sondern hinter ihnen versteckt ist. Barbara Franck hat in ihren Anfang der achtziger Jahre veröffentlichten Gesprächsprotokollen mit Männern zum Thema „Mütter und Söhne“ das anhaltende Wirken dieser Beziehung in der Biografie von Männern herausgearbeitet. Dabei wird deutlich, dass das Muttern und die damit zusammenhängenden Abhängigkeiten des Sohnes in dem Maße das Leben von Jungen und später von Männern prägt, in dem der Vater abwesend und nicht greifbar ist. Man darf also nicht isoliert von der Mutter ausgehen, sondern muss die Stellung des Vaters zur Familie genauso in den Mittelpunkt der Argumentation stellen. Denn dort, wo die Väter früh in die familialen Beziehungen zum Kind mit Gefühl und Zuwendung eintraten und sich dem Jungen nicht nur in Stärken, sondern auch in Schwächen öffneten, hat sich bei den Jungen und später bei den Männern eine produktive Distanz zur Mutter entwickelt. Geborgenheit konnte hier bei Mutter *und* Vater erlebt werden. Diese gelungene „Triangulation“ verhilft dem Jungen dazu, dass er zu sich selbst kommen kann, dass er die Mutter nicht abwerten muss, weil er von ihr abhängig ist und er das Männliche nicht idolisieren muss, weil der Vater für ihn über Gefühle nicht erreichbar ist (vgl. dazu auch Engelfried 1997).

Häufiger ist bei uns aber immer noch jene Konstellation, in der die Mutter das kindliche Erleben der sozialen Beziehungswelt bestimmt und für den späteren Lebensweg beeinflußt: „Die Beziehung zur Mutter prägt die Frauenbeziehung also auf doppeltem Weg: Einmal wird die Frau wie die Mutter erlebt, das heißt, die Paar- bzw. Ehebeziehung wird wie eine Mutterbeziehung wahrgenommen.

Hier setzt sich die Mutter-Sohn-Beziehung schlichtweg fort. Darüber hinaus ist der Sohn jedoch auch mit der Mutter identifiziert und verhält sich manchmal den Frauen gegenüber so, wie seine Mutter sich ihm gegenüber verhalten hat" (Moeller 1983, S. 228/229).

Wie bei allem, was wir hier an tiefenpsychischen Mechanismen diskutieren, hängt es von den sozialen Umständen ab, wie der Junge damit umgehen, dies bewältigen kann. Es muss nicht immer alles ausbrechen, aber es darf auch nicht vergessen werden, dass diese Mechanismen da sind und dass man sich mit ihnen immer wieder - wenn auch meist unbewußt - auseinandersetzen muss. Das Problematische an der Mutter-Kind-Dyade ist wohl, dass sie zu einer Zeit gesellschaftlich hochgehalten und verklärt wird, in der die gesellschaftlichen Systeme sich immer mehr von den Menschen entfernen und undurchschaubarer werden. Je weiter aber dieser Prozess fortschreitet, desto mehr klammert man sich an das scheinbar Feststehende, Unverrückbare, Verläßliche, das den Menschen immer noch Mensch sein lässt. Muttersein und Mütterlichkeit ist angesichts der steigenden Rationalisierung der gesellschaftszugewandten Lebensbereiche ausgangs des zwanzigsten Jahrhunderts wieder ein hoher privater Wert geworden. Damit ist die Macht der Frauen über die Männer zu einer Zeit wieder im Ansteigen, zu der die gesellschaftlich-ökonomische Entwicklung externalisierter abläuft denn je. Dies geht aber dann zusammen, wenn das Weiblich-Mütterliche zu einer Naturkonstante erklärt wird. So kann die Mütterlichkeit hochgehalten werden, ohne den externalisierten Fortschrittsgedanken zu desavouieren.

Verdeckungen V: Männerbünde

Wenn man Gelegenheit hat, Cliquen junger Männer zuzuhören, wie sie sich in sexistischen Sprüchen übertreffen, mit ihren Sexerlebnissen protzen, Frauen taxieren und Gefühle und Schwächen leugnen, kann man den Eindruck bekommen, sie hätten sich aus Angst gegen das Weibliche, das sie zugleich anzieht und abstößt und das sie deshalb nie ganz begreifen können, zusammengeschlossen. Dies ist der männerbündlerische Zug, den männliche Cliquen in sich tragen. Männerbünde gab und gibt es zu allen Zeiten in allen Kulturen. Sie sind oft nicht mehr als solche erkennbar, weil sie sich modernisiert, das heißt ihre Exklusivität zum Teil eingebüßt und sich geöffnet haben. Dennoch ist es oft erstaunlich, wie sie in ihrem archaischen Kern unvermutet immer wieder aufleben. So lange die Grünen in der Bundesrepublik noch eine Oppositionsbewegung waren, in der die „weichen" und „weiblichen" Themen der Ökologie und Reproduktion den Ton angaben, war der Geschlechterkampf in der Partei kein großes Thema. Es gab gleichermaßen starke Frauen wie starke Männer, die ihre Power in den Dienst dieser Themen stellten. Als die Grünen Ende der neunziger Jahre an die Regierung kamen, kroch die Logik einer externalisierten Politik- und Funktionswelt wie Gift in ihre Reihen. Der Geschlechterkampf um die neuen Positionen brach aus, die Grünen-Männer verhielten sich so, wie man es in dieser Politikwelt von Männern erwartet, und der Vorwurf der Männerbündlerei ließ seitens der Grünen-Frauen nicht lange auf sich warten.

Männerbünde können formell und informell sein, also Vereine und Logen, die nur Männer zulassen, Gruppierungen in Verbänden, Parteien, Universitäten, aber auch Stammtische und Cliquen. Die Mafia und überhaupt kriminelle Organisationen sind wohl bis heute die spektakulärsten Männerbünde. Kennzeichnend für Männerbünde sind die räumliche und soziale Absonderung der Männer in exklusiven und abgeschirmten Gruppen und Orten, die Kultivierung von männlichen Ritualen, mit denen der Zusammenhalt des Männerbundes gefördert wird, die Leugnung der schöpferischen Kraft von Frauen, die Zelebration von Härte und Verantwortung, die Ablehnung bis hin zur Verfemung von Homosexualität und schließlich die Überbetonung der schöpferischen Rolle des Mannes.

An diesen Charakteristika, die in den verschiedenen männerbündlerischen Gruppierungen unterschiedlich ausgeprägt und verteilt sind, können wir schon sehen, dass sich vieles in Männerbünden abbildet, was wir bisher zum spannungsreichen Verhältnis von Mann und Frau gesagt haben. Ja man könnte meinen, dass Männerbünde, so sehr sie mannzentriert auftreten, zum Zwecke der Abwehr des Weiblichen aufgebaut sind in der Sehnsucht, zu sich selbst und zu einer selbstbestimmten männlichen Autonomie kommen, die aber durch den Umstand der paradoxen Abhängigkeit vom Weiblichen zur Ideologie wird. In dieser Richtung laufen auch die verschiedenen Erklärungsversuche zur Entstehung und zur Funktion von Männerbünden. Hier treffen wir auch wieder auf die „naturmythische Angst vor der Frau“, auf die Naturmacht des Weiblichen, der sich die Männer historisch schon früh erwehrten und der sie nicht nur männliche Gegenmacht entgegensetzten, sondern die sie auch überwinden wollten und wollen.

Fasst man die Ergebnisse der kulturgeschichtlichen und ethnologischen Forschung zusammen, so entstehen Männerbünde mit der Ausweitung und Außendifferenzierung der vorher auf die Familien zentrierten Stammesgesellschaften (Lipp 1990, aber auch schon Blüher 1919). Man muss sich vorstellen, dass diese kleinen Stammesgesellschaften Familienverbände von dreißig bis fünfzig Personen - davon ein Drittel bis die Hälfte Kinder - waren. Man könnte sie als *binnenorientiert* bezeichnen, das heißt alle Aktivitäten des Stammesverbandes liefen auf die Wiederherstellung und Erhaltung der Familien und des familialen Zusammenhaltes hinaus. Somit standen naturgemäß die Mütter im Mittelpunkt des Stammesgeschehens, die mythische und die natürliche Muttermacht vereinigten sich zu einem Matriarchat, in dem Männer- und Väterrollen sekundär waren. Erst mit der Erweiterung der Stammesgesellschaften, mit der Notwendigkeit ihrer Erhaltung und Ordnung über die alltägliche Reproduktion hinaus sowie ihrer Verteidigung gegenüber anderen Stämmen wurde nicht nur eine Ausdifferenzierung von neuen sozialen Funktionen notwendig. Es ergaben sich auch politische Funktionen der Ordnung und Steuerung dieser Differenzierungen und der Verteidigung des Stammes, wenn dieser aufgrund seines Erweiterungsdranges mit anderen Stämmen in Konflikt geriet. In diese Funktionen rückten die Männer und bauten ihre Außenmacht im Kontrast zu und in Absetzung von der Binnenmacht der an das Haus gebundenen Frauen auf. Mit der weiteren Entwicklung der außerhäuslichen - später gesellschaftlichen - Institutionen in den Bereichen des Rechts, der Ökonomie und der Politik entstanden dann auch die komplexen männlichen Machtstrukturen, wie wir sie bis heute kennen. In den Diskussionen der vorangegangenen Jahrhundertwende, als man in der Kultur- und Sozialphilosophie schon wesentlich geschlechtsbezogener über Politik nachdachte als heute, wurde dementsprechend auch - so z.B. bei Gurlitt (1922), Blüher (1919) und dem Familiensoziologen Müller-Lyer (1904) - vom Staat als Institution männlicher Differenzierung gesprochen. Die beginnende Emanzipation der Frauen sah man damals auch als eine entsprechend neue Vergesellschaftungsform, als die weibliche Differenzierung der Gesellschaft, die dieser ein anderes Gesicht geben sollte als das externalisierte, technisch-ökonomische männliche Profil der industriekapitalistischen Moderne.

Macht- und Herrschaftscharakter erhielt diese männliche Ausdifferenzierung früh dadurch, dass sie sich als Gegenwelt und damit als Gegenmacht zur weiblichen Binnenmacht in den Familien verstand. Da die Macht der Frau nicht nur eine soziale, sondern vor allem - dank ihrer Gebärkraft - eine naturmythisch rückgebundene war, musste auch die Gegenmacht der Männer mythisch verankert werden. In der Ideologie der Männerbünde fand und findet sich nun diese mythische Überhöhung des Männlichen auf dreifache Weise. Zum einen in der Ideologie der Externalisierung, im Drang des Mannes nach außen, mit dem Prinzip der Überwindung der Natur als Fortschrittskriterium. Damit ging - zweitens - die Abwertung des Innen, der Natur und damit auch der Frau in ihrer Naturbezogenheit einher. Ihr wurde - in der späteren Geschichte immer mehr ideologisch verfeinert bis hin zur philosophischen Figur der überlegenen männlichen Rationalität - die schöpferische Überlegenheit des Mannes entgegengestellt. Schließlich und drittens wirkt das Homosexualitätstabu, mit dem die Männer die hohe Emotionalität im Inneren der Männerbünde so unter Kontrolle halten, dass sie die männlichen Prinzipien der externalisierten Konkurrenz nicht aufweichen kann. Deshalb sind auch die Beziehungen untereinander in Männerbünden hoch ritualisiert. Solche Rituale dienen dann auch dazu, das männerbündlerische Geschehen von persönlichen emotionalen Beziehungen als möglichem Auslöser homoerotischer Beziehungen abzuheben.

Im Homosexualitätstabu kristallisieren sich die Erwartungen, Widersprüche und Ängste der männerbündlerischen Männlichkeit. Insofern ist das Homosexualitätstabu wieder eine Folie, die über die Bedürftigkeit des Mannes gezogen ist. Männerbünde stillen die in der Arbeitsgesellschaft verwehrte Sehnsucht des Mannes nach Nähe und Zuwendung, auch wenn sie gleich wieder kanalisiert und ritualisiert ist, also körperlich und seelisch gar nicht durchlebt werden kann. So bleiben auch die männlichen Grundprinzipien der Externalität und Konkurrenz gewahrt. Männerbünde - vor allem in Wirtschaft und Politik - sind

Antriebsmotoren externalisierter Wirtschafts- und Gesellschaftsentwicklung. Außenbezug und Konkurrenz müssen nicht nur erhalten, sondern auch geschürt werden. Deshalb darf die Nähe nicht zu nahe sein, muss ritualisiert, abgehoben werden. So werden die Männerbünde zu Medien, in denen sich - zumindest im subjektiven Erlebnis ihrer Mitglieder - zwei widersprüchliche Prinzipien vereinigen und so die männliche Identität stützen und das Männlichkeitsdilemma auflösen können: Der Schein der emotionalen Nähe und der Zwang externalisierten Handelns sind im Männerbund miteinander vereinbar.

Das Homosexualitätstabu stützt vor allem auch die Unanfechtbarkeit der Heterosexualität. Heterosexualität wiederum verweist auf die Geschlechterhierarchie in der familialen und gesellschaftlichen Welt und mithin auf die Aufrechterhaltung männlicher Macht. Auch wenn die demokratische und säkularisierte Gesellschaft der Homosexualität heute eine hohe Toleranz entgegenbringt, hat das Homosexualitätstabu nur an kultureller und konsumtiver, nicht aber an politischer Kraft verloren. In den hegemonialen Eliten von Wirtschaft und Militär geistert es weiter, wie es auch im Alltag von Jungen und jungen Männern immer noch bzw. wieder seinen festen Platz hat. In den Cliquen von Kids und Jugendlichen Ende der neunziger Jahre hält sich das Etikett „Schwuler“ als ambivalente Charakteristik von „anormal“. Gerade in unteren Schichten wird es von den Jungen vielfach gebraucht, in einem Milieu also, in dem die soziale Deklassierung bis hin zur Armut den Männern nur noch das Letzte lässt, was sie haben: ihre Männlichkeit, die sie gegen Schwule und rassistisch gegen Ausländer verteidigen.

Männerbünde sind nicht nur hochritualisiert, sondern auch mythisiert. Die mythologische Überhöhung, die sich auch in vielen Ritualisierungen äußert, dient dazu, den Männerbünden gleichsam eine naturalistische Weihe zu geben. Männerbünde brauchen sich deshalb nicht zu legitimieren, sie berufen sich auf die „natürliche“ Macht des Mannes, die nicht als Gegenmacht zur Frau, sondern als ursprüngliche Macht zu verstehen sei. Viele der neueren Ideologien vom „wilden“ Mann, von der ursprünglichen Männlichkeit des Jägers und Kriegers begreifen sich in dieser mythischen Überhöhung (vgl. Bly 1991). In der Alltagssprache heißt es ja auch: „Es liegt in der Natur des Mannes“, dass er nach außen drängt, dass er jagen und besitzen will.

Männerbünden ist die Abwertung des Weiblichen und die Ideologisierung der Stärke und Überlegenheit des Mannes gemeinsam. Dies ist auch bei modernen männerbündlerischen Gruppen immer noch der Fall, auch wenn sie sich zum Teil für Frauen geöffnet haben und diese in eigene Sonderrituale - die eigene Partnerin, Dame etc. wird hochgehalten, beschützt, „das Weibliche“ wird aber weiter als geringer erachtet - einbinden. Am Beispiel der Beschreibung von Hooligangruppen in Fußballstadien wird dies immer wieder hervorgehoben: „In einer Szene, deren Action-Atmosphäre den Beweis von „Charakter“, Mut und Kampfbereitschaft verlangt, wirkt die Anwesenheit von Mädchen störend [...] Selbst auf Action aus, kommt auf den Fan eine Doppelbelastung zu. Einerseits verlangt die Pflicht seiner männlichen Ehre, ihm „anvertraute" Frauen gegen tätliche und beleidigende Angriffe und Belästigungen zu schützen, andererseits muss er sich auf gegnerischem Territorium selbst verteidigen. Bei dieser Ehrauffassung werden Frauen dann auch schnell zur Bedrohung des männlichen Selbstverständnisses [...] Ein Fan, der nicht Manns genug ist, seine Freundin zu verteidigen, muss auch mit dem Verlust seiner sozialen Position rechnen. Es ist nicht nur die Befürchtung, auf einen Spaß verzichten zu müssen, die eine Abwehrhaltung gegenüber Mädchen in der Szene entstehen lässt, sondern die Angst, die Normen der Männlichkeit nicht erfüllen zu können [...] Wenn Mädchen dennoch in der Szene auftreten, dann erwartet man von ihnen in der Regel auch die Eigenschaften des weiblichen Rollenstereotyps: Fürsorglichkeit, Opferbereitschaft, Selbstlosigkeit und so weiter. Sie bügeln damit die Schwächen der männlichen Szene aus; auch wenn sie nicht ganz ernst genommen werden und am Rande des Männlichkeit inszenierenden Milieus stehen, so wird ihre Hilfe doch ganz genau in den Bruchstellen der Männlichkeit gebraucht" (Becker 1990, S. 149-156). Im Blick auf die männlich geführte und männerbündlerisch begleitete und geleitete Fußballszene erinnere ich mich an eine Episode des heutigen Bundesligaclubs TSV 1860 München in den achtziger Jahren, die wiedergibt, dass Männerbünde und Frauen nie zusammenkommen, auch wenn diese an den männerbündlerischen Aktivitäten teilhaben. Die Münchner waren aus der Bundesliga abstiegen und schließlich in der Amateurliga gelandet, - der Profiverein war am Ende. In dieser Zeit wurde eine Frau, Lilo Knecht, Präsidentin. Dies war nicht nur in der Clubgeschichte, sondern in der Szenerie des bezahlten Fußballs, der in der Regel von männerbündlerischen Clubgremien gesteuert wird, ein einmaliges Ereignis. Es wurde auch entsprechend männerbündlerisch von den (ebenfalls meist männlichen) Sportjournalisten in verdeckter Häme als logische Konsequenz des Abstiegs und Falls des TSV 1860 - wenn auch hinter vorgehaltener Hand - kommentiert. Erst als wieder „gestandene Mannsbilder" das Ruder des Vereins in die Hand nahmen - so wurde dann entsprechend interpretiert - ging es mit den Sechzigern wieder aufwärts, die Schmach des Abstiegs unter weiblicher Führung war getilgt.

Männerbünde sind also keine absterbenden Relikte, sondern leben immer wieder auf. Das mag damit zusammenhängen, dass sich in ihnen dominante Männlichkeit jeweils historisch neu konstituiert. Männerbünde heute haben sich modernisiert, kultivieren weniger - zumindest nicht öffentlich - die Symbiose von Mann und Macht, sondern von Mann, Technik, Ökonomie, Fortschritt und Globalisierung. Ihre urtypische Funktion, Männer gegen Anfechtungen von Schwäche und Hilflosigkeit zu immunisieren, hat auch heute ihre fatalen Auswirkungen. Männerbünde in den ökonomischen Schaltzentralen der Globalwirtschaft schüren die männliche Fortschrittsideologie der Externalisierung, verherrlichen sie medienwirksam als schöpferische Aktivität: Es gilt immer neue Probleme zu lösen, nicht innezuhalten, nicht um sich zu schauen, wie es anderen dabei geht. Der ehemalige VW-Manager Lopez hat dies einmal sinngemäß so ausgedrückt: Die Führungsetagen der globalen Industrien sind die

Orden der Moderne, die leitenden Angestellten die Krieger. Die globalisierten Umschlagplätze des internationalen Finanzkapitals und der Telekommunikation sind zu mythischen Kampf- und Weihestätten geworden, die sich längst von den lokalen Orten, an denen das Männliche in den siebziger und achtziger Jahren herausgefordert wurde - z.B. über die nationalen Frauenbewegungen - abgehoben haben und nun darüber stehen. Der Geschlechterkampf ist etwas für die, die in der nationalen und lokalen Szene verbleiben, die globalisierte Erfolgskultur hingegen kennt keine Geschlechter mehr, sondern nur noch Gewinner und Verlierer.

Verdeckungen VI: Weibliche Alltagsstereotype von Männlichkeit

Seitdem Frauen und Mädchen Zugang zu männerbündlerischen Cliquen haben und in ihrem gestiegenen Selbstbewußtsein merken, wie sie - trotz aller Abwertung - immer wieder gebraucht werden, dass ohne sie manchmal nichts zusammengeht, haben viele von ihnen auch das Gefühl entwickelt, dass sie Macht über Männer haben, die sie ausspielen und über die sie letztlich den Mann gefügig machen können. Wir beobachten dies immer wieder in Cliquen junger Männer, wie die Mädchen und Frauen immun werden gegen die sexistischen Abwertungsrituale, sie einfach nicht auf sich beziehen und schulterzuckend signalisieren: Männer brauchen das halt, ich weiß schon wie ich mit ihnen zurechtkomme. Wenn man über diese Situationen hinaus schaut, scheint der Eindruck nicht abwegig, dass sich in unserer Gesellschaft in den neunziger Jahren des zwanzigsten Jahrhunderts ein Cooling-Out-Prozess in Sachen Männermacht und Geschlechterkampf vollzogen hat. Drei Entwicklungen kann man dafür verantwortlich machen: Zum einen natürlich das erhöhte Selbstbewusstsein der Frauen in allen Schichten, dass sich im Gefolge frauenemanzipativer Bewegungen und sozialstaatlicher Gleichstellungspolitik entwickelt hat und von der Medien- und Kosumindustrie entsprechend umgesetzt wurde. Zum zweiten - und damit zusammenhängend - die sichtbare Entwertung der Männermacht im Alltag. Diese Entwertung ist aber nur zum Teil darauf zurückzuführen, dass Frauen sich nichts mehr gefallen lassen, ihre eigenen Einflussbereiche erkennen und mit der Männermacht umgehen, sie auch ins Leere laufen lassen können. Hier wirkt sich aus - wir haben das an früherer Stelle schon skizziert -, dass das Gesellschaftssystem, das immer noch nach dem männlichen Prinzip der Externalisierung funktioniert, nicht mehr auf die Inkorporation dieses Prinzips im einzelnen Mann angewiesen ist, dieses Prinzip also nicht mehr im Alltag umfassend durchsetzen muß. Dadurch ist den Männern der Schrecken genommen und wenn sie ihre männlichen Rituale trotzdem hochhalten, wirken sie immer mehr wie Papiertiger. Frau sieht ihnen nicht mehr furchtsam oder mit gemischten Gefühlen, sondern kopfschüttelnd nach.

Die Berliner Zeitung vom 1. Juli 1999 hat auf ihrer Frauenseite („Die Berlinerin") diese alltägliche Entwertung der Männermacht und die Entwicklung hin zum handhabbaren Mann in eine griffige Rezeptur für Frauen (betreffs Umgang mit ihren Männern) gebracht: „Sieben unerträgliche Lieblingsbeschäftigungen Ihres Mannes, die Sie ihm nicht vermiesen sollten, weil er sonst aufhört, ein Mann zu sein". Männliche Bewältigungsmuster, die in der Frauen- und Männerforschung als kritisch und folgenreich für das Geschlechterverhältnis und das soziale Zusammenleben überhaupt angesehen werden und als Quellen sozialer Probleme gelten, werden hier nicht nur als Marotten abgetan, sondern der Frau werden gleichzeitig auch bedienungsfreundliche Erklärungen dafür geliefert: „Er kann der beste Ehemann aller Zeiten sein, der verständnisvollste Lebensgefährte des Universums - trotzdem gibt es da diese seltsamen Ausfälle": Rasen auf der Autobahn („Männer brauchen Rückzugsgebiete, in denen sie unter sich sind", die Autobahn ist ihr Reservat, „der Wagen gilt als Nachfolger des Pferdes, der Mann hinter dem Steuer fühlt sich quasi als Cowboy"); Grillen: „Männer lieben es mit Fleisch und Feuer zu hantieren". Die Frauen müssen zwar die Beilagen machen und aufräumen, aber: „Ruhig bleiben! Lassen Sie ihm die Glut"; Fußball („natürlich nervt es uns, dass das Wochenende durch die Kickerei zerstückelt wird und der sonst so vertraute Gatte zum Fanatiker mutiert. Doch er braucht das zum Aggressionsabbau, um mal richtig Gefühl zu zeigen"); Kartenspielen („verziehen Sie sich ins Wohnzimmer und lassen sie die Herrenrunde in Kühlschranknähe sitzen, Männer brauchen solche männerbündlerische Duschen"); Playstation (wenn der Controler der Playstation in seiner Hand liegt, dann vergessen Sie ihn [...] denn dann ist Ihr Mann versunken, verloren in einer anderen Welt. Es scheint als zwinge ihn eine unheimliche Macht zu Kampfspielen [...] oder Abenteuern mit „Lara Croft". „Nehmen Sie seine vorübergehende geistige Abwesenheit also nicht persönlich. Irgendwann hat er alle Levels durchgespielt - und dann haben Sie ihn wieder"; Modesünden („viele Männer haben diese unerträglichen Kleidungsstücke [...] sie verbinden ihre Jugend, ihre wilden Jahre damit"); Frühschoppen („das einzig positive am Frühschoppen ist, dass Sie nicht dabei sein müssen. [...] Männer mögen so was, es macht sie schon am Morgen zum Helden. Wenn er mittags mit wackeliger Stimme anruft, damit Sie ihn abholen: Tun Sie's - aber nur, wenn er ganz lieb bittet").

Wie hat sich die Szenerie auf einmal gedreht! Während wir bisher von männlicher Bedürftigkeit als prekärem Untergrund antisozialen Handelns bis hin zur Gewalt geredet haben, erscheint diese Bedürftigkeit nun als eine fast schon liebevolle, zumindest aber nicht bedrohliche Marotte des gezähmten Mannes, die in verschiedenen „Männerhobbys" aufgeht. Männer sind nicht zu ändern, hört auf, sie zu pathologisieren, sie sind längst gezähmt, lasst ihnen noch ihre Reservate, lautet die Botschaft.

Es ist verblüffend, wie in dieser alltagsdiagnostischen Rezeptur die problematischen Seiten des Mannseins - gestörtes Innen, fehlender Selbstbezug, Externalisierung - erkannt sind. Und: Sie werden für beherrschbar gehalten, nicht durch die Männer selbst, sondern durch die Frauen. Männer müssen sich also nicht ändern, das Gleichgewicht ist da jetzt hergestellt. Was passiert aber, wenn Männern nicht diese starken Frauen gegenüberstehen, wenn diese „Hobbys" zu Mitteln der Konflikt- und Krisenbewältigung, zu sozialen Kampfinstrumenten werden? Darauf sind diese Männer und Frauen, wie sie sich die Berliner Zeitung vorstellt, wohl nicht vorbereitet. Diese Welt überlassen sie lieber den Sozialarbeitern und Therapeuten, die haben es wohl mit solchen schrecklichen Männern zu tun, uns und unseren Männern würde so etwas nicht passieren. So hat sich eine heile Welt des gezähmten Mannseins aufgebaut, in der die guten von den schlechten Männern klar getrennt sind und in der die Schwierigkeiten des Mannseins nicht mehr allgemein, sondern nur noch ironisch oder pathologisch diskutiert werden dürfen.

Verdeckungen VII: der Einzige ohne Geschlecht?

Die wohl genialste Erfindung des Konsumkapitalismus ist die Strategie der Produktdifferenzierung. Mit ihr kann die Produktion von Konsumgütern ins fast Unendliche gesteigert und können die Sättigungsgrenzen bei den Konsumenten immer weiter und immer neu hinausgeschoben werden. Ein Konsumgut - nehmen wir zum Beispiel einmal Seife oder Lotion - wird so aufgesplittet, dass jede der Variationen als eigenes, nicht konkurrierendes Produkt erscheint: Seifen und Lotion für den Tag, die Nacht, das Gesicht, die Hände, für den Body, für die Reise, für die junge und für die alternde Haut, nach der Rasur, gegen Falten... Diese horizontale Produktdifferenzierung ist uns nichts Neues, wir gehen damit mehr oder weniger selbstverständlich um. Produktdifferenzierungen werden natürlich auch vertikal betrieben, indem Produkte nicht nur in einer gewissen Zeit verbraucht sind, sondern auch als überholt erklärt werden: Die Genuß- und Waschmittel-, aber auch die Auto- und Hausgerätewerbung liefern hier täglich ihre spektakulären Anschauungsbeispiele.

Diese uns geläufigen Strategien reichen aber noch nicht an den Kern dieser konsumkapitalistischen Erfindung. Diesen Kern nehmen wir oft gar nicht wahr, lassen uns aber von den aus ihm kommenden Botschaften beeinflussen. Denn die Konsumwerbung arbeitet mit einem versteckten, „parasozialen" Curriculum. Parasozial deshalb, weil Stimuli herübergebracht werden, die unserer Alltagswirklichkeit nicht entsprechen aber doch wieder für uns wirklich werden, weil sie nicht nur unseren Lebensstil anregen, sondern - zumindest bei vielen Menschen - auch die Empfindung auslösen, dass man mehr als das äußere Produkt und seine Funktionen kauft. Man bekommt darüber hinaus vermittelt, dass man auch in dem Produkt verborgene - von der Werbung aber deutlich assoziierte - psychische und soziale Qualitäten und mithin Kompetenzen erwirbt. Frühstücksmargarinen sollen Harmonie in die Familie bringen, Joghurts lassen einen funktionieren, mit schadstoffarmen und recycelbaren Autos kauft man Umweltbewußtsein. Aber auch: Der Genuß bestimmter Biere und Alkoholika verspricht sozialen Anschluss, Geselligkeit; andere Genußmittel wiederum suggerieren ein leichteres Leben, die Überspielbarkeit von Konflikten, Coolness. Die Versicherungswerbung nimmt uns die Angst vor sozialer Unsicherheit, Banken nehmen uns alle Sorgen ab, damit wir nur noch zu leben brauchen, das heißt unser Leben ohne Beschränkungen (und Rücksichten?) genießen können.

Das Strickmuster ist unschwer zu erkennen: Nahezu alles, was den Menschen in unserer Gesellschaft zu schaffen macht, vor allem aber auch unerfüllte Sehnsüchte und Wünsche nach Beziehung, Nähe, Harmonie, nach Selbstwert und Geltung werden von der Konsumwerbung aufgenommen, in versteckte Produktbotschaften eingearbeitet und dabei positiv gewendet. In diesem Zusammenhang spielt der Faktor Geschlecht eine große Rolle: Sehnsüchte von Frauen, die sich alltäglich immer wieder zurücknehmen müssen, werden genauso angesprochen wie die von Männern, die auch einmal anders sein möchten, als jeden Tag unter Druck und Funktionszwang zu stehen: entweder der maskuline Held oder der gefühlvolle Mann. *Beides* wird von der Werbung bedient, so widersprüchlich es sich auch zueinander verhält. Hier kommen wir an einen entscheidenden Punkt der parasozialen Wirkung des Konsums: Einander Konträres, das sich am realen sozialen Ort, in der wirklichen Person ausschließt, kann *gleichzeitig* konsumiert werden. Du wirst nicht in eine Schablone gesteckt, etikettiert als Macho oder Softy; wir haben Produkte, mit denen Du beides sein kannst, die harte und weiche, die männliche und weibliche Anteile enthalten. Ob das nun Bodylotion für den Mann ist, für die mit harten und weichen Konturen zugleich geworben wird, oder die Autowerbung, die den männlich-patriarchalischen Autobesitzer genauso hervorkehrt wie die Fürsorglichkeit für die Seinen, oder die Getränkewerbung, die den männlichen Partnertyp ohne Machoambitionen kreiert hat. Der Konsum und seine Werbung zeigen uns (in) eine(r) Welt, in der Geschlechterhierarchien aufhebbar, Männer anders sind und das Geschlecht letztlich zweitrangig ist. Der Clou dabei ist: Die Männer können so bleiben wie sie sind, als Konsumenten sind sie ja beim Anderen-Mannsein dabei, können teilnehmen an dieser geglätteten Welt.

So ist der Konsum zur paradoxen Klammer zwischen externalisiertem System und alltäglicher Lebenswelt geworden. Ökonomisch funktioniert er nach dem Markt- und Profitsystem und gehorcht damit dem Prinzip der Externalisierung: Es muss permanent verbraucht und neu zu weiterem und differenzierterem Verbrauch angeregt werden. Dazu aber wird die Strategie der Integration der Produkte in die Lebenswelten eingesetzt, werden genauso und gezielt die Wünsche, Bedürfnisse und Bedürftigkeiten bei Männern bedient, auch wenn sie diesem Externalisierungsprinzip entgegenstehen. Wenn wir bisher argumentiert haben, dass im modernen Kapitalismus sich das Externalisierungsprinzip so gegenüber den männlichen Lebenswelten verselbständigt hat, dass eine massenhafte Inkorporation dieses Prinzips durch die Männer nicht mehr zwingend ist (obwohl der Druck auf den Einzelnen bleibt), so blieb immer noch eine Argumentationslücke: Was passiert, wenn in den Alltagswelten immer mehr Männer Sehnsüchte und Bedürftigkeiten entwickeln, die auf ein anderes

Mannsein, konträr zu diesem Externalisierungsprinzip hinauslaufen. Kommt es dann - wenn dies massenhaft auftritt - zur Anomie und schließlich zur gesellschaftlichen Krise? Jetzt können wir differenzierter antworten: Der Massenkonsum stellt die Verbindung zwischen beiden Welten - auch wenn sie widersprüchlich und in manchem scheinbar unvereinbar sind - her, schafft die parasoziale Vereinbarkeit einander ausschließender Entwicklungen, und die zunehmend virtuelle Mediengesellschaft, in die die Konsumwerbung eingebunden ist, inszeniert die entsprechenden subjektiv ankommenden Wirklichkeiten.

Am Beispiel der gesellschaftlichen Ablehnung bzw. Akzeptanz der Homosexualität, jenem typischen Grenzproblem der männlich externalisierten Gesellschaft, kann man dieses Konsumphänomen der paradoxen Vereinbarkeit in seiner ganzen komplexen Tragweite verdeutlichen. Wir haben ja an der Problematik des Homosexualitätstabus erfahren, wie sich gesellschaftsfähige Männlichkeit an der Homosexualität scheidet und dass entsprechend die Heterosexualität - und damit die Ablehnung von Homosexualität - in unserer Gesellschaft ein Konstituens für Männlichkeit ist: „Die männliche Gesellschaft" so Volker E. Pilgrim „interessiert sich vornehmlich für die homosexuelle Komponente des männlichen Triebes. Erst ihre Zubereitung garantiert den Bestand der Männergesellschaft, macht den Mann für sein Arbeits- und Körperverhalten gefügig. Libido und Aggression des Mannes, hauptsächlich auf die Angehörigen des eigenen Geschlechts konzentriert, sichern das Funktionieren der männlichen Gesellschaft." (1986, S. 15)

Zwei Prozesse haben inzwischen - seit den achtziger Jahren, aus denen das Pilgrim-Zitat stammt - die Toleranzschwellen für Homosexualität gesenkt und eine begrenzte gesellschaftliche Öffentlichkeit für schwule Männer ermöglicht. Zum einen sicher die systemische Verselbständigung des männlichen Externalisierungsprinzips, das ja nicht mehr der lückenlosen Inkorporation durch die Masse der Männer bedarf, zum zweiten eben der Konsum. Schwule sind als beachtliche Konsumentengruppe geortet und können so in die Strategie der Produktdifferenzierung integriert werden. Als für viele immer noch befremdende, aber zunehmend alltäglich gewordene Lebensstilgruppe sind sie hinnehmbar geworden. Selbst der Christopher Day - ein Tag, der an eine Protestaktion New Yorker Schwuler erinnern soll -, ist zur Mischung aus Stil-Manifestation und grandioser Konsumshow geworden.

Dennoch wirkt das Homosexualitätstabu - nun versteckt, während sich die gelebte Homosexualität offener zeigen kann - weiter: In der Erziehung der Jungen, in den elitären Männerbünden von Politik, Wirtschaft und Militär. Es tritt auch weiter dort offen und aggressiv auf, wo maskuline Männlichkeit als Bewältigungsmuster bei sozialen Bedrohungen gebraucht wird. Das ist der Hintergrund, wenn gerade junge Männer ohne biographische Perspektive zwanghaft Schwule und Schwulsein diffamieren. Und letztlich müssen auch wir aufgeklärten Männer zugeben, dass wir uns - trotz schwuler Freunde und Bekannter, trotz eigener Beteuerungen, für uns sei das kein Problem - eines tiefsitzenden Tabus, das sich dann in zurückgedrängten Fremdheits- und Abwehrgefühlen äußert, nicht erwehren können. Denn letztlich wirkt - so ertappen wir uns immer wieder - die Option auf die männliche Dividende und in die ist das Homosexualitätstabu eingelegt.

Der Konsum kann zwar konventionelle Männlichkeiten in seiner Sphäre entschärfen, nicht aber gesellschaftlich auflösen. Seine Verheißungen sind parasozial, erfassen also nur einen Teil der Wirklichkeit unseres Lebens und letztlich ist der Konsum der Logik des externalisierten ökonomischen Prinzips unterworfen. Hier liegt wohl auch das Problem: Die menschlichen Lebenswelten werden weiterhin durch das Systemprinzip unter Druck gesetzt (Intensivierung der Arbeit, Überforderung der Familie, Rationalisierung der sozialen Umwelten), über den Konsum aber erhalten die Individuen den Eindruck, sie bestimmten als souveräne Kunden den Gang der Dinge. Wie heißt es doch nochmal in der einen Bankenwerbung sinngemäß: Sie können ruhig ihr Leben genießen, wir nehmen ihnen alles andere ab. Die Konsumpalette ist inzwischen so ausdifferenziert und hat ihre eigenen Philosophien entwickelt - von der Elektronik bis zur Tütensuppe -, dass ein Mensch mit sich ausgelastet ist, wenn er entsprechend differenziert und engagiert konsumieren will.

So fördert der Konsum die *Vereinzigung* der Menschen. Ich wähne mich im Mittelpunkt, weil ich im Mittelpunkt meiner selbst bin. Das Internet funktioniert nach diesem Prinzip. Selbstthematisierung vor Rollenübernahme, so heißt der sozialwissenschaftliche Befund. Sie werden so zu „Produzenten ihrer eigenen Biografie", mit allen Licht- und Schattenseiten die damit individuell und sozial verbunden sind. Die Konsumwerbung betont nur die Lichtseiten - „... weil ich es mir wert bin". Durchkommen - egal wie - ist für viele angesagt. Hauptsache Arbeit haben und Geld verdienen, Erfolg haben. Dabei ist es nebensächlich geworden, wie diese Arbeit organisiert ist, ob ich mitbestimmen kann, andere verdrängen muss, Konflikte tunlichst zu vermeiden habe. Ich muss schauen, was ich aus dem Sozialen für mich herausholen kann und nicht, was ich hineinstecke. Der damit wiederkehrende Verlust kollektiver Orientierung und sozialer Verantwortung bleibt nicht ohne Folgen für die *soziale* Identifikation mit dem eigenen Geschlecht. Was kümmern mich geschlechtshierarchische Benachteiligungen von Frauen, soziale Folgen meines Mannseins, was zählt ist der Erfolg von mir als *Einzigem.*

In diesem Prozess der Vereinzigung geht dem Mannsein zunehmend die soziale Reflexivität, Rückbindung und Verantwortung ab. Dies ist nicht ohne Wirkung auf das Geschlechterklima unserer Gesellschaft geblieben, eine schleichende Indifferenz gegenüber der Geschlechterfrage ist nicht zu übersehen (die Frauenfrage ist ja inzwischen zur sozialstaatlichen Gleichstellungsfrage geworden und so für viele auch nicht mehr als Frauenfrage sichtbar bzw. gut aufgehoben). Eine geschlechtslose Gesellschaft der Einzigen?

Mitnichten. Denn dort, wo die soziale Reflexivität des Mannseins abgeht, machen sich - von den Individuen her, die sich am eigenen biografischen Durchkommen orientieren - konventionelle männliche Bewältigungs- und Durchsetzungsmuster um so ungenierter breit. Männliche Dominanz und patriarchale Dividende sind - nun viel stärker unbewußt und deshalb sozial schwer kommunizierbar - Instrumente des alltäglichen Repertoires der Erfolgs- und Verdrängungskultur geworden. So wirkt das systemische Externalisierungsprinzip nun doch auch wieder direkt in die männlichen Lebenswelten hinein.

„Männerdämmerung" (Hollstein 1999), „evolutionäres Auslaufmodell" (Haindorf 1997)? Um solche historisch abschließenden Einschätzungen abliefern zu können, ist Männlichkeit und Mannsein zu sehr verstrickt in weiter externalisierte gesellschaftliche Entwicklungen, deren Wende nicht abzusehen ist. Neu ist sicher die Ambivalenz, die Doppel- und Mehrdeutigkeit dieser Entwicklung: Sie verläuft immer noch und wesentlich intensiviert nach dem männlichen Prinzip, hat sich aber gegenüber den Lebenswelten verselbständigt und hat gerade deswegen Räume ermöglicht, in denen anderes Mannsein lebbar und die Sehnsucht nach versöhnter Männlichkeit thematisierbar ist. So bleibt Männlichkeit und Mannsein auch in den postindustriellen Gesellschaften ein Spannungszustand, der von Männern immer neu bewältigt werden muss. Sicher ist nur, dass die durchgängige Selbstverständlichkeit der konventionellen Männlichkeit in unserer Zeit, der „zweiten Moderne", in der sich traditionale soziale Selbstverständlichkeiten aufgelöst haben, aufgehoben ist. Aber das bezieht sich nur auf die sozialen Lebenswelten, die systemische Entwicklung ist damit nicht erfaßt. Dies ist überhaupt eine Schwäche in der Diskussion um die zweite, „reflexive" Moderne, dass sie das Problem der systemischen Verselbständigung konventioneller industriegesellschaftlicher Entwicklungsprinzipien nicht oder nur schwer erreicht. Während sich die kapitalistische Sozialordnung (und mit ihr die Geschlechterhierarchie) in den Lebenswelten entstrukturiert und pluralisiert, schreitet das überkommene kapitalistische Prinzip der profitorientierten Extensivierung - nun sozial entbettet und als globalisierter nackter Kapitalismus wirkend - fort. Inwieweit die Globalisierung in der Richtung so einen „Sog von unten" (Anthony Giddens) erzeugen kann, dass Männer und Frauen sich gemeinsam gegen dieses Externalisierungsprinzip, dass sie beide als Menschen bedroht, wehren, und ob diese Gegenwehr andere Sozialmodelle im Schatten der Globalisierung erzeugen oder aber dem Externalisierungstrend insgesamt entgegenwirken kann, ist ungewiß. Die Frauenbewegung konnte sich an dem emporranken, was die Frau gesellschaftlich sein und erreichen kann. Männer dagegen werden damit konfrontiert, was sie gesellschaftlich nicht mehr sein sollen, ein gesellschaftliches „Niemandsland des neuen Mannes" tut sich auf.

Jugend als Chance anderer Männlichkeit? - Eine Relativierung

Männlichkeiten formieren sich im Zusammenspiel gesellschaftlicher und tiefenpsychischer Entsprechungen. Man wird zum Mann und dabei gibt es unterschiedliche Chancen und Risiken dieses Mannwerden und Mannsein zu bewältigen und sozial konstruktiv zu formen oder doch immer wieder in seinen destruktiven Sog gezogen, „übermannt“ zu werden. Die Jugendphase ist in diesem Sinne eine Lebenszeit, in der eine solche Chance besteht, die Zwangsläufigkeit des Mannwerdens zu unterbrechen. Wie weitreichend dies sein kann, soll im Folgenden geklärt werden.

Das geläufige Sozialisationsmodell für Jungen gleicht einer Gabel. Sie müssen sich auf der Suche nach ihrer Geschlechtsidentität früh von der Mutter lösen, werden nach außen gedrängt, der Weg zu ihrem inneren Selbst, ihrer Gefühlswelt ist ihnen weitgehend verwehrt, zumal ihre männlichen Bezugspersonen - vor allem der Vater - sich ihnen hier eher verschließen. So sind sie gedrängt - um handlungsfähig zu bleiben - das Innere, die Gefühle und damit auch das Weibliche - abzuwerten und das Männliche, damit es als Stärke präsentierbar wird, zu idolisieren. Die Bewältigung und Auflösung dieser Spannung von Abwertung und Idolisierung ist - strukturell gesehen - zentrale Bewältigungsaufgabe jedweden Mannseins in unserer Gesellschaft.

Dieses Sozialisationsmodell ist allerdings ein Strukturmodell. Es konstituiert sich im Zusammenspiel von tiefenpsychischen und gesellschaftlichen Faktoren. Den Jungen selbst ist es nicht bewußt. Auch nicht den Eltern: Viele von ihnen möchten ja, dass die Jungen keine Machos werden, dass sie gefühlvoll aufwachsen. Gleichzeitig wollen sie aber auch, dass sie mithalten, sich durchsetzen, später in der Gesellschaft „ihren Mann“ stehen können. Und die Jungen selbst erfahren ja außerhalb der Familie, welche Rollen von Mann und Frau erwartet und wie sie von ihren Spielkameraden gehänselt werden, wenn ihre Mutter nicht der gängigen Frau-, Familien-, und ihr Vater nicht der üblichen Erwerbsmännerrolle entspricht. Die Eltern, vor allem die Mütter, sind da oft sehr gespalten.

Weniger die Jungen selbst. Der strukturelle Mechanismus von Abwertung und Idolisierung steckt zwar in der Tiefe ihres Jungenseins, tritt aber höchstens im Raumverhalten der Jungen beobachtbar heraus: raumgreifend, lärmender als die Mädchen, zu Spielzeugpistole und zu war games hingezogen um den kleinen Helden spielen zu können. Es sind vorerst die Eltern, die ErzieherInnen und LehrerInnen, die sie als Jungen oder Mädchen betrachten und den männlichen oder weiblichen Blick entwickeln. Jungen werden nicht einfach als Jungen groß, sie werden aber auch nicht nur zu Jungen erzogen. Da ist noch diese physische und tiefenpsychische Spannung, der vorpubertäre Drang zur Findung der Geschlechteridentität als Entwicklungsantrieb. Dann, mit der Jugend scheint das alles wieder offen. Da interessiert nicht so sehr, ob man ein Mann ist, sondern da steht das Ausleben der pubertären Jugendphase im Vordergrund - und das kann sich gerade gegen die herrschenden Erwartungen und Idolisierungen von Männlichkeit, wie sie den Jungen aus der Welt der Erwachsenen entgegengebracht werden, richten. Jugendliche wollen erst einmal Jugendliche sein und da spricht es dagegen, sich jetzt schon am gesellschaftlichen Lebensentwurf Mann zu orientieren.

Diesen Tenor finden wir in einer Ende der 1990er Jahre erschienen Jungenstudie, in der nicht die Frauen abwertenden und Männer idolisierenden Machos auftreten, sondern sensible Jugendliche, die Beziehungen suchen, Mädchen akzeptieren, den anderen Jungen als empathischen Freund finden wollen.

Reinhard Winter und Gunter Neubauer, die Autoren dieser Studie, geben sich dennoch überrascht: Sie hatten wohl erwartet, dass Abwertung und Idolisierung bei den von ihnen befragten Jungen offen hervortreten und wunderten sich, dass für die Jungen - obwohl qualitativ interviewt und deshalb auch bereit, aus sich heraus zu gehen - Männlichkeit kein Thema war. „Mannsein heißt Erwachsensein und das ist nicht attraktiv“ (1998, S. 153). Eine Ausnahme machten da die wenigen „ressourcenarmen“, also sozial benachteiligten Jugendlichen, für die männliche und maskuline Dominanz zählten. Die meisten Jugendlichen der Studie orientierten sich aber nicht an der Männlichkeits-, sondern an der individuellen Beziehungs- und Persönlichkeitsthematik: „Die vielfach beschworenen und von den Schlüsselpersonen ständig zitierten Eigenschaften traditioneller bzw. reduzierter Männlichkeit wurden von den befragten männlichen Jugendlichen - auf die Frage nach den Vorstellungen davon, was oder wie ein Mann sein sollte - nur ganz selten benannt. Im Gegensatz zu unserer Annahme, dass dies viel stärker der Fall sei, konzentrierten sich die Aussagen auf den - aufgrund von Individualisierung zentralen - Bereich der Persönlichkeit bzw. Persönlichkeitsentwicklung.“ (S. 154). „Für viele Jungen ist das Mannsein und Mannwerden eine sehr selbstverständliche Angelegenheit. Einige verweisen dabei darauf, dass sie das „schon herausfinden“ oder sich erarbeiten, „verdienen“ werden, so dass es zum jetzigen Zeitpunkt nicht sinnvoll wäre, sich darüber groß Gedanken zu machen. Für andere scheint es noch keine Anlässe gegeben zu haben, sich mit dem Thema zu befassen, es ist ihnen noch „zu weit weg“.“ (S. 151).

Interessant ist vor allem an dieser Jungenstudie, dass auch erwachsene Experten und „Schlüsselpersonen“, also Fachleute aus pädagogischen und medizinischen Bereichen, die mit Jungen zu tun haben, befragt wurden. Die meisten von ihnen haben die Vorstellung, dass Jugendliche schon junge Männer seien und sich mithin männliche Einstellungen und männliches Verhalten im Sinne des Abwertungs-/Idolisierungsmodells bei ihnen zeigen müssten. Insofern sieht die Studie eine deutliche Diskrepanz zwischen den Zuschreibungen der erwachsenen Schlüsselpersonen und Experten an die Jungen und den offenbarten Einstellungen der Jungen selbst. Vielleicht hätten die Autoren die „Habitusprobe“ machen, d.h. die Jungen in verschiedenen Alltagssituationen teilnehmend beobachten müssen, da männliches Ausdrucksverhalten ja meist räumlich-habituell und deshalb den Jungen oft selbst so gar nicht bewußt ist. Zur Theorie des Abwertungs-/Idolisierungsmodells gehört ja auch die Annahme, dass Jungen sich zu ihrem Innen genauso hingezogen fühlen wie sie durch familiale und gesellschaftliche Erwartungen nach außen, zur Externalisierung und Abspaltung gedrängt werden. Die qualitative Interviewsituation, in der Zuhören und Verstehen signalisiert wird, legt viel von dem Bedürfnis nach Gefühl für sich selbst und Empathie und Neugier in bezug auf andere frei.

Abgesehen von dieser methodischen Problematik reizt die Untersuchung zu zwei grundlegenden Thesen:

Dort, wo Jungen ihre Jugend ausleben und sich mit sich selbst auseinandersetzen können, werden ihre - gesellschaftlich übergangenen - inneren Qualitäten frei. Die Winter/Neubauer-Studie bezieht sich auf solche Jugendliche und trifft sie an Orten - z.B. offene Jugendarbeit - wo sie ein emotionsreiches und gestaltungsoffenes Milieu finden und Gelegenheit haben, aus sich heraus zu gehen. Dort aber, wo sie dem Druck der geschlechtsarbeitsteiligen Gesellschaft und mithin männlichen Erwartungen ausgesetzt sind - Schule, Ausbildung - ist diese Chance kaum gegeben. Die Jugendlichen der Studie beklagen sich auch entsprechend über das typische Sanktionsverhalten der Schule Jungen gegenüber.

Jugend im Sinne der Möglichkeit, sich selbst jenseits männergesellschaftlicher Definitionen zu suchen, wird damit zu einer „zweiten Chance“ (Erdheim 1988). Diese zweite Chance gibt es, solange es die moderne Industriegesellschaft gibt, die ja diese Jugend als separierte Lern- und Qualifikationsphase erst hervorgebracht hat. Geändert hat sich im Vergleich zu früher allerdings, dass die breite Masse Jugendlicher früh sozial selbständig geworden, gleichzeitig aber mit der Digitalisierung der ökonomischen Prozesse unter öffentliche Generationenkonkurrenz geraten ist. Damit hat sich der klassische Generationenkonflikt - bei den Jungen vor allem der Vaterkonflikt -verschoben, der Vater muss nicht mehr negiert werden: „Der hohe Stellenwert der Vater-Sohn-Beziehung lässt sich in unserer Untersuchung weniger darin belegen, dass die Jungen über spektakuläre Abgrenzungskonflikte berichten. Vielmehr zeichnet sich ein vielfach gebrochenes und damit diffuses Bild ab, dass aber durch die Menge der Aussagen der Jungen über ihre Väter bzw. ihre Vater-Sohn-Beziehung besonders gewichtet wird“ (S. 198).

Wichtig scheint mir bei diesen Interpretationen, dass sie signalisieren, dass sich der Stellenwert des Vaters möglicherweise relativiert hat. Väter sind heute im Durchschnitt mehr anwesend als früher, die Jungen spüren aber auch die Hilfsbedürftigkeit des Vaters und sein Angewiesensein auf die Familie. Der Vater ist weiterhin nicht der herausragende Mann. Dafür gibt es Vorbilder in den Medien - Popstars, Sportler, Manager - die Männlichkeitsbilder vermitteln. Diese werden von den einen komplexer wahrgenommen als von anderen Jungen, d.h. die Jungen, die biographisch die Möglichkeiten hatten, auf ihre Gefühle einzugehen, dies auch anerkannt bekamen, gehen mit solchen Idolen selbstbewußter um, als jene, die früh ihre Gefühle abspalten mussten und dann in Idolen jene Männlichkeit suchen, mit der sie selbst nicht zurechtkommen.

Dass die erwachsenen Schlüsselpersonen die Jungen viel männlicher (im Sinne männlicher Verhaltenstypik) wahrnehmen als es diese selbst tun, hat wohl zweierlei Gründe. Der eine scheint mir in der Studie selbst zu liegen: Es macht einen Unterschied, wie Jugendarbeiter und Berater Jungen begegnen, ob sie vielleicht ihren männlichen Habitus stärker wahrnehmen als die Interviewer, die Jugendliche direkt auf ihr Inneres ansprechen. Zum zweiten sind die Erwachsenen in die geschlechtshierarchisch-arbeitsteilige Gesellschaft eingebunden, reflektieren in diesem Zusammenhang selbst über Männlichkeit und Mannsein und schließen von daher auf ein biographisches Gewordensein, in das sie auch ihre eigene Jugend einbeziehen und so auf andere Jugendliche schließen. Uns geht es ja allen so, dass wir uns später nicht mehr an den Teil unserer Jugendzeit erinnern können, der „außerhalb der Gesellschaft" in der Unwirklichkeit der Pubertät lag. Deshalb erleben die erwachsenen Männer und Frauen die Jugendlichen nicht als Jugendliche, sondern eben als junge Männer und junge Frauen. Ein Problem, dass auch die Frauenforschung hat, wenn sie Schlüsselpersonen befragt, welche die Mädchen nicht als Jugendliche, sondern als junge Frauen sehen. Deshalb kann man auch als Erwachsener nicht die innere Sprache der Jugendlichen sprechen, sondern sich mit ihnen nur über die Segmente der Jugend verständigen, die in der gesellschaftlichen Realität liegen: Schule, Ausbildung, Öffentlichkeit. Da zeigen auch die Jugendlichen der Winter/Neubauer-Studie männliche Einstellungen: „Überraschend oft wird auch die hohe Bedeutung von Verantwortungsübernahme und Verantwortlichkeit benannt. Ein Mann sollte „an die Zukunft denken und an die Familie"[...] An manchen Stellen tauchen dabei Erwartungen an die Männlichkeit auf, die mit spezifischen Schwierigkeiten in Verbindung gebracht werden (können). So wird mit Blick auf die Bedrohung zwischen Untergehen und Ausgeschlossenwerden auf das Spannungsverhältnis verwiesen zwischen „sich durchsetzen können" und „sich integrieren"[...] An einigen Stellen wird betont, dass sich Männer im Griff haben müssen, also über ausreichende Selbstkontrolle verfügen sollten - dies allerdings nicht in bezug auf Übergriffe oder Gewalt, sondern eher als Präsentation in der Öffentlichkeit oder gegenüber Mädchen." (S. 155/156).

Dort wo schon die Schatten der Arbeitswelt auftauchen - wie in der Bildungskonkurrenz in der Schule, bei der Suche nach einer Lehrstelle, beim Problem der Übernahme in einen Beruf, bei der Erfahrung von Arbeitslosigkeit in der Familie - ahnen die Jungen, was ihnen als Männer einmal blüht. Andere Jugendstudien, welche vor allem diese gesellschaftsbezogenen Segmente der Einstellungen von Jugendlichen ansprechen - z.B. die 12. Shell-Studie 1997 - zeigen dies deutlich: Die Jugendlichen sind gespalten, sie möchten eigentlich ihre Jugendzeit ausleben, kommen aber nicht so richtig dazu, weil sie immer wieder und schon früh soziale Risiken - und da sie diese nicht kalkulieren können - Gefahren auf sich zukommen sehen. So stehen auch die Jungen heute mit einem Bein neben und mit dem anderen Bein schon mitten in der Gesellschaft. Deswegen ist auch ihre Gegenwartsorientierung so stark, sie dient dazu, diese

Spaltung zu neutralisieren. So können zwar die Schatten der sozialen Risiken immer wieder vertrieben, das Problem der Bedrohung kann aber nicht aufgelöst werden. Die Jungen leben sich aus, aber sie sind nicht mehr unbefangen, sie versuchen - unbewußt - in diesem Ausleben auch den sozialen Druck zu bewältigen. Scheinbar unbefangenes jugendliches Experimentieren und Streßbewältigung vermischen sich dann oft, ohne dass die Jungen es merken. Gerade aus der alltäglichen Szene des Drogengebrauchs Jugendlicher wird immer wieder berichtet, dass hier die Schwelle des Übergangs vom neugierigen jugendkulturellen Experimentieren mit Drogen hin zum Gebrauchenmüssen, zur Abhängigkeit von Drogen liegt.

Deshalb ist es nicht verwunderlich, dass das Erwachsensein und damit die erwachsene Männlichkeit für viele der Jungen nicht attraktiv ist, weil sich mit ihr oft nicht mehr das Bild von Selbständigkeit und Anerkennung, sondern von Bedrohung und Sorge verbindet. Wenn man dann aber einmal erwachsen ist, wird man mit männlichen Bewältigungsmustern konfrontiert, die einem in der Jugend noch gleichgültig waren, nach denen man aber aus seiner erwachsenen Männlichkeit heraus zwangsläufig greifen muss, zumal die Erwachsenenwelt heute nur wenig sichere und verfügbare Orientierungs- und Integrationsmuster bereithält. Überkommene Geschlechts- und Familienrollen sind da nicht von ungefähr wieder attraktiv, wenn auch im modernen Gewand (vgl. die Shell-Studie Jugend' 2000). Deshalb kommt es darauf an, ob man in der Jugend auch die Chance hatte, Erwachsenen zu begegnen, die einem keine Erwachsenenmuster aufzwingen wollten, sondern vermitteln konnten, dass gerade auch Erwachsenenrollen fragil sind und immer wieder biografisch zur Disposition stehen. Nur so konnten sie sich der Besonderheit der Jugend öffnen und einen Bezug zur Befindlichkeit der Jugendlichen herstellen. Die Erfahrung als Jugendlicher, dass Erwachsene auch anders sein können, bewährt sich dann, wenn man selbst erwachsen ist und nach Lebensmustern sucht. Insofern gibt auch die Winter/Neubauer-Studie Hinweise in dieser Richtung, indem sie aufzeigt, dass Jugendliche an solchen „anderen“ Erwachsenen, die beziehungsfähig sind und selbst ihr Inneres zeigen können, interessiert sind.

„Jugend und Männlichkeit“ steht also im Kontrast zum gesellschaftlichen Typus Mann, scheint - zumindest was einen Teil der Jugendlichen betrifft - aus ihm herauszufallen. Ist damit auch das männliche Sozialisationsmodell, das durchschnittliche Muster des Aufwachsens von Jungen in unserer Gesellschaft zu revidieren? Wenn ich diese Frage mit nein beantworte, so denke ich nicht nur an jene „ressourcenarmen“ Jungen (Winter/Neubauer), die wenig materielle und kulturelle Chancen haben, eine Jugendzeit zu leben, in der genug Zeit, Raum und Anregung für Innehalten und Zu-sich-kommen da ist und die früh in an Erwachsenen orientierte Männlichkeitsmuster hineinrutschen. Ausschlaggebender ist, dass die Ergebnisse der Winter/Neubauer-Studie in gewissem Sinne jene Grunderkenntnis der Geschlechterforschung bestätigen, die besagen: In der Interaktion mit ihrer sozialen Umwelt, im Hineinwachsen in die Gesellschaft, formt sich das Mann- und Frausein, der männliche und weibliche Sozialtyp, freilich in individuellen und sozialen Differenzierungen. Dort, wo Jungen (und Mädchen) so unter sich sein können, dass für eine Zeit lang der Einfluß der Erwachsenengesellschaft in den Hintergrund rückt, kann auch die Geschlechtstypik zurücktreten. Das zeigt sich bei Kindern im Vorschul- und Grundschulalter, die auf sich selbst und untereinander bezogen spielen oder sich erproben genauso wie in jenen Jugendräumen, in denen man sich von seinem Innen her einbringen kann, in denen man sich eben nicht von seinem Äußeren her präsentieren und durchsetzen muss. Deshalb sind solche Untersuchungen wichtig, weil sie zeigen, dass bei Jungen und Männern das Innen da ist, dass es aktiviert werden kann, wenn es Raum bekommt und dass es dort, wo es verloren scheint, meist nur verwehrt ist.

Der männliche Habitus

„Du bist halt doch ein Mann und kommst aus deiner männlichen Haut nicht heraus"; dies bekommt man(n) gerade dann an den Kopf geworfen, wenn man(n) sich Mühe gibt, in Diskussionen oder aber auch in Runden, wenn untereinander von sich erzählt wird, eben nicht männlich-dominant zu sein und dann doch wieder dabei ertappt wird. Meist dann, wenn die Diskussion oder das Gruppenklima hitzig wird und man(n) aufgehört hat, sein Verhalten zu reflektieren oder zu kontrollieren. Solche Ausraster - sich hervortun, es besser wissen, konkurrent diskutieren - beschämen dann den kritischen Mann - meist aber erst danach. Was da mit ihm durchgegangen ist, ist jene Männlichkeit, die leibseelisch in ihm steckt, von ihm abstrahlt und gegen die er sich gleichsam - mit Verstand aber auch mit Gefühl - zu wehren versucht. „Du kannst nicht verleugnen, dass du ein Mann bist" - dies bezeichnet jene leibseelische, körperlich-räumliche Ausdrucks-Befindlichkeit, die wir unter den Begriff Habitus fassen. Der männliche Habitus prägt Männer ihr ganzes Leben lang - ob sie nun in ihm aufgehen, oder sich von ihm absetzen, ihn abspalten möchten.

Mit dem Begriff des Habitus können wir auch unser Problem aufschließen, warum Jugendliche nichts von Männlichkeit wissen wollen und gleichzeitig zu Männern werden, die sich dann doch - identitätskonform oder aber gespalten - mit dieser Männlichkeit auseinandersetzen müssen. Deshalb haben wir auch bei der Winter/Neubauer-Studie die „Habitusprobe" eingefordert: Jugendliche in Situationen zu beobachten, in denen sie ihr - jugendkulturell verdrängter - männlicher Habitus doch einholt.

Das Habituskonzept, von Pierre Bourdieu entwickelt, enthält eine nachhaltige Botschaft: Der lange Arm der gesellschaftlichen Formung zum Mann holt dich immer wieder ein, ohne das du es merkst, rational steuern kannst. In Anlehnung an eine seiner Habitus-Definitionen könnte man formulieren: Männlichkeit wird mehr praktiziert als gedacht, die männliche Grammatik (als Grammatik, die in der leibseelischen Tiefe eingeschrieben ist) „kann Handlungen „Form geben ohne selbst formuliert werden zu müssen" (1987, S. 43). Das „Außen" bei Männern und das „Innen" bei Frauen stellen also typische durchschnittliche Habituskonstellationen dar, die Frauen und Männer praktizieren - „doing gender" (Menser 1998) -, die sich aber auch oft unvermittelt in sozialen Situationen aktivieren. Bourdieu geht in diesem Zusammenhang davon aus, dass es der Habitus ist, an dem sich die zwischenmenschlichen Beziehungen orientieren und der sie steuert, weil er nicht nur die soziale Ausgangslage des jeweiligen Individuums signalisiert, sondern auch die innere (Tiefen-) Dimension der triebnahen, gefühlsbezogenen Verständigung, die sozial meist verdeckt ist, durchscheinen läßt.

Aus der Habitusperspektive gesehen wird der Junge eben doch schon als Junge geboren - er wird nicht nur erst zum Jungen „gemacht" - weil er mit den männlichen Zuschreibungen, die schon vor ihm da sind und in gewissem Sinne auch (kultur)genetisch in ihm stecken, auf die Welt kommt. Der psychosoziale Prozess des Aufwachsens, der Sozialisation, erscheint somit als vorgegebene Struktur, an der sich der menschliche Eigensinn mehr oder minder reibt, sie für sich zu verändern versucht. Diese fortlaufende menschliche Praxis schlägt sich im habituellen Formungsprozess um. Das meine ich auch, wenn ich bisweilen Mannsein als leibseelische, sozial gerichtete Bewältigung von (gesellschaftlich vorgegebener) Männlichkeit umschreibe. Solche vorgegebenen Strukturen für Männlichkeit sind heute nicht mehr durchgängig und eindeutig, Männlichkeit ist zwiefach entstrukturiert und wird doch gesucht, weil sie als Reibungsfläche, als Magnetfeld der Herausbildung sozialer Praxis für Männer gebraucht wird. Denn das biologische Geschlecht verändert sich ja nicht in dem Maße, wie seine sozialen und kulturellen Zuschreibungen diffus werden. Die Suche „nach dem anderen, neuen" Mann und der aggressive Rückgriff auf die traditionelle Maskulinität liegen deshalb eng beieinander. Auch wenn die männliche Dominanz vielfach in die Struktur abgewandert ist, existiert sie dort in der übergreifenden Form des Externalisierungsprinzips weiter und sucht in Krisensituationen die Männer wieder heim. Also können die Männer der Männlichkeit nicht entrinnen, aber sie können auch nicht über sie verfügen. Dass sie immer wieder von ihr „übermannt" werden, dass ihr Verhalten gleichsam um sie kreist, drückt sich im modernen männlichen Habitus der verhaltenen bis verschämten Durchsetzungsposition aus. Im Verhaltenen und Verschämten spiegelt sich der Wunsch nach dem Innen, der immer wieder verwehrt oder zurückgehalten ist, sodass die männliche Durchsetzungsorientierung unausweichlich, wenn auch meist nicht mehr bedingungslos scheint. Bourdieu spricht von „dauerhaften Dispositionen", als einer Struktur, die „Erzeugungs- und Ordnungsgrundlagen für Praktiken und Vorstellungen" (1987, S. 98) hervorbringt. Habitusstrukturen werden vom Menschen alltäglich geschaffen (reproduziert) und individuell variiert, aber als Grundstrukturen sind sie „übertragbar", d.h. von der einzelnen Persönlichkeit ablösbar. Es geht hierbei aber nicht nur um den vergesellschafteten Mann als soziales Konstrukt, sondern genauso um den Mann als leibseelische als „eigensinnige" Persönlichkeit, wie auch als Erbe eines langen kulturgeschichtlichen Prozesses der Generationenübertragung und -prägung.

Im traditionellen männlichen Habitus spiegelt sich - wenn wir uns weiter an Bourdieu anlehnen - eine dualistisch angelegte Geschlechter- und Gesellschaftsordnung. Mit seiner Entstrukturierung konnte der weibliche Beziehungshabitus seine Fixierung auf das Innere überwinden und öffentlich werden, genauso wie Frauen an dem männlichen Dominanzhabitus partizipieren, dabei aber zusätzlich die weibliche Natur- und Beziehungskarte ziehen können; das macht die neue weibliche Hegemonialität aus. Der männliche Habitus dagegen entwickelt sich gespalten, schwankt zwischen Geschlechterkonkurrenz, Verständigungsausdruck und gebliebener aber zurückgehaltener Spekulation auf die patriarchale Dividende. Dennoch bricht bei kritischen Lebensereignissen, wenn die psychischen und sozialen Ressourcen der Bewältigung versagen, das Dualistische des männlichen Habitus immer wieder auf.

Diese *innere* Orientierungsfunktion des Habitus macht als „Seinsverbundenheit" von Fühlen, Denken und Verhalten (Meuser 1998) das Konzept so aufschlussreich für die Diagnostik männlicher Krisenbewältigung. Wenn man Bourdieus früherer Entwicklung des Habituskonzepts folgt, so ist ohne weiteres zu erkennen, dass es sich beim Habitus um die Vorstellung von einem *inkorporierten* gesellschaftlichen Ordnungs- und Orientierungsprinzip handelt. Bourdieu gelangte zu seinem Konzept des männlichen und weiblichen Habitus über die strukturelle Interpretation der als geschlechtstypisch erkannten sozialen Verhaltensmustern von Männern und Frauen in vorindustriellen Stammesgesellschaften (1979). Er nahm an, dass hinter diesen Verhaltenstypen ein duales Weltbild steckt, das die menschliche Praxis durch alle Bereiche und Schichten des Alltagslebens und der Gesellschafteninstitutionen hindurch gleichzeitig unterscheiden und aufeinander beziehen lässt. Distinktion und Integration bilden dabei die Spannungsbögen dieser geschlechtsbezogenen Dualität. Duality of Gender schafft also einen *gemeinsamen* Orientierungsrahmen für soziale Verständigung und sozialen Konflikt in sich entwickelnden Gesellschaften. Bourdieu zeigt dies an einem habituellen Fokus bei Männern, dem der Ehre. Ehre bedeutet für den Mann - bis heute erfahrbar, wenn auch zivilisatorisch überformt - zum einen, dass er sein Gesicht nicht verlieren, nicht bloß gestellt werden darf. Darin liegt das männliche Problem der Externalisierung, des Außen. Diese sozial konstruierte Außenhülle schützt den Mann vor der Bloßlegung des Innen, der Konfrontation mit sich selbst, verwehrt aber auch den Zugang nach innen. Gleichzeitig bedeutet Ehre aber auch, Verantwortung für andere zu übernehmen, immer aber mit der Gefahr, dass Verantwortung bei Männern in Kontrolle umkippen kann („Funktionieren die Familie, die Kinder, die Kollegen etc.?). Männliche Verantwortung ist also im Gegensatz zum innengerichteten weiblichen Care eher nach außen gerichtet. Der männliche Habitus geht mit einem misstrauischen Selbst einher, und das immer wieder nach außen abgespalten ist. Daraus wird plausibel, wie eng Bedürftigkeit und Gewalt (s.o.) bei Männern nebeneinander liegen.

Die historisch-gesellschaftliche Konstruktion von Männlichkeiten: Hegemonialtheorie, Theorie der systemischen Externalisierung und das Paradigma der gleichberechtigten Ergänzung

Die „Verdeckungen“ haben uns gezeigt, dass die Geschlechterverhältnisse in einer modernen Gesellschaft so vieldeutig kulturanthropologisch und sozial ineinander verwoben und in sich ambivalent sind, dass sie sich einer eindeutigen gesellschaftlichen Bestimmung entziehen. Die heute medial gängige Metapher vom „männlichen Auslaufmodell“ und die Prognose, den Frauen „gehöre die Zukunft“, übersehen, wie Männer und Frauen leibseelisch, sozial und gesellschaftlich aufeinander bezogen und gleichermaßen gesellschaftlichen Entwicklungen ausgesetzt sind. Das Paradigma des sozial rückgebundenen Geschlechterverhältnisses - und nicht die je einseitige frauen- oder männerzentrierte Perspektive - wird deshalb zwangsläufig in den Vordergrund der Geschlechterforschung rücken. Deshalb werden sich Frauen- und Männerforschung in diesem Medium „Geschlechterverhältnis“ aufeinander zu bewegen müssen. Am Verlauf des Modernisierungsprozesses im 20. Jahrhundert können wir beobachten, wie Geschlechterkonflikte (vor allem ausgelöst über die Frauenbewegungen) nicht einseitig zu Emanzipationseffekten bei den Frauen, sondern vor allem auch zu Neujustierungen des Geschlechterverhältnisses, zu jeweils modernisierten Entsprechungen geführt haben. Im Folgenden wird deshalb der Versuch unternommen, gesellschaftsbezogene männertheoretischen Positionen - eingedenk der Konsequenzen aus der vorgängigen Analyse der Verdeckungen - in diese Perspektive zu lenken. Von da aus können dann im dritten Teil dieser Arbeit die gesellschaftliche und die interpersonale/tiefenstrukturelle Dimension des Geschlechterverhältnisses aus männlicher Sicht wieder zusammengeführt werden.

Eine gesellschaftlich-historische Kontextualisierung der Entwicklung des Geschlechterverhältnisses aus der Sicht der Männerforschung muss m.E. auf das historische Bündnis von vorindustriellem Patriarchat und industriekapitalistischer Moderne - als Ausgangssituation für die immer noch männlich-hegemoniale Struktur der heutigen Gesellschaft - rekurrieren. Dies ist vor allem auch deshalb notwendig, weil mit gleichermaßen gesellschaftlichen wie kulturanthropologischen Komplex des Patriarchats all jene mythischen und später rationalisierten Deutungen von Männlichkeit in ihrem Verhältnis zu Weiblichkeit, wie wir sie in den Verdeckungen kennengelernt haben, in die industrielle Moderne eingegangen sind, und teils als Legitimationsmuster neu gefasst („modernisiert“) oder als „vormoderne“ Segmente industriezivilisatorisch verdrängt, überformt, sublimiert wurden. Wie sie auch heute noch wirken können, habe ich ja in den „Verdeckungen beschrieben.

Die vorindustrielle Wirtschafts- und Sozialkonstellation war in Deutschland - wie auch in den anderen europäischen Ländern - durch das „Ganze Haus“, die

Einheit von Leben, Arbeiten und Wohnen bestimmt. Den Begriff der Familie, wie wir ihn heute kennen, gab es damals noch nicht. Die soziale und kulturelle Machtstruktur in dieser Vergesellschaftungsform des Ganzen Hauses war auf der einen Seite dominiert und hierarchisiert durch die „pater podestas“, die Macht des Hausvaters, die kulturell legitimiert war durch die kirchliche Moral- und Rechtslehre der unterschiedlichen Wertigkeit der Geschlechter. Sie war aber in der sozialen Praxis durchaus eingeschränkt durch die häusliche Macht der Frauen, die den Alltag dieser in sich geschlossenen Produktions- und Lebenseinheit maßgeblich steuerten. Die Frau hatte also ihre eigene Machtsphäre, in der sie nicht nur sozial wirksame Spielräume gestalten, sondern auch ihre eigene persönliche Integrität wahren und durchsetzten konnte. Dem Manne hingegen oblagen selbstverständlich die sozialen Außenbeziehungen des Ganzen Hauses und - in den höheren Sphären der ständischen Gesellschaft - die ökonomischen und politischen Geschäfte. Die männlich-patriarchale Macht war also nach außen (gesellschaftlich) gerichtet, die weibliche Macht nach innen, in die Sphären des Ganzen Hauses hinein.

Mit der Entwicklung des Industriekapitalismus seit dem letzten Drittel des 18. Jahrhunderts löste sich zunehmend - und im 19. Jahrhundert durchgreifend und nachhaltig - die vorindustrielle Sozialordnung auf. Die industrielle Wirtschaftsweise verlangte - nach Übergangsphasen der manufakturellen Heimarbeit - eine strikte Trennung von industrieller Produktion und privater Reproduktion. Dies erforderte die Trennung von Wohnen und Arbeiten, von Öffentlichkeit und Privatheit, von Arbeit und arbeitsfreier Zeit und - vor allem - von Familie und industrieller Produktionswelt. Mit dem damit erfolgten Niedergang der Wirtschafts- und Sozialform des Ganzen Hauses verlor die Frau ihre ursprüngliche - wenn auch auf das Haus begrenzte - ökonomische Macht, denn die nun sich entwickelnde Kleinfamilie war höchstens noch randständige Subsistenzeinheit (Selbstversorger), im Großen und Ganzen aber auf die soziale und emotionale Wiederherstellung der Arbeitskraft (des Mannes) zugerichtet. Außerhäusliche ökonomische Tätigkeit der Frauen - wie sie sich im 19. Jahrhundert entwickelte - galt (und gilt im gewissen Sinne bis heute) als minder bewerteter und minder bezahlter Zuerwerb. So entstand das geschlechtshierarchische und geschlechtsduale industrielle Modell der Bindung der Frau an die familiale Privatsphäre und der Integration des Mannes in die Welt der industriellen Produktion. In diesem Sinne konnte auch die vorindustrielle patriarchalische Werteordnung säkularisiert und nun eindeutig sozial verankert werden: Indem der familiale Reproduktionssektor dem Produktionsbereich untergeordnet war und keine eigenständigen ökonomischen Machtsphären mehr hatte, konnten das überkommene kulturelle System der Geschlechterdualität, das neue sozialökonomische System des Vorrangs der Produktionssphäre und das damit zusammenhängende Vergesellschaftungsprinzip des linearen Wachstums (Externalisierung) zu einem modernen männergesellschaftlichen Machtverhältnis verschmolzen werden. Das männlich-patriarchalische Prinzip der Ausdifferenzierung und Erweiterung außerhäuslicher gesellschaftlicher Macht (wie es die Kulturethnologen schon für die frühen Stammesgesellschaften beschrieben haben) und das ökonomische Wachstums- und Externalisierungsprinzip galten von nun an als gesellschaftlich höherwertig, die den Frauen zugewiesene häuslich gebundene und private, wenn auch gesellschaftlich notwendige Reproduktionssphäre, als von minderem Wert.

In der ersten Phase der industriellen Arbeitsteilung konnte dieses geschlechtshierarchische Prinzip auch relativ gut funktionieren. Die Familien hatten die sozialen Risiken und Folgeprobleme der außerhäuslichen Fabrikarbeit der Männer zu tragen, gleichzeitig sorgte das immer noch traditionale politische und kulturelle Macht- und Wertesystem der jungen Industriegesellschaften dafür, dass das patriarchalische Prinzip im häuslichen Bereich weiter wirkte, auch wenn die Männer außer Haus tätig waren. Erst zum Ende des 19. Jahrhunderts, als der Industriekapitalismus seinen ersten Modernisierungsschub bekam und sich komplexere Formen der Arbeitsteilung ausbildeten, geriet diese geschlechtshierarchische Kompatibilität von Wirtschaft-, Sozial- und Familienordnung ins Wanken. Die starren Geschlechterrollen und das ständisch-patriarchale Sozialsystem hinkten dem nun weiter differenzierten und flexibilisierten Industriekapitalismus nicht nur hinterher, sie drohten auch die arbeitsteiligen Produktionsprozesse zu blockieren. Damit entstand auch - so wie dies der französische Soziologe und Pädagoge Emile Durkheim ausgangs des 19. Jahrhunderts formulierte - die soziale und kulturelle Gefahr der Anomie. Damit ist gemeint, dass die Menschen aus ihrer starren geschlechtshierarchisch-ständischen Sozial- und Familienbindung heraus die neuen Sprünge und Bewegungen der ökonomischen Entwicklung nicht mehr überblicken und in ihren sozialen Risiken aber auch Verheißungen nicht mehr kalkulieren konnten. Sie fühlten sich der industriellen Entwicklung ausgesetzt und ausgeliefert, in ihrem Menschsein bedroht. Natürlich wurde dies damals meist nur auf der literarischen Ebene - in der philosophischen und pädagogischen Kulturkritik, aber auch in der Kunst - thematisiert, verwies aber auf dahinterliegende Prozesse gesellschaftlichen Umbruchs. Denn damals begann die erste tiefgreifende Phase gesellschaftlicher Individualisierung, der Erosion traditionaler Milieus und der Freisetzung neuer Sozial- (z.B. Angestellte) und Generationsgruppen (Jugend). Vor allem aber war die überkommene Kompatibilität von familialem und gesellschaftlich-ökonomischem Patriarchat nicht mehr zu halten. Sowohl die industriellen Führungs- und Organisationsstrukturen veränderten sich (vom Industriepatrimonat zur Oligarchie der Aktiengesellschaften), als auch die inneren Formen der Familie (Mütter besinnen sich auf ihr individuelles Frausein, Jugendliche suchen einen eigenen Status und eigene Gesellungsformen). Die Einheit der Familie als Voraussetzung für ihre soziale Reproduktionskraft, die der Industriekapitalismus unbeschränkt brauchte, schien aber nicht nur von innen her nicht mehr gegeben. Denn auch die zunehmende Komplexität der industriellen Arbeitsteilung mit neuen psychosozialen Anforderungen und Risiken überforderte die Reproduktionskraft der Familie. Die Zerrüttung der Familie - der proletarischen wie der bürgerlichen - die sich in den Kriminalitäts- und Sozialstatistiken und -berichten der vorletzten Jahrhundertwende widerspiegelt, war ein herrschendes „sittliches" Thema dieser Zeit. Der Reformpädagoge Siegfried Kawerau (1922) hat - in Anlehnung an den Kultursoziologen Friedrich Müller-Lyer (1911) - diese Zusammenhänge damals mit dem Begriff der „spätfamilialen Krise des Kapitalismus" umschrieben.

Diese „Reproduktionskrise" des industriekapitalistischen Systems ließ auch das herrschende patriarchale Männlichkeitsmuster ins Schwanken geraten. Die bürgerliche Jugend rebellierte gegen ihre Väter, denn diese konnten nicht mehr die Lebensformen vermitteln, welche sich entlang der neuen Vergesellschaftungsmuster fortgeschrittener Arbeitsteilung ausbilden mussten. Die Männerbünde in Politik, Wirtschaft und Militär rückten zwar enger zusammen, konnten aber nicht mehr verdecken, dass die Kluft zwischen dem beharrenden patriarchalischen Prinzip der Männerherrschaft und dem modernen industriellen Prinzip der fortschreitenden Externalisierung und Individualisierung immer größer wurde. Gleichzeitig war die öffentliche Suche nach einer neuen Männlichkeit, die sich sowohl von dem alten Patriarchat abwenden als auch nicht in den industriellen Maschinen aufgehen wollte in Publizistik, Literatur und Kunst unübersehbar. Die Männer, so damals Ludwig Gurlitt (1906), würden durch die Maschinen entmannt, zum Maschinenmann herabgewürdigt. Gleichzeitig mache die Bürokratisierung des Staates - die mit den neuen Regelerfordernissen der Automatisierung anstieg -, den Mann nicht nur zum Untertan der Maschinen, sondern auch zum Untertan der Bürokratie. Immer mehr büßte das Patriarchat seine Ethik der patrimonalen Verantwortung ein, da die Unternehmen immer größer und anonymer geworden. Die Männer - so Gurlitt weiter - mussten trachten, sich von diesen äußeren Abhängigkeiten zu lösen und zu sich zu kommen. Das Ideal des „inneren Ritters" oder des autonomen „Gentleman" machte in dieser damaligen Kulturkritik die Runde. Diese Besinnung auf das Selbst wurde - besonders in den bürgerlichen Schichten - gefördert durch die steigende Individualisierung als Folge der fortschreitenden industriellen und sozialen Arbeitsteilung im Zuge der kapitalistischen Modernisierung. Kollektive Sozialzusammenhänge waren aufgebrochen und auf Grund der Ausdifferenzierung der Arbeits- und Lebensverhältnisse wurden bald die Persönlichkeit des Einzelnen und ihre Verwirklichung, gerade in den literarischen Kreisen und der sich eigenständig formierenden bürgerlichen Jugend, vor kollektive Bindungen - sei es nun in der Arbeiterbewegung oder in der Idee von der nationalistischen Gemeinschaft - gestellt. So wurde auch das Männliche - noch zögernd zwar - herausgelöst aus seiner kollektiv-patriarchalen Selbstverständlichkeit und als individuelle Seins- und Lebensform des Menschseins kritisch beleuchtet.

Die sich daran entzündende Kulturkritik des Mannes geriet aber schon damals in eine ähnliche Sackgasse wie heute: Versuche, dem Negativbild des traditionalen, patriarchal versäulten und industriell entseelten Mannseins eine Vorstellung vom *anderen Mann* entgegen zu setzen, endeten in Ratlosigkeit. Das damals in Männerkreisen aufkommende Gegenbild der „innerlichen Ritterlichkeit" war zwar antikapitalistisch geformt, hatte aber - als Rückgriff auf ein vorindustrielles Ideal - keine modernisierende Kraft. Zudem trat in dieser Idealisierung der Ritterlichkeit nur das literarische Ritterbild, nicht aber die historische Wirklichkeit des Rittertums hervor. Der gepanzerte Ritter des Mittelalters war ja der Inbegriff des nach innen geschlossenen, des *gewappneten* Mannes, dem die innere Stärke jetzt angedichtet wurde. Was aus dieser Zeit allerdings bleibt, ist die Reminiszenz, dass es damals schon Vorläufer der Propagierung des „inneren Kriegers" gab, wie ihn in den 90er Jahren die Anhänger der Botschaft vom „Wilden Mann" (Bly 1991, Rohr 1988) propagiert haben.

Neben dieser kulturkritisch verbrämten Suche nach einer anderen Männlichkeit war es vor allem die Frauenbewegung, welche auch in solchen kulturkritischen Männerkreisen die Hoffnung auf ein anderes Mannsein schürte: In der Folge der Emanzipation des weiblichen Geschlechts *musste* sich das Geschlechterverhältnis und damit auch das herrschende hierarchisch orientierte Männlichkeitsmuster ändern. Magnus Hirschfeld hat in seiner „Sittengeschichte des Weltkriegs" (1930) diesen Gedanken besonders herausgearbeitet, als er die Rolle der homosexuellen Frauen als öffentliche „Gegenkraft" zum Männlichen heraushob. Auch die antikapitalistisch orientierten Vertreterinnen der Frauenbewegung, wie zum Beispiel Lily Braun, begnügten sich nicht damit, dass die Frau an der gesellschaftlichen Öffentlichkeit über die familienübergreifende Rolle der „öffentlichen Mütterlichkeit" teilhaben sollte, sondern wollten, dass das weibliche Prinzip (des Care) die Strukturprinzipien der Wirtschafts- und Sozialordnung durchdringen und damit den Kapitalismus humaner machen sollten (vgl. dazu Böhnisch/Schröer 2000). Gleichzeitig öffnet sich damals der Industriekapitalismus den Frauen auch deshalb, weil er mit fortschreitendem arbeitsteiligen Wachstum das gesamte Humankapital und nicht nur das männliche ausschöpfen musste und zudem die rigiden Geschlechterrollen die notwendige Flexibilisierung der Arbeits- und Sozialbeziehungen blockierten.

Dieser Prozess der Entstrukturierung des Patriarchats und der Modernisierung der Geschlechterverhältnisse hatte seinen ersten Höhepunkt in den 20er Jahren nach dem Ersten Weltkrieg. Wie in Westeuropa so wurden auch vor allem in Deutschland die wirtschaftlichen und gesellschaftlichen Verhältnisse modernisiert. Die fordistische Wirtschaftsweise und die damit zusammenhängende Sozial-, Konsum- und Bildungskultur brachte einen weiteren Wandel und deutliche Anfänge einer Neustrukturierung der Geschlechtergesellschaft. Die umfassende Rationalisierung und Differenzierung der Produktion - Zerlegung der Arbeitsvorgänge als Basis für die Massenproduktion - verlangte eine mittel- bis hochqualifizierte Massenarbeit mit neuen Tätigkeitsstrukturen und Bildungsanforderungen. Gleichzeitig brachte diese industriekapitalistische Modernisierung - nach ihrem Leitgesetz der gegenseitigen Entsprechung von Massenproduktion und Massenkonsum - eine die gesamte Gesellschaft durchdringende Konsum- und Freizeitkultur hervor. Aus Arbeitern und Angestellten wurden nun Konsumenten mit einer zunehmend differenzierten Palette von Konsum- und Lebensstilen, in denen auch die überkommenen Geschlechterrollen ausdifferenziert und die Geschlechterverhältnisse pluralisiert wurden. Nicht nur unterschiedliches Mannsein wurde lebbar, auch die reproduktive Sphäre der Frau erhielt eine eigenständige Bedeutung als Kern des nun ökonomisch wichtig gewordenen Konsumbereichs. Die „Durchkapitalisierung" des Haushalts und der Familie, d.h. die Modernisierung des Haushalts nach industriellen Prinzipien, machte auch die familiengebundene Frau nun zum produktionssteigernden Wirtschaftsfaktor. Gleichzeitig rückten die Frauen in das gehobene Bildungssystem auf, bevölkerten die neuen Büro- und Dienstleistungsberufe und begannen ihren Platz in der außerfamilialen gesellschaftlichen Hierarchie zu suchen, öffentliche Frauenrollen differenzierten sich über den Haushalt hinaus aus. Das Bild der „modernen Hausfrau", die in ihrem häuslichen Bereich wie in einem Betrieb rationell wirtschaftete, die Familie organisierte und über Konsum, Mode und Freizeit Kontakt zur außenfamilialen Konsumgesellschaft hielt, beherrschte die Medien der Weimarer Zeit (vgl. dazu Schmidt-Beil 1931). Der „moderne Mann" und die „moderne Frau" wurden zu Kulturbegriffen der Weimarer Gesellschaft und markierten erste deutliche Nivellierungslinien im öffentlichen Geschlechterverhältnis. Junge Autoren und Autorinnen wir Klaus Mann und Marie Luise Fleißer, Otto Flake und Irmgard Keun setzten diese modernisierten Geschlechterrollen in literarisch-ästhetische Figuren um. Dies ist auch die Zeit, in der im Wandel des Geschlechterverhältnisses dieses gleichsam als Steuerungskategorie der Modernisierung erkannt wurde. Dabei war es nicht nur der im neuen Sozialstaat aufgehobene politische „Geschlechterkompromiss" als Erfolg der Frauenbewegung und Konsequenz der Demokratisierung der Gesellschaft, der dies bewirkte. Vielmehr verlangte die fordistische Modernisierungslogik der Ausschöpfung *allen* Humankapitals und der Kapitalisierung der privaten Haushalte und ihrer Transformation zu volkswirtschaftlichen Konsumeinheiten nicht nur die gesellschaftliche Einbindung der Frau, sondern vor allem auch ein entsprechend öffentliches und privates Verhältnis der Geschlechter zueinander. Der fordistische Geschlechterkompromiss basierte nicht auf Geschlechterkampf, sondern auf - gemäß dem Integrationsgebot der modernen Arbeitsteilung - ergänzender Integration. Dies beinhaltete nun aber - zumindest in den Augen der damals gesellschaftlich aufgestiegenen Frauen (vgl. wiederum Schmidt-Beil 1931) - ein völlig anderes Verständnis von „Ergänzung", als dies im traditionellen *hierarchischen* Verständnis der Geschlechterbeziehungen der Fall war, nach dem die Frau den „rationalen", öffentlichen Mann „emotional" und privat zu ergänzen hatte. Jetzt ging es um öffentliche, gesellschaftlich gleichberechtigte Ergänzung mit eigenständigen Anteilen der Frau. In dem umfangreichen Handbuch „Kultur der Frau", das 1931 von Ada Schmidt-Beil herausgegeben wurde und in dem die Crème der arrivierten Frauen der Weimarer Gesellschaft schrieb, ist dieses Thema der gesellschaftlichen Ergänzung der Geschlechter durchgängig und dominant. Es ist als *Gegenseitigkeitsprinzip* wesentlich weiter gefasst als die Vorstellung von der „öffentlichen Mütterlichkeit", wie sie sich damals bei den Frauen in der Wohlfahrtspflege entwickelt hatte (vgl. Sachße 1994) und erreichte durchaus das Niveau der heutigen gesellschafts- und sozialpolitischen Care-Debatte (vgl. den Beitrag von M. Brückner in diesem Band). Die Männer - so der damalige Tenor - hätten sich in dieses moderne Geschlechterverhältnis einzufügen, sonst bliebe ihnen selbst keine Entwicklungschance. „Kameradschaft", Partnerschaft in Ehe, Bildung, Beruf und Öffentlichkeit galten als neue, alle Sphären der modernen Gesellschaft durchziehende Werte.

Dennoch - und an dieser Stelle kann die Interpretation der modernen Geschlechtergesellschaft mit dem Connellschen Paradigma der männlichen Hegemonialität einsetzen - blieb eine deutliche Dominanz des Männlichen in der öffentlichen und familialen Kultur der modernisierten Konsumgesellschaft. Es gab zwar nicht mehr die starre und versäulte patriarchalische Männergesellschaft - unterschiedliche Männlichkeiten konnten im Alltag gelebt werden -, aber es kristallisierte sich doch immer wieder ein hegemonialer Männertypus heraus, der von der Mehrheit der Männer inkorporiert oder zumindest angestrebt wurde. In der Weimarer Gesellschaft war es jener Typus Mann, der sich dem rationalen Dienst an der Sache verschrieb sich durchboxte (Boxer wie Max Schmeling wurden entsprechend gesellschaftsfähig) und ein entsprechend „faires" Verhältnis zu Frauen anstrebte. Gleichzeitig wurde männliche Macht durch überkommene oder sich neu formierende Männerbünde gehalten oder reaktiviert. Die Frauen hatten zwar nun Teil an der politischen und ökonomischen Modernisierung, das männliche Prinzip der Verbindung von hegemonialen modernen Männertypus und industriekapitalistischer Externalisierung war aber weiter dominant. Das Verhältnis von Produktion und Reproduktion war zwar elastischer geworden, hatte seine geschlechtshierarchische Wertigkeit verändert, blieb aber in der Struktur erhalten. In den alltäglichen Lebensformen und in den zwischen Lebenswelt und System vermittelnden Institutionen waren die geschlechtshierarchischen Verhältnisse aufgeweicht, letztendlich aber doch weiter wirksam.

Dieses „Letztendlich" ist der Punkt, an dem wir ansetzen müssen, wenn wir die Reichweite des Connellschen Hegemonialkonzepts einschätzen wollen. Connell beschreibt ja die Entstrukturierung und Modernisierung gesellschaftlicher Männlichkeit als kulturellen Prozess, der sich über die ökonomischen Strukturen legt und Männlichkeit entsäult und pluralisiert. Er sieht die direkten männlichen Gewaltverhältnisse in der Gesellschaft über die gesellschaftliche Modernisierung und Demokratisierung abgebaut, verfolgt den „Verbleib" dieser Gewaltverhältnisse (in der Hintergrundstruktur der Gesellschaft, in der Familie) aber nicht weiter.

Die Perspektive des „Letztendlich" war aber von Antonio Gramsci - auf dessen Hegemonialtheorie sich Connell bezieht - nicht nur kulturell, sondern ausdrücklich ökonomisch-strukturell gemeint. Bei ihm bezieht sich das „Letztendlich" auf das Fortwirken der ökonomischen Gesetzlichkeiten des Kapitalismus, die zwar durch den Menschen immer wieder sozial kanalisiert und kulturell überformt, in kapitalistischen Gesellschaften aber nie außer Kraft gesetzt werden können. Dies erleben wir ja heute wieder, wenn, nach einer langen Phase der sozialstaatlichen Zähmung des Kapitalismus, dieser wieder in globalisiertem

Gewande „nackt“ hervortritt und sich über den Menschen hinweg zusetzten droht. Gramsci spricht deswegen auch von einer jeweils „historischen Struktur“, die sich in der Wechselbeziehung zwischen der konkreten historischen Praxis des Menschen und der ökonomischen Grundformation der Gesellschaft herausbildet. Die kapitalistische Ökonomie wird also in ihrer gesellschaftlichen Wirkung nicht mehr als deterministisch verstanden, sondern als eine, in der der Mensch nachhaltig zum Zuge kommen kann. Gleichzeitig ist er durch das „Letztendlich“ des ökonomischen Prinzips immer wieder aufgefordert, auf dem prinzipiellen Widerspruch zwischen Mensch und Kapitalverwertung zu insistieren und den gesellschaftlichen Konflikt wach zu halten, damit sich die den Menschen gegenüber indifferenten Prinzipien des Kapitals nicht verselbständigen können. *Letztendlich* bestimmen zwar die ökonomischen Gesetzlichkeiten die Entwicklung einer industriekapitalistischen Gesellschaft, aber dieses „letztendlich“ tritt in der historischen Struktur unterschiedlich hervor und zurück, beeinflusst die Menschen einmal mehr und einmal weniger und umgekehrt (vgl. dazu A. Schmidt 1972).

Gramsci stand mit dieser These zu Beginn des 20. Jahrhunderts nicht allein, sie war in den westeuropäischen Gesellschaftsdiskursen verbreitet (vgl. dazu Leggewie 1987). In Deutschland war es vor allem Eduard Heimann, der in seiner „Sozialen Theorie des Kapitalismus“ (1929) dieses dialektische Zusammenspiel zwischen fortschreitendem Kapitalismus und menschlicher Praxis hin zum sozial gezähmten Kapitalismus aufzeigte. Daraus können wir den Schluss ziehen, dass - wenn wir der historischen Strukturhypothese folgen - nicht die Entstrukturierung von Männlichkeit, sondern das dahinter liegende Prinzip der sozialen Modernisierung des Kapitalismus, dessen kultureller Ausdruck u.a. die Entstrukturierung von Männlichkeit ist, die Entwicklung der Arbeits- und Geschlechtergesellschaft in der industriekapitalistischen Moderne bis heute geprägt hat.

Dies wurde deutlicher, als in den sechziger und siebziger Jahren des 20. Jahrhunderts ein weiterer Modernisierungsschub breites „human capital“ benötigte, das von Männern und Frauen gleichermaßen, (wenn auch der Anteil der berufstätigen Frauen geringer war), abgefordert wurde. Die Symbiose von Patriarchat und Kapitalismus ist seitdem fast gänzlich in den Hintergrund getreten, wirkt weniger in den Lebenswelten, dafür aber im System - nun abstrakt - weiter. Der Kapitalismus entwickelte sich aber weiterhin nach dem „männlichem Prinzip“ der Externalisierung und fand auch in jener Modernisierungsphase die entsprechende männliche Elite - Wirtschaftsführer, Wissenschaftler, Ingenieure, Publizisten - die dieses Prinzip verkörperten.

In dieser bildungsextensiven Modernisierungsphase bedurfte es gerade nicht mehr der Inkorporation des Externalisierungsprinzips durch rigide männliche Geschlechterrollen. Im Gegenteil: Die Ausschöpfung von Bildungsressourcen als Voraussetzung der Modernisierung verlangte - im Sinne des fordistischen

Prinzips - die weitere Nivellierung öffentlicher Geschlechterrollen, um dadurch gleiche Bildungschancen für Männer und Frauen befördern zu können.

Die achtziger und neunziger Jahre des 20. Jahrhunderts haben die Umwälzung dieser Grundstruktur vorangetrieben und Externalisierungsschübe gebracht, die die Hegemonialstruktur weiter ausdifferenziert und eine neue männliche Elite - Elektronikspezialisten, Finanzmanager und Biotechniker - zu Leitfiguren der ökonomischen Entwicklung gemacht haben (vgl. Connell 1999). Gleichzeitig hat diese Phase der Transformation von der industriellen Arbeitsgesellschaft in die postindustrielle Wissens- und Informationsgesellschaft einen folgenschweren Einbruch in die Männergesellschaft mit sich gebracht. Die technologische Rationalisierung und Internationalisierung der Produktionsverläufe, die weltweit verknüpften Informations- und Kapitalströme haben in den alten Industrieländern das Verhältnis von Kapital und (Massen-) Arbeit gravierend verändert. Massenarbeit - in der fordistischen Wirtschaftsphase noch hoch gehandelt - wird immer weniger gebraucht, durch neue Technologien ersetzt oder in Billiglohnländern abgerufen. Qualifizierte Arbeit wird nur noch in den Kernbereichen der Arbeitsgesellschaft nachgefragt. In den breiten mittleren Peripherien um diese Kernbereiche der so segmentierten Arbeitsgesellschaften, wie sie in Westeuropa sich herausgebildet haben, bewegt sich die Masse der Arbeitenden zwischen Chance und Risiko. Hier herrschen stabile wie instabile Arbeitsverhältnisse gleichermaßen, die nun gerade den Männern zu schaffen machen. Der arbeitslose, ledige und biografisch gescheiterte Mann im mittleren Alter, der in die sozialen Randzonen gerutscht ist, ist zum ähnlichen, vielleicht noch prekäreren Fall geworden, als die alleinerziehende Sozialhilfeempfängerin. Massen von Arbeitslosen oder von Arbeitslosigkeit bedrohter Männer, die sich vornehmlich externalisiert, das heißt über die Arbeit begriffen und verwirklicht haben, stehen bloß da, können sich nicht in die Mutter- und Familienrolle zurückziehen, wie viele der arbeitslosen Frauen. Das systemische Prinzip der Externalisierung wendet sich nun gegen die Männer selbst. Sie leiden nun doppelt darunter: Die einen sind ausgestoßen und können ihre innere Hilflosigkeit - da sie es nie gelernt haben - nicht bewältigen; die anderen müssen sich ihre Wünsche, nach einem innen gerichteten Mannsein versagen, weil der Konkurrenzdruck schärfer und das Risiko der Arbeitslosigkeit größer geworden ist.

Nicht die „hegemoniale Männlichkeit" stellt also das zentrale Strukturprinzip der modernen Vergesellschaftung des Mannes dar, sondern das Strukturprinzip der Externalisierung, das diesem übergeordnet und in dem hegemoniale Männlichkeit ein (bedeutendes) Segment ist. Erst mit dem Externalisierungsparadigma können wir erklären, warum und wie „männliche Prinzipien" sich vom Subjekt und von der sozialen Kategorie Mann ablösen und systemisch weiterentwickeln und warum auch Frauen zunehmend an dieser hegemonialen Männlichkeit nicht nur partizipieren, sondern sie auch für sich nutzen und umwidmen können. Die historische Verschmelzung von patriarchalem Herrschaftsprinzip und kapitalistischem Waren- und Wachstumsprinzip war ein dialektischer Prozess, aus dem eine Struktur hervorging, *die beides und mehr* umfaßte: Die

Struktur der Externalisierung. In ihr ist Unterschiedliches und Widersprüchliches aufgehoben, in ihr wirkt das männliche Prinzip der äußeren Rationalität, der Abwertung des Reproduktiven, der Zurückdrängung der inneren Natur mit dem expansiven, konkurrenzförmigen, warenabstrakten Industriekapitalismus zusammen, der gleichzeitig aber auf die steigende Elastizität der Reproduktionskraft und des Humankapitals der Frauen angewiesen ist. Männliches und weibliches Prinzip sind in diesem dialektischen Sinne variable Teilprinzipien des übergeordneten *Strukturprinzips der Externalisierung*, entwickeln somit ihre Eigenheiten und Eigenkräfte im Verlauf der Umwälzung der historischen Struktur: Unterschiedliche Männlichkeiten können entstehen, die einerseits untereinander konträr sein können, andererseits sich doch wieder im „letztendlich" des Externalisierungsprinzips - der Abwertung des Innen und der Natur und in der männlichen Perspektive der Abwertung des Schwächeren - treffen. Aber auch das ökonomische Prinzip entwickelt Eigenkräfte, löst sich immer wieder von den konkreten Männern und ist gerade heute nicht mehr auf sie (in der Masse) angewiesen, wird zugänglich für Frauen, stößt seinen geschlechtshierarchischen Bezug symbolisch - von der Männergesellschaft zur Erfolgsgesellschaft - ab. Das hegemoniale Strukturprinzip der Externalisierung, nun systemisch verselbständigt, setzt Männer frei, lässt die patriarchale Dividende zur subjektiven Überlebensoption schrumpfen und lässt gleichzeitig die weibliche Beziehungsmacht gesellschaftsfähig werden und in eine bisher nicht gekannte Relation zur Ökonomie treten.

Connells Konzept sieht hegemoniale Männlichkeit in modernen Gesellschaften vor allem in die Institutionen eingeschrieben: Staat, Heer, Bürokratie, Schule, Ehe etc. Das ist an und für sich nichts Neues. Seit den männertheoretischen Diskussionen der Jahrhundertwende - vor allem seit Hans Blühers „Theorie der Männergesellschaft" (1922) - ist es sozialwissenschaftlich geläufig, dass sich Gesellschaften vor allem über die Ausdifferenzierung männlicher Praxis, also über die durch Männerbünde bis hin zu den männlichen Dominanzkulturen geprägten Institutionen gebildet haben. Gleichzeitig, so haben wir dargelegt, spielen in den Industriegesellschaften des 20. Jahrhunderts Modernisierung und Demokratisierung so zusammen, dass direkte Macht- und Gewaltverhältnisse durch Verfahren und indirekte Einflußstrukturen abgelöst werden. Schließlich setzte sich in der fordistischen Modernisierung das Prinzip der ergänzenden Integration der Geschlechter durch. Weiterbestehende männliche Dominanzen können sich nun - zumindest öffentlich - nicht mehr als direkte Gewaltverhältnisse äußern. Sie können aber auch nicht - folgen wir der Gramscischen Strukturtheorie - einfach verschwunden sein. Hier hat auch Connell seine Mühe, ahnt das gesellschaftstheoretische Ungenügen seines Paradigmas wenn er sinngemäß formuliert: Hegemonie basiere zwar nicht auf Gewalt, ist aber dennoch nicht inkompatibel mit ihr. Die Erklärung liegt nach unserer bisherigen Argumentation auf der Hand: Indem sich das Systemische von den Lebenswelten entkoppelt und in die Struktur „abwandert", zur *strukturellen Gewalt* wird, sind die Menschen zwar weiterhin ökonomisierten Machtstrukturen ausgesetzt, sie sind aber für sie nicht mehr überschaubar und beeinflussbar. Solange es in den sozialintegrativen, lebensweltlichen Bereichen biografisch klappt, sind individuelle Freiheiten sozial auslebbar, können Geschlechterrollen für die Einzelnen sekundär, zumindest aber aushandelbar werden. Diese Freiheit aber ist nicht grenzenlos. Denn gerade in den individualisierten Lebensverhältnissen wirkt das Unübersichtliche der strukturellen Gewaltverhältnisse als Stress: Externalisierung und Flexibilisierung als unsichtbare aber spürbare systemische Antriebs- und Kontrollprinzipien lassen die Menschen nicht zur Ruhe kommen, auch wenn sie sich noch so sehr in ihr biografisches Gehäuse einzuschließen versuchen. Vor allem jene, die aus der neuen flexibilisierten und so segmentierten Arbeitsgesellschaft ausgeschlossen sind, haben nur noch sich und ihre leibseelische Selbstbehauptung. Entsprechend kann Mannsein oder Frausein für diese Menschen wieder zum existentiellen Bewältigungszustand - meist an traditionelle Männer- und Frauenbilder geknüpft - werden.

Die soziale und politische Wirklichkeit des 20. Jahrhunderts hat uns gezeigt, dass Macht und Gewalt in der Verbindung von Ökonomie und Patriarchat - zwar strukturell verborgen, letztlich aber doch mit voller Wucht präsent sein können, wenn der bislang sozial gezähmte Kapitalismus - sei es in Zeiten der Krise oder der Prosperität - immer wieder (fast periodisch) sich seiner sozialen Fesseln zu entledigen sucht und als „reiner" Marktkapitalismus gesellschaftsmächtig wird. Es ist eine Konstellation, in der genug kulturelle Spielräume für unterschiedliche Männlichkeiten da sind, in der Frauen aufsteigen, und in der auch sonst in der männlichen Hegemonialkultur Ausgegrenzte (z.B. Homosexuelle) gesellschaftliche Teilhabe erwerben können. Dennoch verkörpert der Typus von Männlichkeit, der dem ökonomisch-politischen Leitsystem der jeweiligen Gesellschaftsperiode am nächsten steht weiterhin einen männlichen Hegemonialtypus. Hier liegt aber auch der entscheidende Sprung, der theoretisch zu machen ist: Nach „unten" - in die Lebenswelten hinein - erscheint diese Konstellation kulturell, da man ja von ihr nicht unmittelbar und schon gar nicht gewaltförmig beeinflußt oder bedroht ist. Denn der Sozialstaat mediatisiert sowohl die sozialen Risiken und Kosten als auch die Gewaltförmigkeit der ökonomischen Machtverhältnisse. Macht und Gewalt als Herrschaftsmittel sind zwar weiter da, der Kapitalismus in globalisierten Zeitalter agiert ungenierter, was den Ausschluss von Menschen betrifft, denn je; aber die Menschen erfahren dies nur vermittelt, kulturell überformt.

Daran sehen wir wieder, dass es sich um *strukturelle* Macht- und Gewaltverhältnisse handelt, die von ihren Konstitutionsprinzipien her immer noch am ehesten mit Männlichkeit kompatibel sind, aber nun - aufgrund ihrer lebensweltlichen Entstrukturierung - auch als Hintergrundstrukturen für gesellschaftliche Praktiken weiblicher Beziehungshegemonialität offen sind. Denn auch dies muss in einem Hegemonialkonzept erklärt werden können: Dass Frauen, deren Abwertung ja traditionell die hegemonialen Männlichkeiten zusammenbindet in dieser genauso aufsteigen können wie Männer und dabei ihre eigenen Hegemonialitätsbezüge ausbilden können. Diese Zusammenhänge kann aber der Connellsche Ansatz nicht erklären.

Deshalb kann man das Connellsche Hegemonialparadigma nicht einfach in die neuen globalgesellschaftlichen Konstellationen hinein verlängern. Die Perspektive „globaler Männlichkeit" ist zwar auf den ersten Blick plausibel, wenn man die immer noch meist männlichen Figuren der „global players" sich anschaut. Näher betrachtet wird jedoch augenfällig, dass sie in diesem Modell weder der qualitative gesellschaftlich-ökonomische Sprung abbildet, der sich im Globalisierungsprozess vollzieht, noch erklärbar ist, warum diese globalisierten Hegemonial- und Machtstrukturen genauso Frauen zugänglich, ja vielleicht eher sogar auf Frauen - ob ihrer behaupteten höheren Kommunikations- und Mediationsfähigkeiten - zugeschnitten sind. Die entsprechenden neuen hegemonialen Leitbilder liegen deshalb auch außerhalb der traditionell männlich beherrschten Produktionssphäre. Der digitale Kapitalismus hat seine eigene Formeln der Ergänzung und der Gegenseitigkeit der Geschlechter gefunden. Dieses Modell ist nun aber sozial entbettet, im „abstract worker" aufgegangen und damit der lebendigen Gegenseitigkeit von Männern und Frauen entzogen. Das Geschlechterverhältnis - seit der Weimarer Zeit ein öffentliches Medium, scheint wieder - mit allen tiefenstrukturellen Konsequenzen der Verdeckung und Verdrängung - ins Private „gerutscht".

Dieser qualitative Sprung des globalisierten Kapitalismus liegt sowohl im Prozess der sozialen Entbettung der nun internationalisierten Strukturen der Ökonomie als auch in den arbeitsgesellschaftlichen Rationalisierungsfolgen, welche die technologisch-dynamische und globalisierte Arbeitsteilung nach sich zieht. Mit der prinzipiellen Möglichkeit der Abkoppelung der Ökonomie von der menschlichen Praxis ist das Kapital nicht mehr auf die Inkorporation des Externalisierungsprinzips durch die Männer angewiesen. Das neue hegemoniale Leitbild ist dementsprechend nur noch vordergründig männlich (weil es eben noch von Männern hauptsächlich gehalten wird), in Wahrheit ist es das geschlechtsindifferente globale Leitbild des „abstract worker", das die neue Ökonomie hervorgebracht hat und das von Männern und Frauen gleichermaßen besetzt werden kann. So ist es zu erklären, das sich in den letzten Jahren ein neuer hegemonialer Frauentyp breit macht, der nicht mehr einfach als Ergänzungstyp zum Männlichen zu beschreiben ist. Die globale Leitfigur des „abstract worker" kennt keine Geschlechter, sondern braucht das entsprechend menschliche Abstraktum, das in ihr aufgeht. Dass es überwiegend noch Männer sind, die es öffentlich besetzen, liegt auf einer anderen Ebene. Es ist ein Sachverhalt, der machttheoretisch erklärt werden muss. Wie auch in der früheren Geschichte sind es die Männerbünde der „old boys", die sich immer dann neu formieren, wenn sie Frauenmacht existentiell spüren und in diesem Sinne Initiationsriten ausbilden, die gerade auch machtverunsicherte junge Männer anziehen.

Insgesamt brauchen wir also ein historisch-theoretisches Paradigma, das über das deskriptive und geschlechtseinseitige Modernisierungsmodell der Entstrukturierung männlicher Macht- und Gewaltkomplexe hinaus die Ganzheitlichkeit der Entwicklung der Geschlechtergesellschaft heute erfassen kann: als *Zusammenspiel* der fragilen Hegemonialität von Männlichkeit bei gleichzeitiger Emanzipation des Weiblichen und dem Wirken eines Gegenseitigkeitsprinzips *im Zeichen systemischer Externalisierung*. Das *Geschlechterverhältnis* - und nicht nur die Männerhegemonie auf der einen bzw. die Frauenemanzipation auf der anderen Seite - rückt damit in den Mittelpunkt gesellschaftstheoretischer Überlegungen zur Rolle der Geschlechter im industriekapitalistischen Modernisierungsprozess. Dann wird sichtbar, dass Prognosen wie „Abstieg des Mannes“ und „Aufstieg der Frau“, wie sie in den Medien zu Beginn des 21. Jahrhunderts verbreitet sind, zu kurz, weil nur an der Oberfläche, greifen. Denn beide Geschlechter sind der Verselbständigung der Systeme ausgesetzt und somit zwangsläufig aufeinander bezogen und angewiesen, wobei allerdings Männer - angesichts der offensichtlich zunehmenden Obsoleszenz der traditionalen männlichen Geschlechterrolle und der Einseitigkeit ihrer Erwerbsarbeitszentrierung - tiefgreifenderen Verunsicherungen ausgesetzt sind. Dieser Zusammenhang sollen im Folgenden aufgeschlossen werden.

Der überflüssige Mann in der segmentierten Geschlechtergesellschaft

Das systemische Prinzip der Externalisierung bildet sich als Vergesellschaftungsprinzip in der „segmentierten Geschlechtergesellschaft“ ab. Ich verwende diesen Begriff in Anlehnung an den der „segmentierten Arbeitsgesellschaft“ (Sengenberger 1987; vgl. auch Böhnisch/Arnold/Schröer 1999). In diesem begrifflichen Kontext können unterschiedliche Männlichkeiten in ihrer gesellschaftlichen Rückbindung positioniert und „Schneisen“ weiblicher Hegemonialität geortet werden.

Technologische Rationalisierungsprozesse und internationale Auslagerung von Arbeit in Billiglohnländer haben in unserer Gesellschaft einen tiefgreifenden Wandel in der Wirtschafts- und Sozialstruktur bewirkt. Auf der einen Seite verfügen wir inzwischen über ein Bildungs- und Sozialsystem, in dem die meisten zumindest prinzipiell die Chance haben aus ihren sozialen Herkunftsmilieus herauszukommen und biografische Optionen in Beruf und Status zu verwirklichen. Die Gesellschaft ist nicht mehr nach Unter -, Mittel- und Oberschichten mit unterschiedlicher Durchlässigkeit geschichtet. Man muss sie sich heute mehr horizontal strukturiert vorstellen: Die traditionellen Schichtmilieus haben sich weitgehend aufgelöst, die Gesellschaft besteht aus einer Masse Einzelner, die versuchen ihre Chancen zu realisieren. Natürlich spielt weiterhin und zunehmend wieder mehr die soziale Herkunft eine Rolle. Diese Frage ist aber heute stärker individualisiert, es wird nicht mehr nach der Schicht gefragt wo der oder die Einzelne herkommt, sondern danach, welche Ressourcen die jeweilige Herkunftsfamilie hat, um das Individuum biografisch stützen oder gar alimentieren zu können. Das Problem der sozialen Ungleichheit ist also keineswegs aufgehoben, sondern hat sich entstrukturiert, ist unübersichtlicher geworden, Chance und Risiko liegen gesellschaftlich eng beieinander. Die meisten haben die Chance, vergleichbar gut ausgebildet zu werden, aber sie erwerben damit gleichzeitig das Risiko, dass sie in einem sich permanent verändernden und immer enger werdenden Arbeitsmarkt nicht gebraucht werden. So kann man sich die *segmentierte Arbeitsgesellschaft* als eine Scheibe vorstellen, in deren Mitte ein immer noch relativ großer Kern qualifizierter Arbeit angesiedelt ist. Um diesen Kern und seine Puffer herum hat sich ein immer breiter werdender sekundärer Bereich, eine Peripherie entwickelt, in der sich die Mehrheit der Arbeitsbevölkerung befindet. Es ist eine Peripherie relativ sicherer bis relativ unsicherer und prekärer Arbeitsverhältnisse. Hier gibt es auch qualifizierte Gruppen, deren Qualifikationen aber bei Branchenumstrukturierungen und Rationalisierungen von heute auf morgen nicht mehr gebraucht werden, Leute, die sich in kleinen unsicheren Existenzen selbständig machen und schließlich das Heer der angestellten Facharbeiter, die zum Teil um ihre bislang sichere Karriereperspektive bangen, aber auch solche, die in Umschulungen und Umwegqualifikationen immer wieder neue Anschlüsse suchen und finden. Diese Peripherie, inzwischen größter Bereich der Arbeitsgesellschaft, ist umgeben von einer Randzone, in der die marginalisierten und sozial deklassierten Gruppen der Gesellschaft ausgegrenzt sind und vom Sozialstaat einigermaßen über Wasser gehalten werden. Es sind Langzeitarbeitslose aber auch viele, die zwar Arbeit haben, damit aber nicht genug verdienen, um ihren Lebensunterhalt bestreiten zu können (Armut in Arbeit). Diese drei großen Bereiche der segmentierten Arbeitsgesellschaft sind in sich natürlich wieder differenziert, wir wollen es aber bei dieser groben Einteilung belassen, weil sie ausreicht, um unsere Frage nach den damit verbundenen Mustern von Männlichkeit beantworten zu können. Von Bedeutung ist in diesem Zusammenhang, dass die Grenzen dieser Segmente inzwischen wenig durchlässig geworden sind. Das Kernsegment qualifizierter Arbeit strahlt zwar sozial und kulturell in die übrigen Segmente hinein, das heißt, die Menschen in der Peripherie und an den Rändern richten sich - so lange sie sich noch nicht biografisch mit ihrer Lage abgefunden haben - in ihren Wünschen und Zukunftserwartungen an diesem Kernsegment aus, faktisch reproduziert es sich aber selbst, auch wenn es Einzelnen gelingt in diesen Kernbereich hereinzukommen. Denn in den Kernbereich führen keine gewährleisteten und garantierten Einstiegswege, es hängt von den Einzelnen ab, wie es ihnen biografisch gelingt, hineinzukommen. Gleichzeitig sind die sozialen Randsegmente immer stärker von der Peripherie abgegrenzt. Je länger jemand in den Randsegmenten verbleibt - Beispiel Langzeitarbeitslosigkeit - desto geringer wird seine Chance, in die Peripherie hineinzukommen um seine Biografie wieder in Fluß bringen zu können.

Dieser segmentierten Arbeitsgesellschaft entspricht auch eine entsprechend segmentierte Geschlechtergesellschaft mit ihr zugehörigen Segmentierungen von Männlichkeit. Die Tatsache, dass sich die Arbeitsgesellschaft in (relativ gegeneinander abgeschottete und nur jeweils individuell durchlässige) Segmente aufteilt, deren Stabilität und Instabilität sich danach bemißt, welche Arbeit weiter und intensiver gebraucht, welche Arbeit mehr oder weniger, wechselnd oder abnehmend benötigt wird und in welchem Ausmaß Arbeitskraft - und damit der Mensch - überflüssig wird, hat die Menschen in unterschiedlicher Weise getroffen. Dort, wo der Zugang zur Arbeit verwehrt ist aber auch da, wo ein Verdrängungswettbewerb um Arbeitsplätze stattfindet, sehen sich die Menschen in ihrer sozialen Existenz und mithin in ihrer Identität bedroht. Vor allem die Männer, deren Selbstwert und soziale Geltung hauptsächlich von ihrem Status in der Arbeitswelt abhängt, suchen in ihrer Betroffenheit nach Formen der Bewältigung und greifen auf Bewältigungsmuster zurück, die man ihnen - so ihre untergründige Einstellung - nicht nehmen kann. Eine solche Bewältigungsform ist der fast naturalistische Rückgriff auf traditionelle Maskulinität, die Inanspruchnahme der männlichen Dividende im Verdrängungswettbewerb gegenüber Frauen aber auch anderen Männern. Solche traditionellen und mystifizierten Männlichkeitsbilder, welche die maskuline Überlegenheit von Natur aus betonen, sind vor allem bei jungen Männern in den Randzonen sozialer Deklassierung zu beobachten. In kritischen Lebenssituationen, in denen die sozialen Ressourcen nicht mehr ausreichen, um sie zu bewältigen, greifen die Betroffenen oft auf vorsoziale und asoziale Bewältigungsmuster zurück, um handlungsfähig zu bleiben. Den tiefenpsychischen Mechanismus, der dabei wirkt haben wir bereits kennengelernt: Die eigene Hilflosigkeit wird abgespalten und aggressiv auf Schwächere projiziert. Die Angst der Anderen vor dem alltäglichen Auftreten dieser aggressiven Männlichkeit - auf der Straße, in Straßenbahnen - ersetzt diesen jungen Männern die für jeden Menschen notwendige soziale Anerkennung. Sich in männlicher Abwertungsaggressivität fühlen und die Angst der Anderen sozial spüren ergibt ein Gemisch, das als Identitätsersatz wirken und neue antisoziale Männerkulturen in der Gesellschaft bilden kann. Diese Entwicklung wird begünstigt dadurch, dass aus dem für die sozial deklassierten unerreichbaren Kern der Erfolgreichen in der Arbeitsgesellschaft etwas abstrahlt, das in den Subkulturen maskuliner Aggressivität gierig aufgesogen wird, diese beflügelt und ihnen im gewissen Sinne auch Legitimation verleiht: Die gesellschaftlich anerkannte Botschaft, dass man erfolgreich sein kann und muss, mit welchen Mitteln auch immer.

In der großen Peripherie der Arbeitsgesellschaft wirkt diese Botschaft nach und speist den Verdrängungswettbewerb zwischen Männern und Frauen, den neuen Geschlechterkampf. Dass Männer sich durchsetzen und Frauen sich zurücknehmen müssen ist wieder zu einem verdeckten Wettbewerbsmuster am Arbeitsmarkt - neben dem Gleichstellungsgebot - geworden. Im Deutschland der neunziger Jahre wurde offen - nicht mehr hinter vorgehaltener Hand - die gestiegene „Erwerbsneigung“ der Frauen für die hohe Arbeitslosigkeit verantwortlich gemacht. Diese männliche Durchsetzungs- und Verdrängungskultur hat aber ein anderes Gesicht als die aggressive Männerkultur an den sozialen Rändern. Sie folgt den externalisierten Prinzipien des Sachzwangs und Effizienz: Wer heute mithalten will, muss mobil und flexibel ohne Einschränkung einsetzbar sein. Frauen werden da als Risikofaktoren angesehen (selbst der aufgeklärteste Chef fragt sich, wird sie denn schwanger werden oder nicht, und kann ich das überhaupt ausgleichen) und entweder in einen externalisierten Lebensstil oder wieder zurück in die Familie gezwungen.

In den Puffern und Peripherien um die Kernbereiche stabiler Beschäftigung haben sich aber auch jene sozialen Nischen entwickelt, in denen versucht wird, andere als die traditionellen Männlichkeiten zu leben. Teilhabe an der Erziehung und Haushalt wird geübt, Balance der Vereinbarkeit von Familie und Beruf für Frauen und Männer angestrebt. Meist sind es Männer und Frauen in sozialen Verhältnissen, die einigermaßen resistent sind gegen die Risikoschwankungen der Arbeitsgesellschaft: Angehörige des Öffentlichen Dienstes aber auch Studenten und alternativen Szenen Zugehörige.

Generell lässt sich in den Peripherien ein Lebensgefühl beobachten, das zwischen Sehnsucht und Abwehr schwankt: Sehnsucht nach einem eigenen und irgendwie auch erfüllten Leben und Abwehr des immer wieder aufkommenden Drucks, mithalten zu müssen, dranzubleiben, nichts zu verpassen, will man seine soziale Existenz nicht gefährden. Es ist ein Leben zwischen zwei Welten, die immer wieder auseinanderzudriften drohen - ein janusköpfiges Leben. Die moderne Gesellschaft konfrontiert die Einzelnen permanent mit der Erwartung und Aufforderung, sich dem gesellschaftlichen Wandel anzupassen, die Beschleunigung mitzumachen, offen zu bleiben, flexibel und mobil zu sein. Dies gelingt aber nur, wenn der Mensch für sich einen Haltepunkt hat, wenn er mit sich identisch, bei sich ist. Man könnte formulieren: Je mehr der gesellschaftliche Außendruck steigt, desto stärker wächst die Sehnsucht nach innerem Halt, nach Selbstbezug, nach der Gewißheit, auch aus sich selbst heraus etwas wert zu sein. Dies ist die personale Seite der modernen Risikogesellschaft, die immer wieder mehr oder minder gravierende Situationen von Hilflosigkeit erzeugt, mit der sich die Einzelnen auseinandersetzen müssen. Dass es Männer hier im Durchschnitt schwerer haben als Frauen, haben wir bereits thematisiert. Dabei sollten wir aber um Gotteswillen nicht verallgemeinern, dass nun alle Männer gleich mit abwertenden oder gar gewaltförmigen Abspaltungen auf solche Heimsuchungen von Hilflosigkeit reagieren. Es kommt auf die jeweiligen sozialbiografischen Ressourcen an.

Diese zwei Welten des persönlichen Erlebens sind im Gesellschaftlichen rückgespiegelt. Wir haben bereits dieses Problem des Auseinanderklaffens von ökonomisch-technologischen Systemen und der Befindlichkeit der Menschen in den Lebenswelten kennengelernt. Während sich die Systeme weiter und beschleunigter nach dem Prinzip der Externalisierung bewegen, wächst in den Lebenswelten die Sehnsucht nach Innehalten, Zu-sich-kommen. Diese Sehnsucht ist aber nicht mehr in die Systeme vermittelbar, denn diese scheinen sich immer unabhängiger von den Menschen zu machen. Das männliche Prinzip der Externalisierung ist als systemisches Prinzip heute nicht mehr auf die Inkorporation durch möglichst viele Männer angewiesen. Im Gegenteil: Je intensiver die mit der Externalisierung verbundenen Rationalisierungs- und Freisetzungsprozesse wirken, desto augenscheinlicher wird, dass die „männlich strukturierten“ Systeme die Masse Mann verstoßen können und sich nur noch auf kleine und exklusive Männereliten stützen müssen. Diese schließen sich zwar männerbündlerisch ab, präsentieren sich aber in der Öffentlichkeit als Gewinner, als Promotoren einer neuen Erfolgskultur, in der sich die Geschlechterfrage nicht mehr zu stellen braucht. Es sind Männer - und zunehmend auch mehr Frauen - die in dieser externalisierten Erfolgskultur aufgehen und bei denen sich die Frage des Innehaltens erst stellt, wenn sie aus der Bahn geworfen werden. Natürlich sind es gehetzte Eliten, sie sind von dem Zwang getrieben, keine Lücken und Unterbrechungen in dieser immer wieder neu beschleunigten externalisierten Zirkulation ihrer Karrieren entstehen zu lassen. Die zwanghaft vorangetragene Sach- und Fortschrittslogik, welcher die Männer der globalisierten Konzerne, der Informations- und Bioökonomie, die Promotoren der Rationalisierungs- und Steuerungsphilosophien vor sich her tragen, ist auch Angst vor dem Innehaltenmüssen, Furcht, mit der menschlichen Hilflosigkeit konfrontiert zu werden, die gerade dann, wenn sie überwunden scheint, dort ausbricht, wo man es nicht mehr vermutet hat.

Dass dieses Auseinanderdriften von beschleunigten Systemen und unsicheren Menschen nicht zur gesellschaftlichen Krise führt, dafür sorgt der Konsum (s.o.). Hier wird das Widersprüchliche zusammengekittet. Der Konsum funktioniert nach den Prinzipien der menschenabgewandten Systeme: Er ist marktförmig, er funktioniert nach den Gesetzen der Beschleunigung und Externalisierung. Es muss immer wieder neu verbraucht, bisheriges entwertet werden, es darf kein Ende geben, es müssen dauernd neue Produkte entwickelt und angeboten werden. Gleichzeitig ist der Konsum den Menschen zugewandt, er richtet sich an die Bedürfnisse des Selbstbezugs und Innehaltens. Im Konsum und seiner Werbung können eben auch konträre Bilder von Männlichkeit miteinander vermittelt werden. In der Konsumszenerie taucht der Geschlechterkampf nicht auf, scheint das Geschlechterverhältnis nivelliert, unerheblich für die Suche nach persönlich einzigartiger Selbstverwirklichung zu sein. Die Grenzen des Konsums liegen aber dort, wo seine Widersprüchlichkeit doch endlich aufbricht: Er kann selbst nicht innehalten, obwohl er Produkte des Innehaltens verkauft. Die Konsumwirtschaft unterliegt der Gesetzlichkeit der externalisierten Ökonomie, es muss deshalb immer neu konsumiert werden und dies entwertet wiederum die Produkte - auch die des Innehaltens - und drängt wieder neue auf. Konsumieren wird so zum ritualisierten Verhalten, das nur die soziale Oberfläche glättet.

So brechen dann die Probleme des Mannseins wieder dort auf, wo die Schutzhülle des Konsums durchstoßen ist, im direkten Ausgesetztsein und in der direkten menschlichen Beziehung. Dann wird man davon überrascht, dass das alles noch da ist: die Angst, der eigenen Hilflosigkeit ausgesetzt zu sein, Bindungen zu verlieren und nicht zu wissen, wie man da wieder herauskommen soll. Auch hier wieder diese Schere: Je mehr die Konsumwerbung verspricht, sie könne dem Menschen alle Sorgen abnehmen, damit er leben und dieses Leben genießen könne (egal ob er nun Mann oder Frau ist), desto weniger getrauen sich die Menschen, zuzugeben, dass sie Probleme haben. Und je weniger die Probleme kommunizierbar sind, da sie ja in die problemlose Konsumwelt nicht passen, desto mehr verlernen die Menschen mit diesen Problemen des Selbst umzugehen und um so unvermittelter wirken dann die Mechanismen der Abspaltung dieser Hilflosigkeit. Neben dieser problemlosen Umwelt existieren die Abgründe der Gewalttätigkeit in der Familie die Verdrängungskonkurrenz des Arbeitslebens, die Ausländerfeindlichkeit als Bewältigungsfolie. Dies ist auch der Grund, warum darauf beharrt werden muss, dass die Suche nach sozial versöhnlichen Formen von Männlichkeit und Mannsein nicht nur den privaten Umständen einzelner überlassen werden darf, sondern in den gesellschaftlichen Diskurs gehört.

Abstract Worker

Die Kernfrage der Kapitalismuskritik der Jahrhundertwende vom 19. zum 20. Jahrhundert, ob und wieweit die industriekapitalistische Entwicklung den Menschen zur Maschine zurichtet, seinen Eigensinn und seine Innenkräfte erlöschen lässt, durchzieht das ganze 20. Jahrhundert. Diese Kapitalismuskritik ging immer mit einer Krise der Männlichkeit einher (s.o.). Das Schöpferische und Rationale, das der Mann seit der patriarchalischen Entwicklung und Ausdifferenzierung der Gesellschaft für sich beansprucht, wird im industriellen Externalisierungsprozess aufgesogen, vom Menschen abgezogen und technologisch transformiert. Der Mann fällt seinem Außen gleichermaßen zum Opfer, wird gefügig, wo er bislang die patriarchalische Gewißheit - später Illusion - hatte, zu verfügen.

Der Mann ist somit zum Opfer seiner eigenen Schöpfungsillusion geworden. Die Überwindung der Natur (in der Überwindung der Frau) - die männliche Variante von Gestaltung - wird heute zum Bumerang. Die Rückkehr zum Innen haben sich aber die Männer selbst im Laufe der Jahrhunderte verschlossen. Wenn sie weiter die männliche Option auf Naturüberwindung einlösen wollen, sind sie auf Gedeih und Verderb der technologischen Entwicklungslogik der Externalisierung ausgeliefert. Die Spannung von Entfremdung und Gestaltung, welche in der Geschichte der Moderne immer wieder zur Humanisierung der Arbeitswelt geführt hat, ist mit steigender Technologisierung und Rationalisierung ausgedünnt worden. Das Kapital hat seine eigene Vereinbarkeitsformel gefunden. So wie der Konsum immer wieder soziale Widersprüchlichkeit parasozial aufheben kann, hat auch die Technologisierung eine Formel gefunden, in der der Mensch im industriellen Prozess aufgeht, ohne subjektiv Entfremdung wahrzunehmen oder sich von ihr bedroht zu fühlen. Das Zauberwort heißt „abstract worker“, aber auch: „job-enrichment“, „corporate identity“. Die Arbeit in den qualifizierten Kernbereichen der postmodernen Industriegesellschaft wird nicht mehr so rationalisiert, dass sie als ausgedünnt empfunden werden muss, sondern es werden zwei voneinander getrennte Gestaltungsangebote gemacht (Entkoppelung von Beruf und Biographie): Du kannst in deinem Beruf aufgehen, du kannst gestalten, die Gestaltungsperspektive kommt aber nicht aus dir heraus, sondern aus der Sachlogik der Produktionsentwicklung. Diese ist abgehoben von deiner privaten Sphäre in der du dich wiederum - dich selbst und deine Biographie gestaltend - ausleben kannst. Du gehörst dir, deine Eigenwelt wird durch nichts getrübt, du kannst leben, die Welt wird von der Wirtschaft weiter gedreht und - wenn du betrieblich inkorporiert bist - drehst du automatisch mit, ohne einen Finger zu rühren. Diese virtuelle Zweieinigkeit von biografischer Erfüllung und bedingungsloser Integration in die Arbeitswelt bildet sich auch so in der Werbung ab.

Die Arbeit ist so für viele vom Sinn zum Mittel geworden. Die erfolgskulturelle Orientierung setzt sich im biographischen Ausleben und Erleben fort: Das maskuline Risikoverhalten in Freizeit, Sport und Reiseabenteuern, in den Machokulturen der berüchtigten Ballermann-Urlaube, in den sexistisch aufgepeppten Festen und Treffen aller möglichen Motorradclubs und Kegelvereine, die von den Beteiligten - Männern wie Frauen - eben nicht als masochistisch oder sexistisch empfunden werden. Spaß bis zum Abwinken ist angesagt. Der Erfolgs- und Konkurrenzkultur der neuen technologisierten Arbeitswelt entspricht die Spaßkultur in den Erlebniswelten, die - von der Arbeitswelt abgekoppelt - in den privaten biographischen Mittelpunkt gerückt sind.

Die von der neuen Industrietechnologie geschaffene Figur des flexibilisierten, sozial entbundenen „abstract worker“ ist deshalb so weitreichend, weil in ihr - scheinbar paradox - das Angebot des „ganzen Menschen“ aufgehoben ist. Es wird ein freischwebendes Menschenbild kreiert, dem nicht mehr mit dem epochalen anthropologisch-sozialen Kampfbegriff der *Entfremdung* beizukommen ist. Der „ganze Mensch“, der in der Industrie- und Kapitalismuskritik der letzten hundert Jahre dem industriell zerlegten und instrumentalisierten Maschinenmenschen entgegengesetzt wurde, ist nun in der Figur des „abstract worker“ von der Industrie selbst kreiert worden. Das libidinöse Aufgehen in der Arbeit und die Hingabe an den von der wechselnden Produktionslogik ständig neu diktierten biografischen „drift“ (Sennet 1998) - mit dem Begriff des „workaholic“ nur unzureichend beschrieben - strahlt Erfüllung und nicht Entfremdung aus. Überstunden, die heute von vielen Betrieben wie selbstverständlich erwartet werden, sind äußere Anzeichen dieser bedingungslosen Identifikation. Deshalb liegen die Gewerkschaften in Deutschland auch schief, wenn sie mit der politischen Forderung des Überstundenabbaus die vorhandene Arbeit umverteilen und damit neue Arbeitsplätze schaffen wollen. Denn viele dieser Überstunden sind nicht nur betriebswirtschaftliche Kalkulationsgrößen - Überstunden gleichen die betrieblichen Überlastzeiten aus und ersparen Neueinstellungen, die man in schlechteren Zeiten nicht mehr gebrauchen kann -, sondern dienen der Förderung eben dieses Aufgehens im Betrieb.

An der neuen Figur des „abstract worker“ und seiner betrieblichen Einbettung kann man auch studieren, wie der Geschlechterkonflikt verdeckt, scheinbar neutralisiert wird. Moderne, hochtechnologisierte Betriebe der Elektronik, Kommunikation, Forschung und Entwicklung haben es längst nicht mehr nötig, in ihren Stellenausschreibungen den Appendix anzubringen: „Unser Betrieb ist bestrebt, den Anteil der Frauen in qualifizierten Stellen zu erhöhen“. Männer und Frauen werden - wenn es um hochqualifizierte Tätigkeiten geht - bei der Einstellung gleich behandelt, denn Frauen sind längst nicht mehr die „stille Reserve“ des qualifizierten Arbeitsmarktes. Von den Bildungsabschlüssen und den sozialen Kompetenzen her sind sie oft interessanter für die Arbeitgeber als Männer und setzen sie sich inzwischen in den neuen Industrien eher durch als früher. Dennoch stellt sich für sie nach einiger Zeit die Vereinbarkeitsfrage, denn die Erwartungsstruktur des „abstract worker“ enthält keine Teil- und Kompromißlösungen. Entweder ganz in ihr aufgehen, Kinderwünsche weit hinausschieben oder irgendwann gehen. Dieser Drehtüreffekt („revolving door“) - Frauen und Männer haben dieselben Chancen den Job zu bekommen, die Frauen fliegen aber eher wieder heraus - wirkt geschlechtstypisch, wird aber oft gar nicht als geschlechtsdiskriminierend thematisiert. Frauen hatten ja die gleichen Chancen, konnten wählen, ihr Ausscheiden wird nicht in „terms of gender“, sondern aus der Sach- und Effizienslogik des Wirtschaftlichen heraus begründet. Es geht nicht mehr um Männer oder Frauen, sondern die Frage, ob man im Betrieb aufgehen, sich seiner Erfolgskultur ganz verschreiben will oder nicht (vgl. dazu Wimbauer 1999).

In der Figur des „abstract worker“ scheint der erfolgsorientierte Mann endlich erlöst. Er steht nicht mehr unter Externalisierungsdruck, muss nicht mehr Hilflosigkeit abspalten, auf Schwächere projizieren. Die neue Externalisierung ist nicht länger gefühlsfeindlich, sondern emotional angereichert, das Innen wird vom Außen nicht mehr zurückgedrängt, scheint viel mehr in ihm aufzugehen. Die Schwächeren werden auch hier nicht mehr gebraucht. Das neue Kapital setzt Menschen frei, macht sie überflüssig und formt gleichzeitig Menschen, die diesen Überflüssigen emotionslos gegenüber stehen, keinen Bezug dazu haben. Daran ändert sich auch nichts, wenn der Betrieb einen Scheck locker macht, für die Überflüssigen spendet, sein Sozialengagement medial wirksam herausstellt: Das gehört zur Logik der Erfolgskultur, zur Ästhetik des sozialen Kontrasts, zur Beschwichtigung des Sozialneids als neuer Form des Sozialkonflikts. In der Ideologie des sich sozial verselbständigenden Kapitalismus spielen sich die sozialen Konflikte nicht mehr zwischen Kapital und Arbeit ab, sondern resultieren aus dem kollektiven Neid der Erfolglosen. Soziale Ungleichheit und psychosoziale Belastungen und ihre devianten Ausdrucksformen sind zu psychotechnischen Problemen, zu Störfällen mutiert (vgl. dazu das weitverbreitete Kultbuch der Sozialtechnologie „Der sechste Kondratieff“ von Nefiodow 1996). Der Sozialneid liegt in der Logik der Erfolgskultur, man kann ihn nicht aushebeln, sondern muss mit ihm leben, ihn konsumtiv „auskühlen“.

So scheint der neue Kapitalismus die Dialektik von Entfremdung und Gestaltung aufgelöst zu haben, weil sich das Kapital nun selbst zum Hüter gesellschaftlicher Gestaltung macht. Die Produktwerbung der großen Konzerne ist voll mit entsprechenden Assoziationen. Die Botschaft lautet: Wenn du dich in die Logik der Externalisierung und damit in unsere Zukunftsphilosophie einfügst, bist du bei der Gestaltung der Welt dabei. Du kannst deinen Gestaltungsanteil konsumieren. Der traditionelle Schöpfungsanspruch des Mannes - Überwinder der Natur - ist in eine rationale abstrakte Figur, ohne wenn und aber, gebracht.

Nur noch die Überflüssigen sind auf das angewiesen, was die shareholders der Erfolgskultur subjektiv längst nicht mehr brauchen, weil es in der neuen Struktur der Machbarkeit verdeckt ist: aggressive und sexistische Maskulinität. Für die Ausgegrenzten aber, jene, die auf sich selbst gestellt sind, ist es eine Ressource, die ihnen als letzte zur Verfügung steht, die man ihnen nicht nehmen oder verweigern kann, weil sie eigenkörperlich aktivierbar ist. Jungen aus sozial schwachen Milieus bevölkern die Hantelkeller und geben ihr letztes Geld für Kraftnahrung aus. Sie orientieren sich eben auch erfolgskulturell, allerdings nur mit den Mitteln, die ihnen noch bleiben.

Männerumfragen: Zwei Welten des Geschlechterverhältnisses

Umfragen haben ihre Tücken, allgemein und in der Geschlechterforschung im besonderen. Es werden Einstellungen - Meinungen, Einschätzungen, Haltungen - abgefragt, die Menschen zu persönlichen und gesellschaftlichen Problemen haben. Befragungen geben sich neutral und schaffen doch eine eigene soziale Situation und Konstellation: Befragte werden aufgefordert, ihre „ganz persönliche" Meinung zu sagen. Dabei werden sie aber mit dieser Aufforderung aus ihrem Alltagsleben - zumindest für den „Moment" der Befragung - herausgehoben und stehen und stehen unter dem Druck, sich zu positionieren. Das bedeutet jetzt nicht, dass sie in allen Punkten nun etwas anderes als im Alltagsleben zu Protokoll geben - Fragebögen enthalten ja auch Kontrollfragen, welche über die Stimmigkeit der Antworten im Verhältnis zueinander Auskunft geben -; dennoch steckt in jeder Befragung die Zumutung, sich zuzuordnen, nicht herauszufallen, trend- und quotenfähig zu sein. Eine Gesellschaft, die von ihren Mitgliedern verlangt, flexibel, mobil, anpassungsfähig, optionsbereit und wandlungsfähig zu sein, bringt den „witternden" Bürger hervor, der in und hinter Umfragen einen großen oder kleinen Test über seine Gesellschaftsfähigkeit vermutet. Tatsächlich werden - in Entsprechung dazu - von gesellschaftlichen Institutionen, aber vor allem auch von den Medien permanent Meinungsumfragen in Auftrag gegeben, die eben jene Funktion haben, sich der Bürger zu versichern, ob und dass sie in diesem Sinne gesellschafts-, anpassungs- und trendfähig sind. Wie es den Leuten dabei wirklich geht, was sie im Alltag zu bewältigen haben, um so über die Runden kommen zu können, wie sie dabei mit sich selbst zurechtkommen, kommt kaum ins Umfragebild. Im Gegenteil: In einer Gesellschaft mit einer solchen hegemonialen Erfolgskultur wie der unseren zeigt man zwar Probleme an, traut sich aber nicht zu sagen, dass man selbst welche hat und noch weniger, dass man sie nicht bewältigen kann. So hatten Meinungsumfragen der achtziger und neunziger Jahre immer das gleiche Doppelgesicht: Es wurden Probleme angezeigt, Zukunftsskepsis geäußert - Arbeitslosigkeit, Zukunftsangst, Isolationsfurcht - und gleichzeitig signalisiert, dass man im großen und ganzen selbst zurechtkommt. Gesellschaftlicher Pessimismus und persönlicher Optimismus schließen sich nicht aus, im Gegenteil, gehen nebeneinander her. Wir suchen unser Glück in der Gegenwart, im Zeitbewußtsein des Augenblicks, versuchen die Zeit und mit ihr die problembelastete Welt in für uns lebbaren Augenblicken aufzulösen. Zukunft zerfällt in die Extensivierung der Gegenwart.

So ist die Meinungsforschung ohne Tiefgang geblieben. Da sie auch immer mehr zur Konsumentenbefragung verkommt - Konsum von Waren, Werten und Problemen - spielt das keine Rolle mehr. Umfragen, die vorangegangene Umfragen nicht an Neuigkeitswert übertreffen, taugen sowieso nichts, haben keinen Marktwert in der Medien- und Konsumbranche mit ihren hohen Umschlagsfrequenzen.

All das macht auch die Umfrageergebnisse über die Lebensstile und Einstellungen von Männern so wenig aussagekräftig. Man erfährt wenig über die Männer selbst, sondern viel darüber, wie sich Männer den gesellschaftlichen Erwartungen stellen und den gesellschaftlichen Wandel mitmachen. Schon die Art der Fragestellung signalisiert dem Befragten: Wenn ich in dieser Gesellschaft mithalten will, muß ich Veränderungsbereitschaft zeigen. Natürlich hilft der Mann heute im Haushalt mit, erkennt er auch die Fähigkeiten von Frauen an, ist nicht mehr der starre Klotz von gestern. Aber all dies geben die meisten Männer im sicheren Gefühl zu Protokoll, dass sie weiterhin ihre Option auf die patriarchale Dividende haben, dass letztlich das Männliche doch das Überlegene ist. Mit dieser Interpretation läßt sich zum Beispiel das Ergebnis der Infas-Studie aus den achtziger Jahren - „Geschlechterrollen im Wandel" - aufschließen: Die männlichen Geschlechterrollen sind nicht mehr so starr, sind „durchlässiger" geworden, das private Geschlechterverhältnis hat sich demokratisiert - aber das System der geschlechtshierarchischen Arbeitsteilung wirkt objektiv und subjektiv weiter: Männer wie Frauen sehen weiterhin den Mann auf die Erwerbsarbeit zentriert und geben dem gesellschaftlich wie persönlich einen hohen Stellenwert. Die Männer haben sich geändert, aber das männliche Prinzip, die Externalisierung bleibt erhalten. Diese weiterbestehende Außenfixierung des Mannes bestätigen auch die zahlreichen Umfragen, die sich zwar nicht direkt auf die Geschlechterthematik beziehen, aber ihre Ergebnisse geschlechtsdifferenziert ausweisen: Konsum-, Gesundheits-, Kriminalitätsumfragen etc.

Bei der Infas-Umfrage (1988) haben wir es darüber hinaus mit einem Typ von Befragung zu tun, deren Befragungsinteresse gesellschaftspolitisch motiviert ist und deshalb meist - wie auch in diesem Falle - von staatlichen Stellen in Auftrag gegeben wird: Wie verhalten sich Männer in einer gewandelten, demokratisierten und flexibilisierten Gesellschaft, die sich nicht mehr auf starre, unflexible Hierarchien, sondern auf austauschfähige, arbeitsteilig-mobile Strukturen gründet. Damit ist ebenso die Geschlechterhierarchie gemeint: Auch wenn das männliche Prinzip der Geschlechterhierarchie „letztlich" strukturell weiter dominiert, so muß es doch - dem Mobilitäts- und Flexibilitätsgebot der modernen Arbeitsteilung geschuldet - in der Alltagspraxis durchbrochen und auch funktionell umgekehrt werden können. Gleichzeitig haben sich die Familienformen gewandelt, Frauen ihre individuellen und sozialen Interessen erkannt und in Ansprüche in der Familien- und Arbeitswelt umgesetzt. In der Konsumwelt wird die Nivellierung der Geschlechter längst - zwar doppelbödig (s.o.) - symbolisch vorangetrieben. Die moderne Industriegesellschaft verlangt flexible, anpassungsfähige und offenere Geschlechterrollen. Sind die Männer in der Lage, sie auszufüllen? Die Industriegesellschaft „weiß" aber auch um ihre permanente soziale Krisenanfälligkeit. Deshalb braucht sie ihre geschlechtshierarchischen Ausgleichsmechanismen, deshalb läßt sie den Männern wohlweislich die Option auf die patriarchalische Dividende. In Krisenzeiten müssen sich die Frauen zurücknehmen, aus dem Arbeitsleben in die Familie zurückgehen können, werden die Männer wieder stärker unter externalisierten Druck gestellt. So erhalten die Männer von der Gesellschaft das Signal: Ihr müßt euch ändern, aber nicht grundlegend.

Das Konstrukt der *Geschlechterrolle*, das im Zusammenhang mit solchen Meinungsumfragen gehandelt wird, ist entsprechend aufschlußreich für die Frage nach der Reichweite dieser Befragungen und bestätigt indirekt unsere Vermutungen. Denn der soziologische Zugang „Rolle" umfaßt nur jenen Teil der menschlichen Persönlichkeit, der *gesellschaftszugewandt* ist. Das, was in unserem Inneren vorgeht, die Umstände, wie wir das, was von uns erwartet wird, bewältigen, bleibt weitgehend ausgeblendet (vgl. dazu auch den Beitrag von Karl Lenz in diesem Bd.). „Rolle" meint vielmehr einen Set von gesellschaftlichen Verhaltenserwartungen, die an uns gerichtet und funktional formuliert sind. In dem Rollenbegriff ist also die Erwartung des Mithaltens, des sich Anpassens und Bereitseins eingebaut. Sie zielt auf das äußere Verhalten und nicht die innere Befindlichkeit. Wie Männer von dieser Spannungslage innerlich betroffen sind, zählt wenig. Wir erfahren, dass die Männer mehr im Haushalt mithelfen, aber nichts darüber, ob dieses Mithelfen über funktionale Tätigkeiten hinausgeht und ob es mehr sein möchte als nur „Mithilfe". Wir haben ja im Gewaltkapitel die Bedürftigkeit von Männern kennengelernt, die sich auf Partner- und Familienbeziehungen richtet und die Verwehrtheit, die in dieser Bedürftigkeit steckt. Wir erfahren wenig oder nichts über die familialen Konflikte, die entstehen, wenn Männer über das funktionale Mithelfen hinaus gleichberechtigten Anteil an der Erziehungs- und Beziehungsarbeit in der Familie erlangen wollen. Es bleibt dabei: Der Mann „hat" seine Familie, um die er sich jetzt allerdings anders kümmern muß als früher, da sich die Familienrollen verändert haben. Frauen verlangen von den Männern, dass sie sie in der Familie entlasten, signalisieren aber auch gleichzeitig, dass sie ihrer familialen Machtdomäne, der Beziehungsmacht, nicht zu nahe kommen dürfen. In den Frauentips der „Berliner Zeitung" (s.o.) schien dies ja immer wieder ironisch hervor. Die Grenzen der männlichen Geschlechtermacht werden inzwischen auch von dieser Seite her aufgezeigt. Der Hausmann „mit Leib und Seele" ist immer noch Karikatur. Früher hat man in der Literatur zum abwesenden Vater oft vom „Fremden im eigenen Haus" gesprochen. Heute - angesichts gewandelter Geschlechterrollen - kann man schon vom Gast im eigenen Hause sprechen.

Aus diesem Blickwinkel heraus gibt es nicht nur den gesellschaftlich, sondern den auch feministisch gewünschten Mann. Es ist jener Typus Mann, der seine äußere, soziale Dominanz zurücknimmt, den Frauen entgegenkommt, ihre Ansprüche anerkennt, aber ihre Beziehungsmacht nicht antastet. Ein Prototyp solcher Untersuchungsperspektive ist die von Sigrid Metz-Göckel und Ursula Müller in den achtziger Jahren durchgeführte Studie „Der Mann" (1986), die auch als „Brigitte-Studie" - weil von dieser Frauenzeitschrift finanziert - bekanntgeworden ist. Hier wird deutlich, dass der Mann - bzw. die Männer, denn die Autorinnen machen unterschiedliche Männlichkeitstypen aus - vor allem unter der Frage interessant ist - bzw. sind - inwieweit sie „die Mädchen und Frauen in ihren Entfaltungsmöglichkeiten und Emanzipationsbestrebungen behindern" (Engelfried 1997, S. 40). So ist es denn auch nicht verwunderlich, dass die Studie zu dem Gesamtergebnis kommt, dass sich die westdeutschen Männer - vor allem unter dem Druck der Frauenbewegung - in ihrem Verhalten gegenüber den Frauen verändert haben: Sie sind sanfter geworden, helfen im Haushalt mit, billigen den Frauen auch in traditionell männlichen Arbeitsbereichen Kompetenzen zu, halten die Erwerbstätigkeit der Frauen für wichtig, sehen es auch als notwendig an, partnerschaftlich zu denken und entsprechend auch Verantwortung in jenen Beziehungssegmenten (z.B. Empfängnisverhütung) zu übernehmen, für die traditionell die Frau als verantwortlich und pflichtig erschien. Dennoch - so stellen die Autorinnen fest - sei die überwiegende Mehrheit der westdeutschen Männer immer noch dem geschlechtshierarchischen Prinzip der männlichen Dominanz verhaftet. Das „Letztendlich" der patriarchalen Dividende scheint auch hier wieder massiv durch. Verstärkt wird dies durch den Argwohn der Interpretation, mit dem die für Frauen positiven Ergebnisse unterzogen werden. Gleichzeitig ist die Studie statisch, da sie die Männer vor allem im Hinblick ihrer von der Frauenbewegung erwarteten Einstellungen und Verhaltensmuster abfragt, die Gegenseitigkeit des Geschlechterverhältnisses, die Befindlichkeit und Betroffenheit von Männern und die Beziehungen von Männern untereinander nur unzureichend oder gar nicht berücksichtigt. Der Mann - so das untergründige Fazit - hat die Chancen, die ihm die Frauenbewegung eröffnet hat nur unzureichend genutzt. Es wurde auch von ihm nichts anderes erwartet. Die Studie befragte Männer und meinte Frauen.

Deshalb war es an der Zeit, dem eine echte Männerstudie gegenüberzustellen. Eine solche von Männerforschern entwickelte Studie wurde dann auch Ende der achtziger Jahre von Walter Hollstein und seiner Arbeitsgruppe durchgeführt und unter dem Titel „Die Männer - vorwärts oder zurück?“ (1990) veröffentlicht. Hollstein kam es vor allem darauf an, die Befindlichkeit der Männer, ihren Umgang mit sich selbst, in den Vordergrund zu stellen und erst aus diesem Kontext heraus die männliche Perspektive des Geschlechterverhältnisses zu beleuchten. Dabei legte er vor allem - wie in der kritischen Männerforschung üblich - Wert auf die Unterscheidung zwischen dem individuellen Mannsein und der männlichen Dominanzkultur der Gesellschaft. Von den gesellschaftlichen Wandlungsprozessen, welche die traditionelle Patriarchatsstruktur aufgebrochen und zu komplexen Hegemonialstrukturen geführt haben, hätten - so kann man ihn interpretieren - vor allem die Frauen profitiert. Während diese Orientierung gewonnen hätten, seien die Männer orientierungslos geworden. Von diesem neuen Spannungszustand des Geschlechterverhältnisses - mit dem Versuch verbunden, sich in das Mannsein hineinzuversetzen - ist die Studie getragen. Männer werden nicht nur als Akteure, sondern vor allem auch als Betroffene und Opfer gesellschaftlicher Prozesse gesehen. Die Verbindung von Männerverhalten und gesellschaftlicher Entwicklung wird dadurch hergestellt, dass Hollstein und seine Gruppe Männer aus unterschiedlichen sozialen Schichten entlang der Oberschicht-Mittelschicht-Unterschicht-Skala befragen. Hier wird generell das - auch in der Rezeption diskutierte - Problem der Hollstein-Untersuchung deutlich: Sie gilt als repräsentative Männerstudie (rund 700 Männer wurden auf der Grundlage einer Quotenstichprobe befragt), sie ist aber, wie Hollstein in der 1990er Veröffentlichung selbst einräumt, nicht echt repräsentativ, da die Angehörigen der bürgerlichen Mittelschicht unter den Befragten überrepräsentiert sind. Es ist die Schicht, deren Angehörige auch am ehesten bereit sind, über die Orientierungsprobleme von Männern zu diskutieren und sie ist deshalb für Männerforscher besonders anziehend. Hier scheint also ein anderer Typ des gewünschten Mannes durch.

Gleichzeitig aber hat diese Studie einen wichtigen Grundstein für die empirische Männerforschung gelegt, denn ihre Theorie und Methodik werfen Fragen auf, die zur weitergehenden Überlegungen führen. Problematisch, aber gleichzeitig aufschlußreich, ist die Mittelschichtszentriertheit der Studie, vor allem dort, wo es um die Ergebnisse zur neuen Männlichkeit geht: „Die *Männerwirklichkeit* hat sich deutlich verändert, was ebenfalls primär für die Mittelschicht gilt. Die Männer sind in den vergangenen Jahren vor allem gefühlvoller geworden, können besser zuhören, gehen mehr auf die Bedürfnisse der Frauen ein, können auch mal passiv sein, sind weniger autoritär. Als eigene Veränderungen werden vornehmlich angegeben: ‚nehme meine Gefühle ernster als früher', ‚grenze mich besser ab', ‚habe mehr Körperbewußtsein', ‚Männerfreundschaften', ‚bin sexuell gelöster', ‚kann Nichtrationales zulassen', ‚offener gegenüber Kritik', ‚toleranter', ‚solidarischer'. Hier gilt indessen die Einschränkung, dass männliche Veränderungen offenbar primär ein Thema der Mittelschichten und allenfalls tertiär eines der Oberschicht sind, während in den Unterschichten weitgehend überhaupt nicht begriffen wird, worum es geht. Bei den Gründen, die zur Veränderung des Mannes geführt haben, fällt die hohe Nennziffer für ‚das eigene Leiden an der Männlichkeit' auf." (Hollstein 1999, S. 91/92).

Dass die Männer der Oberschicht immun gegenüber dem Männlichkeitsthema sind und die Männer aus der Unterschicht nichts damit anfangen können, hat seine bezeichnenden Gründe. Diese sind aber aus dem Befragungsmodell heraus nicht erklärbar, es kann nur die Einstellungen wiedergeben. So ist uns das Männerbild in der Unterschicht, wie es Hollstein beschreibt, hinreichend bekannt: „Die Kluft zwischen Mittel- und Unterschichten setzt sich auch im Männerbild fort, vielleicht sogar noch krasser als im Frauenbild. Was ein Mann unbedingt können soll, wird von den Männern der Unterschicht wie folgt bezeichnet: Alle Lebenslagen meistern können, immer auf Draht sein, den Frauen in technischen Fähigkeiten überlegen sein. In der unteren Unterschicht fallen auch die vielen Nennungen von Autorasen und großem Alkoholkonsum als männliche „Qualitäten" auf" (ebd. S. 92). Seit den kriminologisch orientierten Unterschichtsstudien der fünfziger Jahre, die sich - und später immer wieder - mit männlichem Risiko- und Gewaltverhalten beschäftigen (auch wenn sie den Faktor männlich nicht thematisieren) wissen wir, dass Männlichkeit das zentrale Status-, Kommunikations- und Durchsetzungsmuster bei Männern in der Unterschicht ist. Hier gilt es also den Systemzusammenhang zwischen gesellschaftlich bedingter Lebenslage und psychosozialer Lebensbewältigung zu klären. Sonst engt sich das Bild des von der kritischen Männerszene gewünschten neuen Mannes auf ein Segment der Mittelschicht ein: „Der Prototyp des veränderten Mannes ist zwischen 27 und 40 Jahren alt; hat ein geistes- oder sozialwissenschaftliches Studium abgeschlossen, ist am Zeitgeschehen nicht nur interessiert, sondern auch engagiert, arbeitet als Lehrer, Psychologe, Sozialpädagoge oder Journalist und ist politisch progressiv." (Hollstein 1999, S. 86). Auch der nicht weiter verfolgte Verweis, dass es immer noch die „bremsenden Gesellschaftsstrukturen", welche diesen Kreis nicht vergrößern, hilft hier nicht weiter, ist theoretisch stumpf. Denn wir wissen inzwischen genug über die Mechanismen, die den modernen Industriegesellschaften dazu führen, dass Spielräume für neues Verhalten geöffnet, tradierte geschlechtshierarchische Muster aber nicht als Reste weiter existieren, sondern als Mechanismen der sozialen Steuerung und des Krisenmanagements gesellschaftlich gebraucht werden.

Der in Deutschland bisher neueste repräsentative Männersurvey „Männer im Aufbruch" (Zulehner/Volz 1998) stellt nun gewissermaßen eine Mischung von männerbewegtem und modernisierungstheoretischem Erkenntnisinteresse dar. Paul M. Zulehner und Rainer Volz haben in zwei unterschiedlichen Samples Männer (n=1200) nach ihrem Selbstbild und Frauen (n=814) nach der Einschätzung der heutigen Männer befragt. Dabei kristallisierten sich vier Typen von Männlichkeit heraus - der „traditionelle", der „pragmatische", der „verunsicherte" und der „neue" Mann - die sich in den zentralen Dimensionen männlicher „Lebensinszenierung“ und Geschlechtsrollenverständnis mehr oder minder differieren bzw. zueinander im Kontrast stehen.

Der neue Mann - mit entwickeltem Selbstbezug und bemerkenswerter Empathie - entpuppt sich in vielem dann doch als der bemühte Mann: Er sucht familiale Beziehungstätigkeiten und bleibt doch wieder in den männlich-technischen Hausarbeiten stecken. Er will Erziehungsurlaub nehmen und tut es in der statistischen Wirklichkeit dann doch nicht: Die arbeitsgesellschaftlichen Verhältnisse - eben die rigide Vereinnahmung des Mannes durch die intensivierten Arbeitsverhältnisse - lassen das immer noch nicht - oder wieder nicht? - zu. Dennoch scheint der Trend der zwanziger Jahre wieder neu und wesentlich verstärkter auf: Der (nun) postmoderne Mann muss sich anpassen, Frauen verlangen das von ihm, das ökonomische und soziale Angewiesensein der Geschlechter aufeinander drängen zu einer partnerschaftlichen Perspektive.

Wie schon in der Hollstein-Studie zehn Jahre vorher und der späteren österreichischen Männerstudie (Zulehner/Slama 1994) bildet sich die segmentierte Arbeitsgesellschaft auch in dieser Umfrage ab: Das Fünftel der traditionellen, dominanten, maskulinen und berufszentrierten Männer finden wir entweder in den Randzonen sozialer Benachteiligung, aber auch bei älteren, arrivierten Männern. Der pragmatische Typ ist sowohl in den mittleren Segmenten als auch in den Kernzonen beheimatet; es ist der flexible Mann, der ohne besondere geschlechtsbezogene Reflexivität anpassungsfähig ist (vgl. zu diesem Typ auch Meuser 1996). Der „verunsicherte Mann“ hinwieder (über ein Drittel der Befragten), der oft in der Partnerschaft mit starken Frauen zu finden ist, ist auch in diesen mittleren Segmenten beheimatet, genauso wie der „neue Mann“. Aufgrund dieser deutlichen gesellschaftlichen Prägung der Männertypen ist nicht zu erkennen, aus welchem empirisch nachvollziehbaren Begründungszusammenhang heraus die Autoren diese Verteilungsrelationen zu einem Prozess machen wollen, nach dem der „pragmatische“ und der „verunsicherte“ Typ Übergangsformen zum „neuen“ Mann sein sollen. Es sind eher - und das liegt in den Erfahrungen, wie sie im Männerdiskurs der letzten zehn Jahre deutlich wurden - Bewältigungsformen des postmodernen Mannseins, die nebeneinander existieren und mehr über die Pluralisierung der Männlichkeiten heute aussagen, als dass sie einen solchen progressiven Trend darstellen könnten. Zudem ist diese Typologie vor allem auf der Ebene der Geschlechterrollen angesiedelt und so gibt auch diese Umfrage wenig Auskunft über die Veränderungen oder Beharrungstendenzen in den Tiefenstrukturen des Mannseins. Dies müssen auch die Autoren in resignativer Ehrlichkeit einräumen:

> „Die Forschungsergebnisse zeigen mit einer systematischen Hartnäckigkeit, dass Veränderung von Männern um so geringfügiger ausfällt, je mehr es in den Kernbereich der Person geht. An einigen Stellen der Studie deutet sich sogar ein Tiefenverlust an. [..] Die Veränderung der kulturellen Oberflächenarrangements ist nur ein Teil der Lösung. Wenn eine bildungsgerechte neue Balance zwischen Erwerbs- und Familienarbeit für Frauen und eben

auch für Männer gefunden ist, bleiben die tieferen Fragen immer noch offen" (1998, S. 27).

Die tiefenpsychischen Befindlichkeiten sind aber nicht über eine Verlängerung des Rollenverhaltens in die innerpsychische Dimension hinein aufschließbar. Denn hier wirkt jener ambivalente Mechanismus, den wir in den Verdeckungen immer wieder beschrieben haben: Der gesellschaftliche Anpassungs- und Nivellierungsdruck auf den Mann kann männliche Sehnsüchte auslösen und Regressionen erzeugen, die eine meist im Rollenverhalten nicht sichtbare Männlichkeit und Maskulinität als eigenverfügbares Bewältigungsmuster aufrühren. Der Mann im Manne bricht dort wieder auf, wo wir es auf der sozialen Ebene oft gar nicht vermuten.

Im deutlichen Kontrast zu der selektiv optimistischen Tendenz der Männerumfragen stehen deshalb auch viele Erfahrungswerte aus Sozialpädagogik und Therapie (vgl. dazu exemplarisch Brandes/Bullinger 1997, Lenz 1999). Es ist eine andere Empirie und wohl deshalb in die Fragebogenwelt, in der mehr oder minder gesellschaftsfähige Einstellungen (indifferent gegenüber verdeckten inneren Betroffenheiten) vorherrschen, schwer vermittelbar. Durch die therapeutische und pädagogische Beziehung wird das Innere des Menschen ans soziale Licht gebracht, werden die verdeckten Zusammenhänge zwischen äußerer Vergesellschaftung und innerem Ausgesetztsein des Selbst aufschließbar. Und dabei tun sich auch Abgründe auf, von denen sich rollentheoretisch wenig ahnen und schon gar nichts begreifen lässt.

Therapeutische und sozialpädagogische Zugänge öffnen eine Kontrastargumentation, die die Befunde der soziologischen Umfrageforschung zwar nicht verwirft, sie aber in einen anderen Rahmen stellt. Wenn Gewalt und sexueller Missbrauch in den „besten Familien" vorkommen, sich in Scheidungsprozessen auch Männer und Frauen, deren Verhältnis „vorher" als partnerschaftlich gepriesen wurde, nicht mehr kennen und nun aufeinander losgehen, wenn Männer trotz geschlechtsgleicher Einstellungsbedingungen doch wieder typisch in der Arbeit aufgehen und Frauen sich typisch zurückziehen, dann scheint es eine bezeichnende Spannung, wenn nicht gar einen Bruch zwischen sozialer Geschlechterrolle und inkorporierter, tiefenpsychischer Geschlechterbefindlichkeit zu geben.

Ganz zu schweigen von der Männer- und Frauenwelt sozial benachteiligter Gruppen; hier gibt es inzwischen eine Fülle von vergleichbaren Erfahrungen zum weiterhin geschlechtsstereotypen Verhalten von Männern und Frauen, von geschlechtshierarchischen Partner- und Familienverhältnissen. Auch hier kommt man mit dem Begriff der Geschlechterrollen nicht sehr viel weiter. Sicher wird manches durch die Art und Weise überformt, in der schon die Mädchen und die Jungen Segmente traditioneller und moderner Geschlechterrollen in der Konsumrolle mischen. Dazwischen aber sind die immer wieder eindeutige Männlichkeits- und Weiblichkeitsmuster zu beobachten, die das Verhalten leiten und auf das Geschlechterverhältnis zurückschlagen (zwischendurch herrscht relative Gleichwertigkeit über die Konsumstile), die eher als geschlechtstypische Muster des inneren Bewältigungsverhaltens zu begreifen sind. Je prekärer die Arbeits- und je unübersichtlicher die Sozialwelt ist - so habe ich das vor allem bei jungen Männern in Projekten zur Gewaltprävention erlebt - desto eher treten Muster der aggressiven Selbstbehauptung hervor. Es sind also nicht so sehr die traditionellen Geschlechterrollen, wie sie zu früheren Zeiten das gegenseitige innerfamiliale Verhalten milieugebundener Unterschichten geprägt haben und die für die Partner in der Regel auch immer einigermaßen kalkulierbar waren, welche das geschlechtstypische Verhalten leiten, sondern eher periodische oder überraschende Rückgriffe auf männliche Dominanz- und weibliche Rückzugsmuster - oft zu Lasten der Kinder. Solches geschlechtstypisches Aggressionsverhalten als Bewältigungsverhalten ist bei den Frauen mehr nach innen (Kinder als Sündenbock, Aufstauen von Aggression mit späterer Entladung, „Hintenherum" - Aggression mit Aufheizeffekt), bei den Männern mehr nach außen ausgebildet (dominantes Kontroll- und Anspruchsverhalten in der Familie, Gebärdendominanz, Abwertungsverhalten bis hin zur gewaltnahen Demonstration von Männlichkeit).

Die Spannung zwischen gesellschaftlicher Zurichtung und personaler Identität ist rollentheoretisch immer als soziale Spannung beschrieben. Diese bildet sich zwar im Inneren des Menschen ab, wie sie aber mit den naturbezogenen Antriebskräften zusammengeht oder konfligiert, kann die Rollentheorie nicht beschreiben, da sie diese Triebstrukturen nicht erreichen und erklären kann. Auch nach dem sozialen Außen hin bereitet es heute Schwierigkeiten, mit dem Paradigma der Geschlechterrolle unbefangen umzugehen. Sie ist an die Vorstellung einer modernen Gesellschaft gebunden, deren arbeitszentrierte Struktur ein durchgängiges arbeitsteiliges Rollengefüge hervorbringt. Der Strukturwandel der Arbeitsgesellschaft mit der Tendenz zur Obsoleszenz des Humankapitals hat die Schar der rollenlosen Menschen deutlich erweitert, setzt Individuen in einer vorher nicht bekannten Weise der Gesellschaft aus, denen dann zwangsläufig die unmittelbare Selbstbehauptung näher ist als das mittelbare Rollenhandeln. In den erfolgskulturellen Segmenten der Arbeitsgesellschaft steigt wiederum die Individualisierungsillusion, die von der Konsumindustrie geschürt wird: Die Vereinzigung, die Orientierung an sich selbst, überformt die Orientierung am Anderen, das Grundmodell der interpretativen Rollentheorie wird von der Wirklichkeit konterkariert: Gewinner und Verlierer, Gebrauchte und Überflüssige - das sind Zustände, die mit dem Rollenbegriff nicht fassbar sind.

Im Individualisierungstheorem, das in den impliziten Hypothesen der Umfragen immer wieder durchscheint, wird zwar auch die Ambivalenz der Individualisierung angesprochen („Risikogesellschaft"), kaum aber bis zur Problematik der Individualisierungsfalle weitergedacht. Die Individualisierung hat die Geschlechterrollen nivelliert, die soziologisch aufgeklärten Individuen verlassen sich darauf und sind an sich selbst erschrocken, wenn die Zustände und Befindlichkeit des Frau- und Mannseins eben nicht verschwinden, und nicht nur in kritischen Lebenssituationen, sondern auch dort immer wieder aufbrechen, wo sie soziologisch eigentlich nicht erwartbar sind: So z.B. in der ach so rational-partnerschaftlichen Aushandlungsfamilie, wenn sie denn unter Druck gerät. Indem die Familie inzwischen sogar schon in der sozialpolitischen Diskussion wieder als Kernbereich sozialen Zusammenhalts - angesichts der Krise des Sozialstaats und seiner Institutionen - hochgelobt wird, muss die Frage gestellt werden, unter welchen Bedingungen eine solchermaßen gesellschaftlich unter Druck gesetzte familiale Konstellation herrschaftsfreie Aushandlungsprozesse überhaupt ermöglichen kann. Es wird auf der notwendigen Exit-Option der Frau (sie muss in der Familie so unabhängig gestellt sein, dass sie jederzeit gehen kann) insistiert (vgl. Ostner 1995), gleichzeitig aber auch zugegeben, dass das soziale und materielle Angewiesensein der Partner aufeinander angesichts der sozialen und konsumtiven Kosten der Lebensbewältigung gestiegen ist. Wir haben von verschiedenen Aspekten her gezeigt, wie die Tiefenstrukturen des Mannseins bei kritischen Lebensereignissen so hervortreten, dass sie sozial nicht mehr verstanden geschweige denn definiert werden können. Arno Gruens These von der unterschiedlichen Naturnähe des Männlichen und Weiblichen, durch die der Umgang mit menschlicher Hilflosigkeit geschlechtsdifferent bestimmt wird, verliert dadurch, dass es unterschiedliche Abstufungen und Vermischungen männlicher und weiblicher Befindlichkeiten gibt, nichts an prinzipieller Aussagekraft.

Dies ist aber eine Frage, die nicht nur die Tiefenpsychologie, sondern die Sozialwissenschaften insgesamt etwas angeht. Denn wir haben es heute, anfangs des 21. Jahrhunderts, unter dem Eindruck sozialer Entbettungen im Gefolge der Globalisierung und des Verlustes sozialer Sicherheiten im Zusammenhang mit der Krise des Sozialstaats und seiner Institutionen mit Anomieschüben zu tun, welche die sozialen Netzwerke, in denen die Menschen in den postindustriellen Gesellschaften stehen (Arbeitsbeziehungen, soziale Sicherheit), so aufzuweichen drohen, dass die Selbstbehauptung wieder in der Natur des Menschen - und angesichts des Scheiterns sozialer Gegenseitigkeit - ohne Rücksicht auf Andere gesucht wird. Soziale Zivilisation ist in unseren Gesellschaften vor allem auch durch Triebunterdrückung und -kanalisierung erreicht worden. Der umgekehrte Fall scheint nun da und dort einzutreten: In den Krisen sozialer Zivilisation - z.B. dort, wo Menschen überflüssig werden, bzw. es befürchten - werden Triebstrukturen freigesetzt, die sich ihre soziale Richtung selbst suchen und bei den betroffenen Subjekten nicht als abweichendes Verhalten empfunden werden, sondern als eigenes Mittel der Lebensbewältigung gelten.

In einer solchen gesellschaftlichen Umgebung kann sich der Mensch seiner nicht mehr so ohne weiteres sicher sein, auch wenn er sozial aufgeklärt ist. Das Geschlechterverhältnis hat seine eigene tiefenstrukturelle Dynamik, die zwar sozial überformt, nicht aber ausgelöscht werden kann. Deshalb sei noch einmal vor der Euphorie gewarnt, das Geschlechterverhältnis ließe sich ausreichend über das Soziale bestimmen und entsprechend konstruieren oder dekonstruieren.

Die Prognose von der gegenseitigen sozialen Anpassung von Mann und Frau im Zuge der Modernisierung - wobei der Frau zunehmend die führende Rolle zugesprochen wird, weil bei ihr eher die notwendigen Fähigkeiten des sozialen Ausgleiches in einer ökonomisierten Gesellschaft erwartet werden - ist nicht neu. Schon vor achtzig Jahren schrieb der Reformpädagoge Siegfried Kawerau: „Uns alle umweht wie Windeshauch der Atemzug der neuen Zeit [...], die gesellschaftlich die Differenzierung der Frau nach Berufen bedeutet, die im Anschluss daran eine ungeheure Umbildung des Liebeslebens bringt und die [...] den Frauenbund als Gegenbund zum Männerbund erzeugt“ (1921, S. 97).

Zu Beginn des 21. Jahrhunderts klingt es bei dem amerikanischen Soziologen und Zukunftsforscher Manuel Castells im Spiegel-Gespräch (Nr. 14/2000) nicht anders: „Die tiefste aller Transformationen der menschlichen Gesellschaft, die Entstehung eines unabhängigen Bewusstseins der Frauen wird sich fortsetzen. Das ist nicht umkehrbar. Es verändert die menschlichen Beziehungen sicher noch weit mehr als alle Technologien“ (S. 152). Die neuen Informationstechnologien heben ihr Gebundensein ans Haus endgültig auf. Doch er muss gleichzeitig einräumen: „Unser Problem ist nicht, dass wir zu primitiv sind, sondern dass unsere Gesellschaft noch zu primitiv organisiert ist gegenüber der Macht unseres Intellekts und unserer Technologie“ (S. 154). Dies ist aber immer noch zu einfach sozialtechnologisch gedacht. Denn bisher haben wir historisch die Erfahrung gemacht, dass die soziale Entwicklung des Menschen nicht linear der technologischen folgt und dass diese Asymmetrie ihre eigenen Probleme erzeugt, die aber nur zum Teil auf der sozialen Oberfläche sichtbar sind. Das Medium der Emanzipation der Frauen im 20. Jahrhundert war die Bildung und dennoch ist die Emanzipationsbilanz ambivalent, der Geschlechterkonflikt ging auch weiterhin seine eigenen Wege und wurde zu einer Zeit (1980er Jahre) virulent, als er nach der Modernisierungslogik längst hätte ausgestanden sein sollen. Das Emanzipationsmedium des 21. Jahrhunderts sind die Informations- und Kommunikationstechnologien, die Frauen und Männer gleich frei und gleich abhängig machen können. Gerade diese Ambivalenz wird es wieder sein, welche psychosoziale Konflikte schafft, die weiter und vielleicht noch heftiger über die Tiefenstrukturen des Geschlechterverhältnisses ausgetragen werden.

Literatur

Becker, P. (1990): Fußballfan. Vormoderne Reservate zum Erwerb und Verteidigung männlicher Macht und Ehre. In: Männerbande/Männerbünde. Hrsg. G. Völger und K. v. Welck. Köln, S. 149-156.

Blüher, H. (1919): Die Rolle der Erotik in der männlichen Gesellschaft Bd. II. Jena.

Bly, R. (1991): Eisenhans. Ein Buch über Männer. München.

Böhnisch, L./Winter, R. (1993): Männliche Sozialisation. Weinheim und München.

Böhnisch, L./Arnold, H./Schröer, W. (1999): Sozialpolitik. Weinheim und München.

Bourdieu, P. (1979): Entwurf einer Theorie der Praxis auf der ethnologischen Grundlage der kabylischen Gesellschaft. Frankfurt/Main.
Bourdieu, P. (1987): Die feinen Unterschiede. Frankfurt/Main.
Brandes, H./Bullinger, H. (1996): Handbuch Männerarbeit. Weinheim 1996.
Bründel, H./Hurrelmann, K. (1999): Konkurrenz, Karriere, Kollaps. Stuttgart, Berlin, Köln.
Chodorow, N. (1985): Das Erbe der Mütter. München.
Connell, R. W. (1986): Zur Theorie der Geschlechterverhältnisse. In: Das Argument, S. 330-344.
Connell, R. W. (1987): Gender and Power. Cambridge, Oxford.
Connell, R. W. (1998): Männer der Welt: Männlichkeiten und Globalisierung. In: Widersprüche, Heft 67, S. 91-106.
Connell, R. W. (1999): Der gemachte Mann. Opladen.
Donaldson, M. (1993): What is hegenomic masculinity? In: Theory and Society 22, S. 643-657.
Engelfried, C. (1997): Männlichkeiten. Weinheim und München.
Erdheim, M. (1988): Psychoanalyse und das Unbewusste in der Kultur. Frankfurt/Main.
Franck, B. (1983): Mütter und Söhne. Hamburg.
Gottschalch, W. (1991): Soziologie des Selbst. Heidelberg.
Gruen, A. (1992): Der Verrat am Selbst. München.
Gurlitt, L. (1906): Erziehung zur Mannhaftigkeit. Prien.
Haindorf, G. (1997): Auf der Suche nach dem Feuervogel. Junge Männer zwischen Aggression, Eros und Autorität. In: Möller, K. (Hrsg.): Nur Macher und Macho? Weinheim und München, S. 109-146.
Funk, H. (1993): Mädchen in ländlichen Regionen. München.
Heimann, E. (1926): Soziale Theorie des Kapitalismus. Tübingen.
Hirschfeld, M. (1930): Sittengeschichte des Weltkriegs. Bd. 1. Wien.
Hollstein, W. (1990): Die Männer - vorwärts oder zurück? Stuttgart.
Hollstein, W. (1999): Männerdämmerung. Göttingen.
Infas (1988): Geschlechtsrollen im Wandel. Stuttgart.
Jugend '97 (1997): Deutsche Shell (Hrsg.). Opladen.
Jugend 2000: Deutsche Shell (Hrsg.) Opladen.
Kawerau, S. (1922): Soziologische Pädagogik.
Leggewie, K. (1987): Kulturelle Hegemonie - Gramsci und die Folgen. In: Leviathan, 16. Jg., S. 285-304.
Lenz, H.-J. (Hrsg.) (1999): Opfererfahrungen von Männern. Weinheim und München.
Lipp, W. (1990): Männerbünde, Frauen und Charisma. In: Männerbande/Männerbünde. Hrsg. G. Völger und K. V. Welk. Köln, S. 31-40.
Männerforschungskolloquium Tübingen (1995): Die patriarchale Dividende: Profit ohne Ende? In: Widersprüche Heft 56/57, S. 47-62.
Metz-Göckel, S./Müller, U. (1986): Der Mann. Weinheim-Basel.
Meuser, M. (1998): Geschlecht und Männlichkeit. Opladen.
Meuser, M./Behnke, C. (1998): Tausend und eine Männlichkeit. Männlichkeitsmuster und sozialstrukturelle Einbindungen. In: Widersprüche Heft 67, S. 7-26.
Milhoffer, P. (2000): Wie sie sich fühlen, was sie sich wünschen. Weinheim und München.

Mitscherlich, A. (1967): Auf dem Weg zur vaterlosen Gesellschaft. München.
Moeller, M. L. (1983): Nachwort. In: Franck, B. (Hrsg.): Mütter und Söhne. Hamburg.
Müller-Lyer, F. (1911): Die Familie. München.
Nefiodow, L. A. (1996): Der sechste Kondratieff. Sankt Augustin (4. Aufl. 2000).
Ostner, I. (1995): Wandel der Familienformen und soziale Sicherung der Frau oder: von der Status- zu Passagesicherung. In: Döring, D./Hauser, R. (Hrsg.): Soziale Sicherheit in Gefahr. Frankfurt/M. S. 80-117.
Pilgrim, V. E. (1986): Manifest für den freien Mann. Reinbek.
Pilgrim, V. E. (1989): „Muttersöhne". Düsseldorf.
Rohr, R. (1988): Der wilde Mann. München.
Sachße, C. (1994): Mütterlichkeit als Beruf. Opladen.
Schubarth, W./Melzer, W. (Hrsg.) (1995): Schule, Gewalt und Rechtsextremismus. Opladen.
Sengenberger (1987): Struktur und Funktionsweise von Arbeitsmärkten. Frankfurt/Main.
Sennett, R. (1998): Der flexible Mensch: Die Kultur des neuen Kapitalismus. Berlin.
Schmidt, A. (1971): Geschichte und Struktur. München.
Schmidt-Beil, A. (Hrsg.) (1931): Die Kultur der Frau. Berlin.
Stein-Hilbers, M. (1994): Männer und Männlichkeiten in der neueren sozialwissenschaftlichen Diskussion. In: Psychologie und Gesellschaftskritik, 18. Jg., S. 67-79.
Wimbauer, C. (2000): Organisation, Geschlecht, Karriere. Opladen.
Winter, R./Neubauer, G. (1999): Kompetent, authentisch und normal? Aufklärungsrelevante Gesundheitsprobleme, Sexualaufklärung und Beratung von Jungen. Bundeszentrale für gesundheitliche Aufklärung. Köln.
Zulehner, P. M./Slama, A. (1994): Österreichs Männer unterwegs zum neuen Mann? Wien.
Zulehner, P. M./Volz, R. (1998): Männer im Aufbruch. Ostfildern.

Margrit Brückner

Geschlechterverhältnisse im Spannungsfeld von Liebe, Fürsorge und Gewalt

1. Einführende Gedanken

Den Blick auf offene und verborgene Zusammenhänge zwischen Liebe, Fürsorge und Gewalt zu wagen, ist deshalb so aufregend und wichtig, weil die ganze Vielfalt von Gefühlsdimensionen, Rollenzuweisungen und Umgangsformen zwischen den Geschlechtern und alle Facetten der Geschlechterverhältnisse sichtbar werden. Die ausschließliche Fokussierung nur einer dieser Aspekte birgt die Gefahr von Vereinseitigungen und Verabsolutierungen in sich, die nicht nur vorgegebene Geschlechterbilder verstärken können, sondern die jeweiligen Gefühle und Verhaltensweisen ihrer Ambivalenz berauben und damit der Möglichkeit, neue Lebensmuster und Handlungsperspektiven für die eigene und die nächste Generation zu entwerfen. Das bedeutet nicht, Unrecht zu entschuldigen oder Bemächtigungen zu leugnen, sondern sich von vermeintlich immer schon gegebenen klaren Trennungen zwischen Liebe, Fürsorge und Gewalt nicht blenden zu lassen, hingegen sich zu öffnen für verborgene Gemeinsamkeiten, künstliche Spaltungen und fließende Übergänge. Ich bin davon überzeugt, dass sich eine zunehmende Sicherheit gegenüber der eigenen Geschlechterrolle und wachsende Klarheit über das eigene Bild von Frauen und Männern im persönlichen Verhalten und im Verständnis der beruflichen Aufgaben mitteilen. Dabei geht es keineswegs um das Anstreben von Perfektion in der eigenen weiblichen bzw. männlichen Selbstdarstellung und auch nicht um „politisch korrekte" Geschlechterbilder, sondern um das Wissen eigener Brüche und Widersprüchlichkeiten, die viele Verdrängungsleistungen und Vermeidungen nötig machen und zu Scham- und Schuldgefühlen führen. Die Aussöhnung mit der eigenen Fehlbarkeit, was nicht gleichzusetzen ist mit deren Rechtfertigung, macht innerlich frei für das Wahrnehmen eigener Unzulänglichkeiten und ermöglicht einen inneren Raum, diejenigen anderer zu ertragen. Nur dann muss mangelnde Perfektheit nicht länger schamhaft verborgen respektive anderen vorgeworfen werden.

Doch zunächst einige allgemeine Anmerkungen zur Relevanz von Geschlecht in unserer Gesellschaft. Geschlechtszugehörigkeit (im Sinne von Gender als sozialem Geschlecht) ist in einer auf Geschlechterdifferenz und Zweigeschlechtlichkeit festgelegten Gesellschaft wie der unsrigen - ob wir das gut finden oder uns dagegen wehren - eine prägende Kategorie, die nicht nur Annahmen über uns als Individuen präjudiziert, sondern unsere soziale Position maßgeblich mit bestimmt und auch unser Verhältnis zum Beruf beeinflußt. Frau-Sein und Mann-Sein unterliegen ebenso wie das Verhältnis der Geschlechter zueinander kulturellen Mustern, die in das Selbstbild einfließen und sich im Handeln niederschlagen. Für ein Berufsfeld wie Soziale Arbeit heißt das nicht nur, dass SozialarbeiterInnen und SozialpädagogInnen sich jeweils als Frau oder Mann auf ihre KlientInnen beziehen, sondern von diesen auch als Frau oder Mann wahrgenommen werden[1]. Soziale Arbeit ist in ihrer heutigen Form nicht nur ein aus der Ersten Frauenbewegung hervorgegangener Beruf[2], sondern wird bis in die Gegenwart überwiegend von Frauen ausgeübt[3], da der Wunsch „mit Menschen zu arbeiten“ und „zu helfen“ eher der traditionellen weiblichen Rolle entspricht als z.B. Ingenieurberufe. Zu berücksichtigen ist allerdings, dass Frauen der Zugang zu anderen Berufsbereichen bis heute eher erschwert wird (Rabe-Kleberg 1997). Auch die sozialen Problemlagen, mit denen Soziale Arbeit zu tun hat, haben vielfach eine stark geschlechtspezifisch geprägte Seite: von Konflikten, bei denen das Geschlecht offensichtlich eine zentrale Rolle spielt wie physische, psychische und sexuelle männliche Gewalt gegen Frauen und Mädchen bis hin zu sozialen Feldern, in denen der Geschlechterbias in der Art und Weise des Herangehens an den Bereich lange Zeit verborgen blieb, wie in der traditionell auf männliche Jugendliche ausgerichteten Jugendarbeit.

---

1 In ihrem Einführungsband in eine geschlechterbewußte Sozialpädagogik weisen die Herausgeberinnen Barbara Friebertshäuser, Gisela Jakob und Renate Klees-Möller (1997, S.11) darauf hin, wie bedeutend die Kategorie Geschlecht für sozialarbeiterisches Denken ist: „Mit der Einführung der Kategorie Geschlecht als einer sozialen Strukturkategorie auch innerhalb der Sozialpädagogik ist die Herausforderung verbunden, die sozialpädagogischen Theorien zu den Lebenslagen ihrer Adressatinnen und Adressaten, den Arbeitsansätzen und Handlungsmustern sowie auch der gesellschaftlichen Funktion von Sozialpädagogik/Sozialarbeit neu zu überdenken." Gleichzeitig gilt es zu bedenken, dass jede geschlechtsspezifische Sichtweise dem Dilemma anheimfällt, Geschlechterunterschiede zu betonen, wo doch das Anliegen ist, deren soziale Konstruktion in kritischer Absicht aufzuzeigen und auf deren diskriminierende Wirkung hinzuweisen. Ein Dilemma, das sich nicht gänzlich auflösen, nur minimieren lässt durch eine historisch und kulturell differenzierende Betrachtungsweise.

2 Schon die Erste Frauenbewegung hat in Deutschland für die Kristallisation Sozialer Arbeit als (Frauen)Beruf eine in der europäischen Entwicklung hervorstechende Rolle gespielt (Riege et al. 1997): Das Konzept „geistiger Mütterlichkeit" begründete die Ausweitung der mütterlichen Rolle auf die Gesellschaft und die besondere Kompetenz von Frauen für diese Tätigkeit (Brückner 1992). Auch heute kommt der Neuen Frauenbewegung mit ihren zahlreichen Frauen- und Mädchenprojekten eine innovative Rolle im Sozialbereich und in den Sozialberufen zu, indem vernachläßigte Probleme und Anliegen erkannt und in feministisch konzipierte Hilfsangebote für Frauen und Mädchen umgesetzt werden (Brückner 1996).

3 Knapp 70 % aller Sozialarbeiter sind Frauen in der BRD (in anderen europäischen Ländern wie England und Italien ist der Frauenanteil weit höher) (Riege. et al. 1997), wobei die Verteilung in den einzelnen Arbeitsbereichen und den einzelnen Hierarchiestufen wiederum sehr unterschiedlich ist : z. B. Drogen- und Obdachlosenarbeit haben einen relativ großen Anteil an Männern, in höheren Hierarchiestufen finden sich überproportional viele Männer (Ehrhardt 1998).

Doch wir alle finden als Mitglieder dieser Gesellschaft die in den Berufsfeldern und in den sozialen Themen sichtbar werdende Geschlechterordnung - oder auch Unordnung - nicht nur vor, sondern sind auch Teil davon und beteiligen uns durch unser tägliches berufliches und privates Handeln daran (im Sinne von „doing gender"). Beide Aspekte von Gender scheinen mir für die Beschäftigung mit dem geschlechtspezifischen Element Sozialer Arbeit gleichermaßen von Bedeutung: die Analyse von Geschlecht als Strukturkategorie unserer Gesellschaft und Geschlecht als soziale Praxis. Denn Soziale Arbeit ist zum einen Teil eines Systems sozialer Sicherung, das auf einem patriarchalen Geschlechterkontrakt beruht und geschlechtsspezifisch unterschiedliche Problemlagen hervorbringt (Sauer 1998, Ostner 1995), zum anderen handeln wir in unseren jeweiligen Berufsfeldern nicht nur als Mensch, sondern - mehr oder weniger bewusst - auch als Angehörige eines Geschlechts und nehmen - mehr oder weniger deutlich - den geschlechtsspezifischen Aspekt unserer Arbeit und die Geschlechtszugehörigkeit unserer AdressatInnen zur Kenntnis. Dabei unterliegt das jeweilige Verständnis der Geschlechterrollen durchaus einem sichtbaren historischen Wandel und weist zunehmende Differenzierungen auf, abhängig von Schicht- und Ethniezugehörigkeit ebenso wie von altersspezifischen Lebenslagen und Subkulturen. Trotzdem ist unsere Gesellschaft weiterhin geprägt von geschlechtsspezifischen Zuordnungen: Geschlecht fungiert - zusammen mit Schicht und Ethnie - als sozialer Platzanweiser und Geschlecht bestimmt die sozialen Praxen.

Die Wirksamkeit eigener und fremder, kulturell verankerter Frauen- und Männerbilder und die Bedeutung gesellschaftlich konstruierter Geschlechterverhältnisse zeigen sich besonders deutlich im sozialarbeiterisch relevanten, emotional hochbesetzten Spannungsfeld von Liebe, Fürsorge und Gewalt und zwar auf der Ebene sozialer Realität, der Ebene kultureller Deutungsmuster und der Ebene von Selbstkonzepten. Fürsorglichkeit und Gewalttätigkeit sind Dimensionen des Handelns, die zumeist als gegensätzliche interpretiert werden, ebenso wie die Gefühlsdimensionen Liebe und Hass. Doch bei genauerem Hinsehen erweisen sich diese Dimensionen des Fühlens und Handelns als stärker miteinander verwoben, als uns bewusst ist und lieb sein mag: Fürsorge kann gewalttätig sein und - noch schwerer vorstellbar - Gewalt kann mit Liebe zusammengehen, beziehungsweise Liebe in Gewalt umschlagen, wenn Hassgefühle abgespalten und ausgelebt werden. Sowohl im Rahmen privater als auch beruflicher Fürsorge können aggressive Affekte in gewalttätiges Handeln umschlagen, wenn die Überforderung z.B. in der Pflege alter oder behinderter Menschen, aber auch in schwierigen Erziehungssituationen mit Kindern unerträglich wird und ein Verlassen der Situation unmöglich scheint. Die Überforderung kann dabei sowohl überwiegend auf der individuellen Ebene liegen als auch auf der sozialen bzw. beruflichen, wenn die Rahmenbedingungen nicht angemessen und nicht ausreichend sind (schlechte Ausstattung und Hilfsmittel, ungenügende Entlastungen, keine Aussprachemöglichkeiten). Ebenso kann private Liebe in Gewalt umschlagen, wenn die Liebeserwartungen zu hoch sind oder das

Recht des Anderen auf Eigenständigkeit nicht einschließen und zwar vor allem dann, wenn Verfügungsmacht über den Anderen Teil kulturell verankerter Liebesvorstellungen sind, die sich zudem institutionell und strukturell in Ehe und Familie[4] niedergeschlagen hat. Da Ehe und Familie nicht nur der gesellschaftliche Ort intimer Beziehungen zwischen den Geschlechtern, sondern durch die Geburt von Kindern auch zwischen den Generationen ist, gilt es, das Verhältnis von Liebe, Fürsorge und Gewalt zwischen Eltern und Kindern zumindest soweit mit einzubeziehen, dass die geschlechtsspezifischen Elternrollen und das Verhalten von Frauen als Müttern und Männern als Vätern hinreichend berücksichtigt werden. Die Einstellungen zum eigenen und zum anderen Geschlecht bestimmen sich nicht zuletzt durch die Erfahrungen, die Frauen und Männer als Töchter und Söhne gemacht haben und, soweit sie Kinder haben, prägt ihr Verhalten als Mütter und Väter die geschlechtsspezifischen Selbst- und Fremdbilder ihrer Kinder.

All diese Dimensionen des Fühlens und Handelns hängen gesellschaftlich gesehen aufs engste mit den herrschenden Konstruktionen der Geschlechter- und Generationenverhältnisse und individuell gesehen auf engste mit unseren Bildern von Weiblichkeit und Männlichkeit zusammen. Die sozialen Einrichtungen wie auch die Institution Familie und das gesamte Wohlfahrts- und Bildungssystem spiegeln das vorherrschende Arrangement zwischen den Geschlechtern wider, indem sie Frauen und Männern unterschiedliche Aufgaben und Fähigkeiten zuweisen oder nahelegen und Grenzüberschreitungen erschweren bis verunmöglichen, zumindest aber in unterschiedlichen Formen ahnden: Bei Frauen eher als unberechtigte Anmaßung, bei Männern eher als Unmännlichkeit im abwertenden Sinne. Die Geschlechterbilder sind so konstruiert, dass traditionellerweise auf der privaten und der beruflichen Ebene Fürsorge und Weiblichkeit als eng miteinander verbunden gesehen werden, sei es in der Familientätigkeit, der Krankenpflege oder der Sozialen Arbeit. Dem gegenüber wird Männlichkeit traditionellerweise in enge Verbindung zu Macht und Herrschaftsausübung gesetzt, sei es als Familienoberhaupt, Vorgesetztem oder öffentlich Einflussreichem. Neu hingegen - angestoßen durch die Frauenbewegung - ist die Verbindung von Männlichkeit und Gewalt gegen Frauen und Mädchen. Derart zugeschnittene Bilder von einerseits fürsorglicher Weiblichkeit und andererseits aggressiver Männlichkeit tragen dazu bei, das Spannungsverhältnis sowohl von Fürsorge und Herrschaft als auch von Liebe und Gewalt einseitig aufzulösen und ganz allgemein den beiden Geschlechtern zuzuordnen und damit den Blick auf die jeweilige Gemengelage zu verstellen. Zwar entspricht diese Spaltung und die daraus erwachsende Vereinseitigung von Rollen

4 Anzumerken ist, dass für den ganzen Beitrag die Begriffe „Ehe und Familie" weit gefasst werden, um den buntgemischten Lebensverhältnissen gerecht zu werden. Ehe und Familie schließen für mich als nichtjuristisch verwandte Begriffe Liebesbeziehungen zwischen Erwachsenen mit und ohne Trauschein und Erziehungspersonen mit Kindern in unterschiedlichsten Konstellationen aber mit mindestens zwei Generationen ein.

einerseits der sozialen Realität, andererseits wird schnell übersehen, dass diese Geschlechterbilder auch Resultat kultureller Zuschreibungen, bzw. Ausblendungen sind. Beide Geschlechter werden nicht nur einander gegenübergestellt, sondern in einer Weise mit Stereotypen belegt, die sowohl Frauen als auch Männer hindert, die dem anderen Geschlecht zugeordneten und im eigenen Selbstbild fremd gehaltenen Gefühle und Verhaltensweisen auch bei sich selbst als latent oder manifest vorhandene zu erkennen. Das Festhalten an diesen Geschlechterordnungen ist deswegen so verführerisch, weil es hilft, unangenehme Gefühle zu vermeiden und weil sich in den sozialen Geschlechterpraxen immer wieder Belege für weibliche Fürsorglichkeit und männliche Gewaltätigkeit finden lassen. Es führt aber dazu, beim eigenen und dem anderen Geschlecht unerwartete Gefühlslagen und Handlungsweisen schwerer wahrnehmen zu können und eigene Ambivalenzen zu verdrängen.

Meine These ist: In der Sozialen Arbeit gilt es, dieses Spannungsfeld von Liebe, Fürsorge und Gewalt als Spannungsfeld wahrzunehmen, zu ertragen und nicht zu einseitigen - fast immer offen oder verdeckt geschlechtsspezifischen - Auflösungsstrategien beizutragen, denn sonst werden die gesellschaftlich konstruierten Geschlechterverhältnisse in einer Weise bestärkt, die weder Frauen noch Männern und schon gar nicht ihrem Umgang miteinander gut tun. Eine derartige Vereinseitigung wäre zum Beispiel, in einem halbwüchsigen Jungen mit Machogehabe nur den Macho und nicht das Ängstliche zu sehen und in einer sich aufopfernden Pflegenden nur die Aufopferung und nicht die möglicherweise vorhandene Grobheit. Das bedeutet jedoch nicht, dass der kleine Macho eigentlich nur ängstlich und die Pflegende im Grunde ihres Herzens nur uneinfühlsam und grob ist, sondern dass beide Dimensionen - das Machogehabe und die Angst, die Fürsorglichkeit und das Übergriffige von den sozial Tätigen innerlich getragen und verstanden werden sollten, was wiederum nicht dasselbe ist, wie sie zu akzeptieren. Die Existenz dieser Gefühlsambivalenzen, die sich im Verhalten und in Einstellungen niederschlagen, gilt es anzuerkennen, denn leugnen würde nicht ihr verschwinden, sondern lediglich ihr Absinken ins Unsichtbare und ins Unbewusste bedeuten. Voraussetzung dazu ist, derartige Ambivalenzen selbst ertragen und bis zu einem gewissen Grad fühlen zu können. Nur dann kann eine Ahnung über die verborgenen Gefühlsseiten entstehen und in die Arbeit einfließen, wenn die sozial Tätigen zeitweise diese verbotene, tabuisierte Seite übernehmen und nicht zum Fremdhalten dessen, was nicht sein darf, aktiv oder passiv beitragen. Denn letzteres würde bewirken, dass die unangenehmen bzw. unerwünschten Seiten unwillkürlich weiterwirken und sich im Handeln ausdrücken. Bisher gibt es keinen sozialen Ort für die verborgene Seite der Ambivalenz in Fürsorge, Liebe und Gewalt außer der Ablehnung; eine Leerstelle, die Soziale Arbeit ausfüllen könnte, um einem ungebremsten Ausleben entgegenzuwirken. Beide Geschlechter (wie auch die verschiedenen Generationen) müssen lernen, mit Gefühlsambivalenzen - erwachsend aus Unabhängigkeits- und Eigenständigkeitsbestrebungen einerseits und Nähewünschen (nicht selten in Form von Besitzansprüchen) andererseits - zu leben, ohne sie gegen den jeweils Anderen auszuleben. Doch dafür bedarf es neben einer Vielfalt von Entwicklungslinien für Mädchen und Jungen, für Frauen und Männer stützender sozialer Netzwerke und nicht verhindernder gesellschaftlicher Strukturen. Geschlechts- und generationsspezifische Machtverhältnisse in unserer Gesellschaft und sozial defizitäre Strukturen von der Kinderbetreuung bis zur Altenhilfe tragen jedoch systematisch zu problembeladenen Konstellationen zwischen den Geschlechtern und den Generationen bei, ohne dass daraus eine Entschuldigung für individuelles Fehlverhalten abgeleitet werden könnte.

2. Geschlechterverhältnisse und Fürsorgetätigkeiten

Private und institutionalisierte Fürsorge - sei es im Rahmen von Familienaufgaben oder als berufliche Leistungen - sind gesellschaftlich notwendige Tätigkeiten, eingebettet in moralische Wertvorstellungen mit stark geschlechtsspezifischen Zuordnungen.

Die Inkarnation von Fürsorge und Pflege in unserer Kultur ist die Madonna mit dem Kind - oder in einer heutigen Mittelschichtsversion, eine entrückt in den Garten blickende (weiße) Mutter im Sessel mit einem verträumt und zufrieden schauenden Baby auf dem Arm (Hochschild 1995). An diesem Bild werden insgeheim jegliche Bemühungen um Fürsorge und Pflege gemessen, denn es enthält alle Wünsche nach Geborgenheit durch eine mütterliche Gestalt; und es signalisiert, dass Fürsorge weiblich ist, glücklich macht, keine Anstrengung erfordert, im privaten Rahmen stattfindet, natürlich gegeben ist und gut funktioniert. Die in diesem Bild enthaltene Sehnsucht ist ebenso nachfühlbar wie unerfüllbar. Sie als Sehnsucht zu erkennen, ist notwendig und darf nicht Frauen überlassen werden, denn sonst richtet sich die narzisstische Wut über die nicht erfüllte Sehnsucht (von Kindern, Frauen und Männern) gegen Frauen, weil sie diejenigen sind, die das in dem Bild enthaltene Versprechen nicht erfüllen, obwohl sie gemäß diesem Bild, dazu in der Lage wären. Denn die schmeichelhafte Zuschreibung solcherart glückbringender Fähigkeiten, die noch nicht einmal Anstrengungen erfordern, haben die Kehrseite, dass ein Nichtgelingen von, ebenso wie ein Nichtbemühen um Fürsorge die Bedeutung erhalten, berechtigt erscheinende, rund herum zufriedenstellende Fürsorgeerwartungen würden Kindern, bedürftigen Frauen und Männern mutwillig oder gar böswillig vorenthalten. Neben übergroßen Fürsorgeerwartungen an nur ein Geschlecht weckt dieses Bild weitere unerfüllbare Hoffnungen, indem es die Möglichkeit suggeriert, ohne eigenes Zutun glücklich sein zu können und schafft damit ein weiteres gravierendes Problem: Jenseits des Säuglingsalters ist wunschloses Glücklichsein (wenn überhaupt) über kurze Momente hinaus niemals ausschließlich durch eine andere Person erreichbar, sondern bedarf immer des eigenen Zutuns im Sinne einer inneren Bereitschaft, zufrieden sein zu wollen und zu können mit der erbrachten Leistung eines Anderen, die immer auch Grenzen hat. Dieses Minimum an Gegenseitigkeit muss jeder, auch jeder noch so Hilfebedürftige, selbst erbringen, denn diese eigene Leistung kann ihm oder ihr niemand abnehmen, auch nicht durch die größte Hilfsbereitschaft, die nie „alles" geben kann: zeitlos immer und ausschließlich für den anderen da zu sein, eingebettet in gleichmäßige, unbegrenzte, nichts fordernde Zuneigung. Dieses basale Aufeinander-Angewiesensein wird in privaten und beruflichen Hilfeprozessen nicht selten sowohl von Seiten der helfenden wie auch der hilfebedürftigen Person übersehen und bewirkt viele schmerzliche Missverständnisse und Kränkungen: Gefühle von Ohnmacht, Unzulänglichkeit oder auch das Gefühl mangelnder Anerkennung und Dankbarkeit auf Seiten des Hilfeleistenden, Gefühle, etwas Vorenthalten zu bekommen oder lästig zu sein auf Seiten des Hilfebedürftigen.

Die Gleichsetzung von Weiblichkeit, Fürsorge und Liebe erweist sich noch unter einem anderen Aspekt als problematisch, nämlich dann, wenn sie zu einem Kern des Selbstbildes wird und zu einer entsprechenden Selbststilisierung beiträgt, die Ausblendungen von aggressiven Gefühlen und Verhaltensweisen zur Aufrechterhaltung dieses Selbstbildes erforderlich macht. Fürsorge vermittelt nicht nur aufgrund der konkreten Tätigkeit ein Gefühl der Befriedigung, sondern auch wegen der darin enthaltenen, Frauen zugänglichen, gesellschaftlichen Anerkennung über ein „Dasein für andere". Dieser Begriff ist aus der Mode gekommen, aber der Gedanke und das Anliegen finden sich letztlich in der häufig von Studierenden der Sozialen Arbeit als Begründung für ihre Studienwahl benutzten Metapher „etwas mit Menschen machen zu wollen" wieder, auch wenn das heute als Selbstverwirklichung und nicht als karitativer Akt wahrgenommen wird.

Wenn eine Aktivität libidinös derart hoch besetzt ist und für das eigene Selbstwertgefühl eine derart wichtige Bedeutung erhält, werden Überforderungen, Erschwernisse und Enttäuschungen nicht selten solange irgend möglich zugunsten des Ganzen verklärt. Ebenso gilt aber auch, dass aggressive Regungen (eventuell auch Taten) während der Fürsorgetätigkeit schnell dem Vergessen anheim fallen, da sie dem eigenen Selbstbild so gar nicht entsprechen. Spektakulär sichtbar werden solche unbewussten Zusammenhänge erst in Katastrophen, wenn z.B. Krankenschwestern Schwerstkranken aufgrund eigener Entscheidungen tödliche Spritzen verabreichen und doch immer nur helfen wollten. Gewalt in der Pflege und Fürsorge, ob familial oder beruflich, ist nach wie vor ein großes Tabu. Weder schwer erträgliche, aggressive Gefühle gegenüber PatientInnen oder AdressatInnen, die schlimmstenfalls in Handlungen umschlagen können, noch die Notwendigkeit erleichternder Arbeitsbedingungen werden ausreichend thematisiert, geschweige denn finden genügend Gehör (obwohl in den letzten Jahren eine leichte Enttabuisierung bemerkbar ist).

Eine gefühlsmäßige Abspaltung von Wut und Enttäuschung über viele teils äußerst belastende Einzelerfahrungen in Fürsorge und Pflege, von der nicht selten weiterhin oder noch stärker idealisierten Gesamthaltung gegenüber dieser Aufgabe (die auch aufrechterhalten werden kann, wenn sie dem eigenen Alltag und den eigenen institutionellen Bedingungen längst nicht mehr entspricht), erschwert einen klaren Blick für *wen* und für *was* das eigene fürsorgliche Handeln gut ist - und ebenso den Blick dafür, wie *gut* das eigene Handeln auf der Basis von Liebe (ob familialer Liebe oder Menschenliebe) ist, die ja bekanntlich blind macht. So gesehen erweist sich Fürsorge allein auf der Basis von Liebe (ob zum Mann oder zum Nächsten) als unerfüllbare Anforderung und als kollektiver sowie individueller Wunschtraum, dem eine Nähe zum Alptraum innewohnt. Denn in der Realität enthält gefühlsaufgeladenes Handeln immer eine Mischung verschiedener Affekte, die sich explosiv nach außen und damit gegen andere oder implosiv nach innen und damit gegen die eigene Person entladen können und zwar je eher, desto höher der normative Druck und der Erfolgszwang und desto geringer die Handlungsalternativen, sei es aus individuellen, zumeist aber mindestens ebenso aus institutionellen Gründen. Es geht nicht darum, dieses Motiv des „Helfens aus Liebe" zu diskreditieren, sondern seine Grenzen aufzuzeigen, indem die Kehrseite sichtbar und damit im Zuge von Reflexionsprozessen bewältigbar wird.

Nur wenn Fürsorge- und Pflegetätigkeiten zum öffentlichen Thema gemacht werden, verlieren die darin enthaltenen geschlechtsspezifischen und anderen Zuschreibungen sozusagen ihre Unschuld und können nicht länger naiv behauptet oder wortlos unterstellt werden, sondern bedürfen der Begründung und lassen sich unter dem Kriterium von Gerechtigkeit diskutieren und in Frage stellen, was heute noch ganz überwiegend erst von Frauen gemacht wird (Ostner 1993). Dann sind diese Zuschreibungen nicht ungebrochen aufrechtzuerhalten und werden inzwischen von vielen Frauen und so manchen Männern längst nicht mehr unhinterfragt geteilt (Riege et al. 1997), selbst wenn die realen Veränderungen im Geschlechterverhältnis bezogen auf die geleistete Fürsorge, ob in der Familie[5] oder als Beruf[6] nur sehr langsam voran schreiten und manchmal auch nach rückwärts gewandt erscheinen.

Die geschlechtsspezifischen Bedingungen privater Fürsorge und Selbsterhaltung prägen nicht nur das Leben von Hausfrauen, sondern haben Auswirkungen

---

5 Diezinger/ Rerrich (1998) weisen darauf hin, dass es zwar heute viele verschiedene, individuelle Lösungen der Organisation von Fürsorge und Selbsterhaltung gibt, dass es aber weiterhin Frauen sind, die sich mit dem Problem auseinandersetzen und Lösungen suchen müssen. Solange Frauen unter sich Wege ausmachen, finden diese weitgehend Zustimmung, schwierig wird es jedoch, wenn Männer einbezogen werden sollen und am schwierigsten ist es nach wie vor, wenn Kinder oder Pflegebedürftige versorgt werden müssen. Dabei sind die jeweils gefundenen Lösungen keineswegs nur individuell abhängig von tradtionellen Schichtfaktoren und subjektiven Optionen, sondern eng verknüpft mit Systembedingungen (vom öffentlichen Nahverkehr bis zu den Öffnungszeiten des Kindergartens), was oft auch von den Frauen selbst nicht wahrgenommen, sondern als persönliches Gelingen bzw. Scheitern erlebt wird.

6 Wenn die von der Planungsabteilung erstellten Statistiken der Fachhochschule Frankfurt als Hinweis auf die Geschlechterrelationen im Berufsbereich von Care genommen werden, ist der Anteil männlicher Studierender am Fachbereich Sozialarbeit in den letzten Jahren etwa gleich geblieben und schwankt zwischen 30-40%, im Fachbereich Sozialpädagogik ist er einiges niedriger, ebenso im neu eingerichteten Fachbereich Pflege.

auf das Leben aller Menschen, indem sie sowohl die berufliche Sphäre (z.B. durch Berufswahl) als auch den Privatbereich prägen, denn die geschlechtsspezifische Arbeitsteilung und Haltung zu sorgenden Tätigkeiten zieht sich sowohl durch die Welt der Familien- als auch der Erwerbsarbeit und bedeutet unterschiedliche Gestaltungen des eigenen Haushaltsalltags. So sind theoretisch, konzeptionell und praktisch mit der Sozialen Arbeit befasste Frauen und Männer nicht nur sehr unterschiedlich in das System beruflicher Fürsorge (bezogen auf Themen und Arbeitsgebiete) eingebunden, sondern auch in das System privater Fürsorge (jeweils geleistete Haus- und Familienarbeit). Sie sind entsprechend ihres Geschlechts mit höchst verschiedenen Erwartungen konfrontiert und hegen sehr verschiedene Vorstellungen von privater Arbeitsteilung. Das dürfte seinen Niederschlag in beruflichen Auffassungen und Handlungsstrategien finden, besonders da Soziale Arbeit bekanntlich sehr alltagsbezogen ist und durchaus haushaltsnahe Elemente enthält. Selbst wenn wenig traditionelle Männer in der Sozialen Arbeit tätig sind, birgt eine kritische Haltung gegenüber dem gängigen Bild von Fürsorge vor allem für Männer die Frage in sich, wie das kulturelle Bild von Männlichkeit so zu ändern ist, dass es gesellschaftlich erforderliche Fürsorgearbeit einschließt. (Für Frauen bedeutet eine kritische Haltung entsprechend zu fragen, wie Weiblichkeitsbilder so gefasst werden können, dass weitere Aufgabengebiete positiv besetzbar sind und Fürsorge- und Pflegeaufgaben gegebenenfalls ohne schlechtes Gewissen und ohne allzu große Verlustängste abgeben können.) In wieweit die neue Männerbewegung, die einige Themen der Frauenbewegung in ihrer Arbeit aufgegriffen hat, in größerem Umfang wegweisend sein kann, bleibt abzuwarten. Vielleicht bedarf es vielmehr neuer, geschlechterübergreifender Ansätze und Organisationsformen, um die Frage der gesellschaftlichen Entwicklung von Fürsorge- und Pflegetätigkeiten auf breiter Ebene theoretisch, sozialpolitisch und praktisch aufzugreifen, worauf ich im zweiten Teil dieses Beitrages genauer eingehen werde.

Denn der Umfang und die jeweilige Art und Weise der Organisation von Fürsorge- und Pflegetätigkeiten unterliegen - ebenso wie die Definition dieser Bereiche selbst - gesellschaftlichem Wandel und politischen Entscheidungen über öffentliche oder private Zuständigkeiten und damit über das Ausmaß und die Bedeutung von Ausbildungen sowie über bezahlte und unbezahlte Tätigkeiten. Die jeweiligen Organisationsformen können in ihrer gesellschaftlichen Relevanz nur dann verstanden werden, wenn sie auf einen gemeinsamen Interpretationsrahmen bezogen werden. Die alleinige Betrachtung einzelner Aspekte beinhaltet die Gefahr, die Interdependenz der einzelnen Bereiche zu unterschätzen und Fürsorge zu wenig als zentrale gesellschaftliche Aufgabe in all ihren Facetten und ihrer sozialpolitischen Bedeutung wahrzunehmen. Fürsorge im umfassenden Sinne beinhaltet meines Erachtens

- die Fähigkeit zur Empathie, die sich in der Art und Weise der Begegnung von fürsorgender und betreuter Person niederschlägt und den Charakter sowie die Qualität der zugrunde liegenden zwischenmenschlichen Interaktion bestimmt;

- die auf einen anderen Menschen gerichtete, unterstützende Tätigkeit in einem informellen oder professionellen Kontext, bezogen auf den Lebenszyklus (Kindheit - Alter, Gesundheit - Krankheit) oder bezogen auf besondere Lebenslagen, die Hilfeprozesse erfordern (von Arbeitslosigkeit bis Zwangsräumung);
- die gesellschaftliche Organisation dieser Leistungen und Tätigkeiten.

Die Schwierigkeit besteht darin, alle Dimensionen gleichermaßen zu berücksichtigen und nicht jeweiligen Disziplingrenzen zu opfern. Das heißt, umfassende Fürsorge-Theorien bzw. Fürsorge-Politiken müssten die Beziehungen zwischen menschlicher Angewiesenheit auf Zuwendung, kulturellen Mustern der Fürsorge und Pflege und der gesellschaftlichen Organisation von gesundheitlichen und sozialen Unterstützungsformen im Auge behalten.

Die kulturellen Muster der Fürsorge und Pflege schlagen sich nicht nur im familialen Bereich, sondern auch in der ideologischen Ausgestaltung von Sozial- und Pflegeberufen nieder und finden ihren Ausdruck im jeweiligen Verhältnis von Geschlechts- und Berufsrolle. Im Vordergrund geschlechtsspezifscher Annahmen stehen aus der weiblichen Rolle erwachsende Fähigkeiten, die in Frauenberufe als quasi „natürliche" einfließen (Ostner/Beck-Gernsheim 1979) und damit Frauen für diese Berufe zu prädestinieren scheinen. Empirische Untersuchungen machen hingegen zunehmend deutlich, dass die Existenz von Frauenberufen weniger, als bisher zumeist angenommen, auf einer Vorliebe der Frauen für diese Berufe beruht, denn auf der Tatsache, dass ihnen andere Berufe verschlossen waren und es auch heute noch schwierig ist für Frauen, sich z.B. in einem als für Frauen unpassend erachteten Männerberuf durchzusetzen (Rabe-Kleberg 1993).

Es stellt sich die berechtigte Frage, ob es erstens überhaupt besondere weibliche Fähigkeiten gibt, die nicht ebenso Männer erwerben können, da sie nicht auf genetischen Festlegungen beruhen (Knapp 1988) und zweitens, wie diese Fähigkeiten, die Frauen zugeschrieben werden, wenn es sie denn gibt, einzuschätzen sind: ob als abzulehnende Zumutung oder als wertvolle Qualität (Brückner 1996). Weitgehend einig sind sich feministische Forscherinnen darüber, dass die Herausbildung geschlechtsspezifischer Fähigkeiten der geschlechtsspezifischen Sozialisation, sowie geschlechtsspezifischen Lebenszusammenhängen und Erfahrungswelten geschuldet sind, die sich entsprechend mit den gesellschaftlichen Verhältnissen ändern können und werden, wenn auch sicher nicht zeitgleich und auch nicht einheitlich für alle gesellschaftlichen Gruppen. Denn die geschlechtsspezifischen Zuschreibungen basieren nicht nur auf äußerlichen Verhältnissen, sondern ihnen kommt eine wichtige, identitätsstabilisierende Funktion zu, die kulturell verankerten Vorstellungen von einer „richtigen" Frau und einem „richtigen" Mann entsprechen, selbst wenn sich diese Bilder und die sozialen Praxen längst diversifiziert haben (Heintz/Nadai 1998).

In das Selbst- und Berufsbild vieler Frauen fließen beide Momente - Zustimmung zu und Ablehnung von besonderen weiblichen Fürsorgefähigkeiten - in ihrer ganzen Widersprüchlichkeit ein, da die Auseinandersetzung mit vorgegebenen Bildern von Weiblichkeit (und für Männer mit Männlichkeit) für die eigene Identitätsvorstellung und für die gesellschaftliche Einbindung und Zugehörigkeit von großer Bedeutung sind:

- Zum einen das Bewusstsein besonderer („anderer") Unterstützungs- und Beziehungsfähigkeiten, das sich in den letzten 25 Jahren in der alten BRD vor allem im beruflichen und politischen Einsatz für Frauen und Mädchen niedergeschlagen hat, auf einer besonderen Form des Verstehens - auf der Basis gemeinsamer Erfahrungen als Frauen - beruht und sich in parteilichen Ansätzen ausdrückt (Brückner 1996). Seit Anfang der 90er Jahre gibt es ähnliche Ansätze in den neuen Bundesländern, die teils auf frauenbewussten Traditionen aus der DDR-Zeit beruhen, teils aus den alten Bundesländern übernommen und mit eigenem Profil weiterentwickelt wurden (Rieger 1993).
- Zum anderen Wut auf die Ausbeutung weiblicher Fürsorglichkeit und Ablehnung der fürsorglichen Rolle mit dem Tenor „wir wollen nicht länger „für euch" - abstrakt: „die" Gesellschaft oder konkret: „die (Ehe)männer" - die ganze Beziehungsarbeit leisten" (Sozialarbeiterinnengruppe Frankfurt 1978).

Die aus den Zumutungen der traditionellen Frauenrolle resultierenden Fähigkeiten wurden in der Zusammenarbeit von Frauen und durch feministische Hilfeleistungen für Frauen und Mädchen auf neue Weise in - Frauen zu gute kommende - weibliche Stärken transformiert und als Basis für Empowerment genutzt; getragen vom Bewusstsein der Empathie und Solidarität unter Frauen. Das daraus erwachsende Gefühl der Stärke fand seinen Niederschlag in der Parole „Frauen sind anders", nämlich besser und vor allem friedfertiger als Männer, nachdem sie bisher in der Rolle des „zweiten Geschlechts" (Simone de Beauvoir) immer als weniger wert und zu weniger fähig als Männer galten (Flaake 1997). Diese strategische Nutzung und Umwidmung des Ideals weiblicher Fürsorglichkeit bildet bis heute eine wesentliche Grundlage feministischer Ansätze in der Frauen- und Mädchenarbeit, auch wenn sich die darin enthaltenen Hoffnungen - zunächst von gemeinsamer Befreiung und später von individueller Selbstverwirklichung und gegenseitiger Anerkennung - in vielen Punkten nicht erfüllt haben (Brückner 1996). Dennoch ist es gelungen, auf der Basis eines positiv verstandenen Andersseins von Frauen ein Netzwerk von Hilfeleistungen für Frauen und Mädchen aufzubauen, die öffentliche Repräsentanz von Frauen zu stärken und das Selbstbewusstsein von Frauen zu heben. Möglicherweise verbirgt sich in einer derartigen Argumentationsweise erneut eine Falle, da dieses proklamierte Anderssein Frauen in alten Klischees festhält (Knapp 1988). Doch selbst wenn sich diese Gefahr als richtig erweist, sind die gegründeten Projekte und die entwickelten parteilichen Ansätze nach wie vor sinnvoll und eine Ausweitung geschlechtsbewusster Arbeitsformen und Hilfeleistungen weiterhin nötig, solange in unserer Gesellschaft Geschlecht den Charakter einer sozialen Strukturkategorie hat und als sozialer Platzanweiser dient.

3. Gewalt im Geschlechterverhältnis

Verbindet sich Fürsorglichkeit in unseren Vorstellungswelten wie auch in der sozialen Praxis ganz überwiegend mit Weiblichkeit, so gibt es einen ebensolchen kulturell angenommenen wie auch empirisch vorfindbaren Zusammenhang von Gewalt und Männlichkeit. Gewalt wird vor allem von Männern ausgeübt, sei es im öffentlichen Raum (Gewalt gegen Ausländer, Gangkriminalität, Überfälle, Raub und Mord)[7], wo sie am häufigsten staatlich verfolgt und sanktioniert wird oder im privaten Raum (Vergewaltigung, Gewalt in Ehe- und Partnerbeziehungen, sexueller Missbrauch), wo Gewalt zwar ebenfalls verboten ist, aber sehr viel weniger häufig staatlich sanktioniert wird. Männliche Gewalt richtet sich nicht nur im privaten Raum - vielfach in sexualisierter Form - gegen Frauen und Mädchen, sondern auch im öffentlichen Raum, wie sexuelle Belästigung am Arbeitsplatz, Frauenhandel, Gewalt in der Prostitution, sexuelle Übergriffe in Institutionen und therapeutischen Praxen zeigen. Darüber hinaus gibt es weitere Gewaltformen (z.B. von Männern gegen homosexuelle Männer), die hier unberücksichtigt bleiben, ebenso wie die von Frauen vor allem im sozialen Nahraum ausgeübte Gewalt z.B. gegen Kinder, die später Berücksichtigung finden wird. Im Moment soll die Gewalt beleuchtet werden, die das Geschlechterverhältnis durchzieht und da steht ganz eindeutig männliche Gewalt gegen Frauen im Vordergrund, da das männliche Geschlecht in unserer Kultur das dominante ist, das seiner Vorherrschaft notfalls mit Gewalt Nachdruck zu verleihen vermag.

Männliche Gewalt gegen Frauen und Mädchen ist daher nicht nur als zwar massenhaft vorkommendes, aber ansonsten individuelles Ereignis mit seinen ganz spezifischen Umständen, Abläufen und Determinanten zu verstehen, sondern als Ausdruck eines strukturell verankerten Machtverhältnisses zwischen den Geschlechtern. Dominanz des einen - männlichen - Geschlechts über das andere ist auf vielfältige Weise (juristisch, politisch, ökonomisch, sozial und kulturell) in die derzeitige Konstruktion des Geschlechterverhältnisses in den meisten Ländern der Welt mehr oder weniger offen, mehr oder weniger Frauen benachteiligend eingelassen. Der Zusammenhang von Geschlecht und Macht beziehungsweise Ohnmacht ist daher unabdingbarer Bestandteil jeder Definition von Gewalt im Geschlechterverhältnis. Denn nur dann sind das große Ausmaß und die implizite Duldung von Gewalt gegen Frauen und Mädchen auch in den Ländern erklärbar, die auf ihre demokratische und rechtsstaatliche Tradition stolz sind. Auch sie haben Geschlechterdemokratie nicht verwirklicht, son-

7 Bei all diesen Delikten ist der Anteil der Frauen sehr niedrig und wenn Frauen beteiligt sind, dann häufig als Komplizinnen von Männern (Stichwort Kriminalität. Frauenhandlexikon 1983).

dern erweisen sich bezogen auf Zugang zu Politik, Wirtschaft, Wissenschaft, Einkommen usw. als männerdominante Gesellschaften.

Die Duldung männlicher Gewalttätigkeit gegenüber Frauen findet ihren Ausdruck im mangelnden bzw. unzureichenden staatlichen, öffentlichen und kulturellen Schutz des Rechtes auf körperliche Unversehrtheit einschließlich des Rechtes auf sexuelle Selbstbestimmung für Frauen, auch wenn im Zuge des Protestes der Frauenbewegung gegen Gewalt an Frauen zunehmend Hilfemaßnahmen für Opfer und Strafmaßnahmen für Täter ausgebaut werden und durch kommunale Interventionsprogramme staatliche und nichtstaatliche Maßnahmen und Angebote zunehmend besser koordiniert werden (Brückner 1998). Leider hat Carol Hagemann-Whites folgende Analyse nichts von ihrer Aktualität eingebüßt, denn das Hilfenetz ist zwar gewachsen, das Ausmaß der Gewalt aber nach allen Schätzungen und angesichts der Zahl der Hilfesuchenden nicht gesunken:

> „Der Gewaltausbruch als Insignie, Recht und Privileg des Mannes kennzeichnet ein Verhältnis von Macht und Unterwerfung völlig unabhängig davon, warum im Einzelfall ein Mann gewalttätig wird." (Hagemann-White 1993, S. 62).

Wie ein derartiger Gewaltausbruch gegen Frauen und Mädchen begrifflich genauer zu fassen ist, zeigt die „Deklaration zur Eliminierung von Gewalt an Frauen" der UNO (85. Vollversammlung 20.12.93), in der Gewalt gemäß Artikel 1 definiert wird als

> „jede geschlechtsbezogene gewalttätige Handlung, die einer Frau Schaden oder Leid körperlicher, sexueller oder seelischer Art zufügt oder wahrscheinlich zufügen wird, einschließlich der Androhung solcher Handlungen, der Nötigung oder der willkürlichen Freiheitsberaubung im öffentlichen oder privaten Leben" (Materialien zur Frauenpolitik des BMFSFJ 45/1995, S. 3).

Als Ursache des Ausmaßes von Gewalt gegen Frauen in der BRD benennt der Bericht der Bundesregierung zur Weltfrauenkonferenz in Peking das „seit Generationen und in allen Bereichen" existierende „asymmetrische" Geschlechterverhältnis und männliche „Dominanz" (Bericht der Regierung der Bundesrepublik Deutschland für die 4. Weltfrauenkonferenz 1995, Broschüre des BMFSFJ, S. 45). Damit schließt sich die Bundesregierung der feministischen Analyse an, dass Gewalt gegen Frauen und Mädchen in all ihren Ausprägungen nicht lediglich die Tat vieler einzelner Männer, sondern in unserer Gesellschaft strukturell verankert ist. Daher bedarf der Kampf gegen Gewalt an Frauen und Mädchen:

- politischer, juristischer und sozialer Aktivitäten zu deren Verhinderung,
- des aktiven Opferschutzes und dem nachhaltigen Zur-Rechenschaft-Ziehen von Tätern,

- als auch der Neubestimmung des Geschlechterverhältnisses auf der Basis von Gleichberechtigung und gegenseitiger Anerkennung.

Langfristiges Ziel der Anti-Gewalt-Arbeit ist nicht ein Netzwerk für Gewaltopfer, sondern das Ende der Gewalt im Geschlechterverhältnis, zumindest was deren strukturelle und kulturelle Begünstigung betreffen, denn ein völliger Verzicht auf Gewalttätigkeit scheint im menschlichen Zusammenleben nicht erreichbar, sehr wohl aber ist Gewalt minimierbar, wenn sie ausreichend geächtet wird.

Ein unverzichtbarer Aspekt in einer solchen Minimierungsstrategie ist die Auseinandersetzung mit dem herrschenden Geschlechterverhältnis und zwar nicht nur mit dessen manifest gewalttätigen Anteilen, sondern im Sinne einer Prävention auch mit potentiell gewaltfördernden Aspekten wie jenen, in denen systematisch die Wahrung der Menschenwürde untergraben wird. So wird in von männlicher Hegemonie geprägten Kulturen wie der unsrigen von Männern - gemäß dem traditionellen Männerbild - nicht erwartet, die Perspektive des Anderen einzunehmen, wenn es sich um eine Frau handelt, und sie von irgendwoher Rechte auf diese Frau ableiten. Als dominantes Geschlecht entscheiden *sie* darüber, was die Frau für sie zu tun hat und sie nehmen für sich in Anspruch zu wissen, was Frauen gut tut und was Frauen brauchen und wollen. Zudem sind sie es und nicht Frauen, die über die entsprechende gesellschaftliche und familiale Durchsetzungsmacht verfügen, selbst wenn dieses Selbstverständnis längst nicht mehr der geltenden Gesetzeslage entspricht. Das traditionell männliche Beziehungsmuster sieht Frauen als unabhängige Personen nicht vor. Frauen sind keine Personen im eigenen Recht und mit eigenen Ansprüchen, sondern (möglicherweise geliebte) Abhängige, die vor allem im Status der (Ehe)Frau in ihren Besitz übergehen und die für sie da zu sein haben, wenn nicht freiwillig, dann durch Unterwerfung. Die Frauen angetane physische und psychische Verletzung, Vergewaltigung oder fortdauernde, schwerwiegende Belästigung und die damit einhergehende Angst, der Schmerz, die Verzweiflung und Demütigung werden gleichsam wie beim Umgang mit dem Feind im Krieg ausgeblendet und sind für das eigene Handeln bedeutungslos. Daher fühlen sich gewalttätige Männer nur sehr selten schuldig und erleben sich auch selten als unrechtmäßig gewalttätig, sondern verharmlosen ihr Tun (Godenzi 1997, Hagemann-White 1997). „Mann" darf im Selbstverständnis dieser Männer Frauen gegenüber (gefahrlos) die Kontrolle verlieren, wenn sie einen gereizt haben - ob sexuell oder durch Ungehorsam, bzw. Uneinsichtigkeit. die Ursache des eigenen Handelns und die Verantwortung dafür wird bei der Frau gesehen. Auch wenn die Anlässe zur Gewaltausübung sehr unterschiedlich sind, scheint ein gewaltfördernder Zusammenhang eindeutig: Die positive Korrelation zwischen Gewalttätigkeit und ausgeprägten männlichen Anspruchshaltungen und traditionellem Besitzdenken gegenüber Frauen (Godenzi 1997).

Zur Verunsicherung vieler Frauen und Mädchen gegenüber körperlichen und sexuellen Übergriffen tragen auch die gängigen Konzepte körperlicher Berührungen in unserer Gesellschaft und deren alltägliche Umsetzung z.B. in Familien- und Liebesbeziehungen bei. Es gibt viele öffentliche und private Orte, wo Untergeordnete (altersmäßig, geschlechtsbezogen, beruflich etc.) lernen, dass sie Berührungen vielfältigster Art zu akzeptieren und selbst derartige Berührungen gegenüber Höhergestellten zu lassen haben. Daraus entstehen Einschreibungen, die Klarheit der eigenen Wünsche und Gefühle sowie Möglichkeiten der Gegenwehr insbesondere gegenüber Höhergestellten über die Maßen erschweren, vor allem, wenn die Chance klein war, ein ausgeprägtes körperliches Selbstbewusstsein auszubilden. Unter einem guten körperlichen Selbstbewusstsein verstehe ich dabei sowohl die Fähigkeit zu bedeuten oder zu sagen, „fass mich nicht an" als auch den Wunsch, „ich möchte gern berührt werden" in differenzierter Weise äußern zu können.

In der Familie lernen Kinder sehr früh, dass es keinen für alle Familienmitglieder gleichermaßen gültigen Anspruch auf körperliche Unversehrtheit gibt. Auch die Definitionsmacht über erwünschte und unerwünschte Berührungen wird nicht jedem Menschen in Intim- und verwandtschaftlichen Beziehungen selbstverständlich zugestanden, sondern existiert nur abgestuft nach Geschlecht, Alter und sozialem Status. Diese Abstufungen im Recht auf sich selbst und den eigenen Körper erscheinen so „normal", dass sie nur selten als bemerkenswert oder empörend auffallen. Denn die „normalen" Grenzüberschreitungen sind entlang allgemein akzeptierter Machtverhältnisse generations- und geschlechtsspezifisch festgelegt: Eltern haben ein generelles Zugriffsrecht auf den Körper ihrer Kinder (das gilt für Väter und Mütter) und Männer auf den Körper ihrer Frauen. Ähnlich abgestufte „Rechte" der Berührung kennzeichnen jedoch nicht nur Familien - ob liebevoll gemeint oder eindeutig zudringlich -, sondern nicht selten berufliche Kontexte und zwar besonders krass von männlichen Kollegen oder Vorgesetzten gegenüber Frauen und von Kunden aller Art ebenfalls gegenüber Frauen (insbes. bei Kellnerinnen, Krankenschwestern usw.). All diese gedankenlosen „Selbstverständlichkeiten" führen dazu, die Grenzen gegenüber unrechtmäßigen und ungewollten Berührungen und selbstverständlich scheinenden Inbesitznahmen verschwimmen zu lassen. Das ist besonders bei sexuellen Übergriffen ein Problem, denn hier gibt es die meisten Tabus und die größten Widersprüchlichkeiten in den Verhaltensanforderungen für Frauen. Ein Ziel im Sinne der Selbstbestimmung über den eigenen Körper könnte darin bestehen, weder auf die Inanspruchnahme eigener körperlicher Fähigkeiten und Wünsche zu verzichten, noch die Körper anderer per Zwang oder Druck der eigenen Verfügungsgewalt unterzuordnen (Schmauch 1996). Das Credo lautet dann: mein Körper gehört mir und dein Körper gehört dir. Das klingt selbstverständlich, ist es aber leider im Geschlechterverhältnis (und zwischen den Generationen) nicht. Das Geschlechterarrangement legt etwas anderes nahe, nämlich, dass Männern 1 ½ Körper und Frauen ½ Körper zustehen: Männer verfügen über ihren eigenen Körper und nehmen Frauenkörper für sich in Anspruch; Frauen lernen von klein auf, dass ihnen nicht ihr ganzer Körper gehört, vor allem nicht ihr Unterleib und auch nicht ihre prokreativen Fähigkeiten.

In welchen Kategorien männliche Übergriffe auf die weibliche Integrität von den betroffenen Frauen und Mädchen selbst gefasst und wie sie von ihnen gedeutet werden, ist nicht zuletzt von den kulturellen und sozialen Rahmenbedingungen abhängig, da diese Interpretationsmöglichkeiten und -grenzen vorgeben (Brückner 1998). Ob sexueller Zwang und Schläge als gewalttätig und eindeutig ungerechtfertigt oder als schreckliche Ereignisse, die trotz empfundenen Leides klaglos ertragen werden müssen oder als unvermeidlicher Teil weiblicher Lebensumstände verstanden werden, ist daran gebunden, in wie weit die Unverletzlichkeit der eigenen Person - auch bei Frauen! - als unumstößliches Menschenrecht anerkannt ist und daher für sich geltend gemacht werden kann. Frauen und Mädchen können in Gewaltbeziehungen oder Situationen sexuellen Missbrauchs gefangen sein, die sie erst nachträglich - nach deren Ende - als solche zu benennen vermögen, wenn ihnen aus kulturellen und/oder individuellen Gründen verwehrt ist, Gewalt rechtzeitig - in ihren Anfängen - für sich als solche zu definieren und zu versuchen, ihr zu entkommen, statt sie zu verharmlosen oder mit dem Totstellreflex zu reagieren, da sie keine Lebensalternativen vorfinden.

Gewalterfahrungen zu benennen und sich dagegen zu wehren, setzt also zweierlei voraus: einen entsprechenden gesellschaftlichen Rahmen, in dem Orte des Schutzes und Möglichkeiten der Anklage zur Verfügung stehen und die notwendige innere Freiheit zu gehen, das heißt, im eigenen Interesse handeln zu können:

- Die gesellschaftlichen Bedingungen sind: eindeutige Verurteilungen von Gewalt gegen Frauen und die Gewissheit, dass der Täter zur Verantwortung gezogen wird und das Opfer Recht und Hilfe erhält.
- Die persönlichen Bedingungen sind: sozial und individuell als lebbar empfundene Alternativen und die Gewissheit, dass Ansprüche auf ein Leben ohne Übergriffe der allgemeinen Menschenwürde entsprechen, auf die auch Frauen ein Anrecht haben.

Alternativen zum Erdulden von Gewalttätigkeit allen Frauen und Mädchen zugänglich und bewusst zu machen, ist daher das Ziel der Kampagnen, Initiativen und Projekte der Neuen Frauenbewegung und weiterer gesellschaftlicher Gruppen und staatlicher Organe, die sich der Arbeit gegen Gewalt an Frauen und Mädchen in wachsendem Umfang anschließen. Durch die Gründungsanstrengungen und Aufbautätigkeit der Neuen Frauenbewegung sind seit Ende der 70er Jahre im Sozialbereich viele Projekte für Frauen und Mädchen entstanden, die heute zumeist professionelle Hilfe vermitteln (Frauenhäuser, Mädchenhäuser, Beratungsstellen). Wohlfahrtsverbände (insbesondere dort tätige frauenbewusste Mitarbeiterinnen) haben diese Ideen aufgegriffen und ihrerseits ähnliche Projekte ins Leben gerufen, von denen der weitaus größte Teil ebenfalls parteilich für Frauen und Mädchen arbeitet. Diese zumeist von Frauen ins Leben gerufenen und von Frauen geführten Schutzeinrichtungen für Opfer männlicher Gewalt haben es sich zur Aufgabe gemacht, einen Zufluchtsort zur Verfügung zu stellen, darüber hinaus aber auch gemeinsam Wege für ein Leben jenseits von Gewalt zu suchen, durch Gespräche, praktische Hilfestellungen, Weitervermittlungen und Aufklärungsaktionen. Wichtiger Aspekt jeder Hilfe ist die Erfahrung, nicht allein mit dem Problem zu kämpfen zu haben (Brückner 1996).

Im Laufe der 80er Jahre sind darüber hinaus besonders in den Großstädten eine Reihe von Männerprojekten gegen Männergewalt entstanden, die auf freiwilliger Basis Einzel- und Gruppenberatungsangebote für Männer machen, die gewalttätig geworden sind und sich ändern wollen. Inzwischen bieten diese Projekte zunehmend auch Beratung für Männer mit entsprechenden Gerichtsauflagen (Therapie statt Strafe) an (Nini et al. 1996). Seit den 90er Jahren nehmen Runde Tische gegen Gewalt und kommunale Interventionsprogramme zu, wie z.B. BIG in Berlin (Baer/Schweikert 1997, Brandau/Ronge 1996), wo verschiedene, in diesem Themenbereich arbeitende Institutionen (Polizei, Staatsanwaltschaft, Frauenbeauftragte, Frauenhäuser, Frauen- und Männerberatungsstellen, Kinderschutz, Jugendamt u.ä.) sich bemühen, ihre jeweiligen Strategien aufeinander abzustimmen. Häufig geht es zunächst einmal in zumeist nicht einfachen Selbstverständigungsprozessen darum, zu einem kompatiblen Problemverständnis zu kommen, damit überhaupt ein gemeinsamer Ansatz zwischen diesen äußerst verschiedenen Berufsgruppen mit unterschiedlichen Arbeitsaufträgen denkbar ist.

Ein Dilemma der bisher noch primären Schaffung von Orten für Frauen, die Gewalt erlitten haben, liegt darin, dass sie den Blick auf die betroffenen Frauen und Mädchen selbst in den Vordergrund gerückt haben. Die Konzentration auf deren individuelle Schicksale trägt ungewollt dazu bei, von der Kritik an den gesellschaftlichen Verhältnissen abzulenken, die diese erlittene Gewalt erst hervorbringen und weitgehend unbestraft geschehen lassen. Die ebenso notwendigen wie erfolgreichen Gründungen von Hilfeeinrichtungen haben zu einer praktischen Beschäftigung mit den Nutzerinnen geführt und Fragen aufgeworfen, die oftmals weit in den sozialen und psychischen Bereich hinein reichen und politische und rechtliche Fragen in den Hintergrund treten lassen. Ob die angesprochene „Trendwende" in Richtung Täterarbeit und kommunaler Interventionsprogramme hieran etwas ändern kann, bleibt zu hoffen. Sicher wächst dadurch die Chance, das Problem von Gewalt gegen Frauen und Mädchen in umfassender Weise ins Blickfeld zu rücken, wobei zu gewährleisten ist, dass der Opferschutz nicht vernachlässigt wird (Kavemann 1996).

Trotz dieses zunehmenden professionellen und institutionellen Bemühens, Gewalt im Geschlechterverhältnis einzudämmen, ist das öffentliche Interesse an dem Thema, von spektakulären Ausnahmefällen (besonders im Bereich sexuellen Missbrauchs) abgesehen, stark zurückgegangen. Das gilt auch für die schwindende Aufmerksamkeit der nicht mit dem Thema unmittelbar befassten Professionellen und der großen Mehrheit der Studierenden Sozialer Arbeit, wiederum bis auf das Thema sexueller Missbrauch, das weiterhin ein gut besuchtes Aus- und Weiterbildungsfeld darstellt. Gründe dafür könnten sein, dass erheblich mehr in diesem Bereich getan wird als noch vor zwei Jahrzehnten und dieser Bereich dadurch zu einem Problembereich unter vielen und in gewisser Weise zum „Normalfall" Sozialer Arbeit geworden ist. Darüber hinaus ist die Aufnahmekapazität von Not und Leid bei jedem Einzelnen begrenzt und das Bedürfnis nach Verdrängung dieser Tatsachen mehr oder weniger ausgeprägt, um das Bedrohliche dieser Gewalt nicht zu nah an sich herankommen zu lassen. Das zeitweise große Ausmaß der Thematisierung von Gewalt im Geschlechterverhältnis trägt auch nur kurzfristig zur Sensibilisierung bei, langfristig eher zur Hinnahme dieser Gewalt als Teil gesellschaftlicher Realität, mit dem man sich abfinden muss.

Es scheint mir aber noch etwas anderes hinzuzukommen, das die Abwendung vom Thema Gewalt gegen Frauen begünstigt hat, nämlich die euphorischen Hoffnungen, die in diese Arbeit in der Pionierphase eingeflossen und weitgehend enttäuscht worden sind: Die individuelle Hilfe hat zu keiner breiten Solidarisierung betroffener Frauen mit den Zielen und Aktivitäten der Anti-Gewalt-Bewegung geführt; nicht wenige, wenn auch nicht die Mehrheit der Frauen, kehren zu ihrem gewalttätigen Partner zurück (frühere Schätzungen der Frauenhausbewegung beliefen sich auf knapp die Hälfte, neuere liegen bei einem guten Drittel, Brückner 1998); ein Teil der Frauen ist auch selbst gewalttätig, sei es gegenüber anderen Frauen im Frauenhaus oder noch häufiger gegenüber den eigenen Kindern. All das ändert nichts an der Hilfebedürftigkeit, eher im Gegenteil, aber es zeigt, wie wenig einfache Gleichungen und Opferbilder der vielfältigen Realität und den persönlichen Gebrochenheiten von Menschen in Not entsprechen. Diese Vielfalt macht deutlich, dass neue Fragen gestellt werden müssen: Wenn weibliche Opfer nicht in jeder Hinsicht nur „gut" sind, sind dann auch männliche Täter nicht in jeder Hinsicht nur „schlecht"? Welche Konsequenzen sind aus diesen beiden Fragen für die professionelle Arbeit und für das Verständnis von Gewalt im Geschlechterverhältnis zu ziehen, ohne falsche neue, einfache Gleichungen aufzumachen?

In der ganzen feministischen Gewaltdebatte spielte immer die Hoffnung eine Rolle, dass Frauen die besseren Menschen und nicht in Gewalt verstrickt sind. Aber gerade in Frauenhäusern wird sichtbar, dass Frauen nicht frei davon sind, ihre Kinder wie ihren Privatbesitz zu behandeln, sie zu vernachlässigen oder zu schlagen[8]. Diese Erfahrung ist für Mitarbeiterinnen und Aktivistinnen schwer

8 Joan Meyer (1996, S.111) weist darauf hin, dass Frauen, die sich gegenüber Männern in einer machtlosen Position befinden, dazu neigen, diese Position für sich zu generalisieren, auch wenn diese Position z. B. gegenüber Kindern nicht zutrifft und die Frau von den Kindern im Gegenteil als mächtig wahrgenommen wird: „Defining oneself as powerless can result in irresponsibility: „What harm could *I* do ("little old me")?" In other words, a woman could describe a certain behaviour of a man towards a child

aushaltbar und bleibt nicht ohne Folgen für das Bild von misshandelten Frauen und für die eigene Arbeit, wenn beispielsweise der Grundsatz der Parteilichkeit mit der Frau abgewogen werden muss gegenüber den berechtigten Bedürfnissen eines Kindes. Die Tatsache, dass auch Frauen zu Gewaltakten gegenüber Schwächeren fähig sind, macht es erforderlich, sich erneut mit dem Phänomen der Gewalt in nahen Beziehungen, sei es zwischen den Geschlechtern oder den Generationen auseinanderzusetzen, indem Deutungsmuster über Gewalt in nahen Beziehungen ebenso untersucht werden wie Ansprüche an Aggressionskontrolle und Umgang mit Kontrollverlusten. All das könnte dazu beitragen, weibliche Selbstverständnisse und weibliche Selbst- und Fremdbilder im Umgang mit Aggression zu klären. Dadurch erhoffe ich mir ein vermehrtes Eintreten für Beziehungen auf der Basis gegenseitiger Achtung und gegenseitiger Anerkennung auch gegenüber Schwächeren, seien es Frauen oder Kinder. Anti-Gewaltarbeit könnte ein Forum bilden, diese heiklen Fragen anzugehen und neue Aufgabenbereiche von Frauen für Frauen - aber ebenso zwischen den Geschlechtern - zu erschließen. Ein unverzichtbarer Aspekt dieser Auseinandersetzung ist die selbstreflexive Beschäftigung mit eigenen aggressiven Regungen, ob im beruflichen oder privaten Kontext, um aggressiven Handlungen auf die Spur zu kommen, ohne darüber jedoch die Empörung über das Ausmaß an Gewalt in unserer Gesellschaft zu verlieren und die Auseinandersetzung mit dieser Gewalt voranzutreiben.

Die Tatsache, dass Frauen prinzipiell ebenso zu Gewalt fähig und in ihren Lebensbereichen auch gewalttätig sind, sollte weder dazu verleiten, diese gewalttätige Seite von Frauen zu verharmlosen, noch dazu, daraus irgendeine Berechtigung für männliche Gewalt gegen Frauen abzuleiten nach dem Motto „die sind ja auch nicht besser". Frauen haben nicht deswegen ein Recht auf körperliche und psychische Unversehrtheit, weil sie die „besseren" Menschen sind und selbst keine Aggressionen kennen, sondern weil sie Menschen sind und Gewalt nie gerechtfertigt ist.

„Über Gewalt denken verlangt, ernsthaft Nicht-Gewalt zu denken" (Hagemann-White 1993, S. 61). Dieser Satz sollte in der Auseinandersetzung über Gewalt im Geschlechterverhältnis nicht in Vergessenheit geraten, denn ohne eine gewaltfreie Perspektive, ohne Utopie eines strukturell gewaltfreien Verhältnisses zwischen den Geschlechtern und ohne eine Klärung der Wünsche aneinander und ohne Schritte zu deren kultureller und individueller Umsetzung, kann sie nur mehr der Schadensbegrenzung dienen.

Wie das Problem zu lösen ist, einerseits männliche Gewalttätigkeit nicht zu verharmlosen, andererseits Raum zu schaffen für lustvolle Debatten über Liebe zwischen den Geschlechtern und unterschiedliche heterosexuelle Wünsche erscheint mir nicht einfach, aber dennoch sinnvoll und notwendig.

---

as abuse, and at the same time feel that different standards applied to herself (since she defines herself as harmless, having the best intentions, knowing what is best for the child, and so on)."

4. Liebe und Sexualität zwischen den Geschlechtern

Seitdem das ganze Ausmaß männlicher Gewalt gegen Frauen und Mädchen deutlich geworden ist, konnte das Tabu, das auf häuslicher Gewalt lag, nicht länger aufrechterhalten werden und das Leid vieler Frauen und Mädchen wurde sichtbar. Durch die Dominanz des Gewaltthemas im öffentlichen Diskurs der Frauenforschung und Sozialer Arbeit ist meines Erachtens jedoch auch etwas verloren gegangen, denn das Geschlechterverhältnis ist ja nicht nur von Gewalt gekennzeichnet, sondern schließt Liebeswünsche und Begehren ein. Wenn Professionelle auf signalisierte Wünsche von Mädchen und jungen Frauen gegenüber Jungen und jungen Männern eher warnend bis hilflos reagieren und den Bedürfnissen oder Anmaßungen junger Männer bezüglich Mädchen und Frauen häufig sprachlos begegnet wird, bedarf es verstärkter Bemühungen eines breit angelegten Austausches, um zu tragfähigen Konzepten und Handlungsansätzen zu kommen. Denn der Entwurf eines guten Lebens meint immer auch erotische Entfaltung und sexuelle Selbstbestimmung - ob heterosexuell oder homosexuell. Zwar wurde in den letzten zwei Jahrzehnten lesbische (und homosexuelle) Lust ein Stück weit enttabuisiert, so dass es heute eher möglich ist, zu eigengeschlechtlichen Beziehungswünschen zu stehen, aber in der gleichen Zeit sind nach der Aufbruchsphase der späten 60er Jahre mit ihrem Plädoyer für freie Liebe neue Tabus rund um heterosexuelle Wünsche insbesondere von Frauen entstanden (Brückner 1994, 1990). Für die Beschäftigung mit heterosexuellen Wünschen junger und älterer Frauen gibt es keinen öffentlichen Ort mehr und für eine Beschäftigung mit entsprechenden Wünschen von Männern bleibt im wesentlichen nur das protzende Gespräch unter Kumpeln oder die (Soft)Pornoindustrie. Auch die Unzahl von Talk-Shows über Sexualität dient eher der voyeuristischen Lust am Ungewöhnlichen bis Bizarren als der Auseinandersetzung mit dem Sexuellen und durchschnittlich gelebter Sexualität mit seinen geschlechtsspezifischen Möglichkeiten und Begrenzungen. Zwar sind Verhütungsmittel heute auch für sehr junge Frauen und Männer einfacher zugänglich, doch noch häufig wird Verhütung als Frauensache oder gar insgesamt als zu vermeidendes Thema angesehen. Für eine gleichberechtigt gelebte Sexualität zwischen den Geschlechtern gibt es kaum Vorbilder und kaum AnsprechpartnerInnen jenseits speziell dafür vorgesehener Berufsgruppen.

In den frühen 60er Jahre begnügten sich Elternhaus und öffentliche Erziehung damit, insbesondere an junge Mädchen gerichtete dunkle Drohungen über die Folgen geschlechtlicher Lust (damals nur heterosexueller und maximal noch autoerotischer Natur) auszusprechen und das als ausreichende Basis für die sexuelle Entwicklung der nächsten Generation anzusehen. Sind wir, die heute erwachsene Generation, angesichts von Aids und (fast immer) männlicher sexueller Gewalt, wieder genau solche Vorbilder, die vor Sexualität Angst machen und sich ansonsten in Schweigen hüllen? Aufdringliche Medienprodukte mit dubiosen Botschaften über ein eindeutig an männlicher Sexualität ausgerichtetes Geschlechterverhältnis füllen den gesellschaftlichen Raum nur scheinbar aus. Sie machen das Vakuum über kulturelle Bilder einer gleichermaßen lustvollen wie von gegenseitiger Anerkennung geprägten Sexualität nur noch deutlicher. Dabei scheint mir weniger das „pädagogisch wertvolle Gespräch" zu fehlen als die Durchdringung der immer stärker für beide Geschlechter zugänglichen Öffentlichkeit mit Auseinandersetzungen und Debatten über ein emanzipatorisches Verständnis von erotischen Begegnungen und von Sexualität, die unterschiedliche Lebenslagen und kulturelle sowie ethnische Differenzen aufnehmen. So hat es neben dem Wünschenswerten auch etwas Irritierendes, wenn in den 90er Jahren zwar öffentliche Gelder für Selbstverteidigungskurse und für Weiterbildungen gegen sexuellen Missbrauch zur Verfügung gestellt werden (wenn auch nicht ausreichend), aber kaum oder gar nicht für Seminare über Erotik und Begehren, über weibliche und männliche Lust auf der Basis gegenseitiger Anerkennung. Beschäftigung mit Sinnlichkeit und Begehren, das über einseitige Eroberungen hinausgeht, ist vielleicht deswegen so schwierig, weil es Grenzüberschreitung bedeutet, denn erotische Entfaltung enthält ein Moment der Auslieferung, sowie des Inbesitz-genommen-werdens und macht verletzlich, da die eigene Bedürftigkeit und Angewiesenheit auf den anderen sichtbar wird. Um so wichtiger ist es, Erotik im Spannungsfeld von Selbstaufgabe und Selbstbestimmung zu thematisieren, da gerade für den gesellschaftlich schwächeren und körperlich verwundbareren Partner der Schutz sozialer Konventionen und eines persönlichen Vertrauensverhältnisses notwendig sind. Auch wenn das Sexuelle Momente der Gier, des Besitzergreifens und der Selbstaufgabe enthält, so macht es doch einen Unterschied, ob das Verhältnis der Partner zu einander geprägt ist vom Wissen um die Unveräußerlichkeit der Menschenwürde für beide Geschlechter oder nicht.

Gerade für junge Mädchen scheint mir wichtig, sie dahingehend zu fördern, dass sie die im Begehren und in der Explosivität eigener und fremder Wünsche entstehende Verletzlichkeit in eine Situation einzubetten vermögen, die sie als ausreichend unterstützend und liebevoll ansehen. Das schließt die Ermöglichung eines Blickes auf das jeweils andere Geschlecht ein, der weder von Über- bzw. Unterordnung noch von Hass verstellt ist (Poluda-Korte 1989). Voraussetzung dazu ist die Fähigkeit „freundliche Grenzen" (Moeller 1989, S. 28) zwischen sich und dem anderen zu ziehen und die Ambivalenz des Wunsches nach und gleichzeitige Angst vor Nähe innerlich zu bewältigen. Denn die Angst vor Verschmelzung bedingt eine gewalttätige Grenzziehung, wenn sich der Wunsch nach Abhängigkeit und der Wunsch nach Trennung unversöhnlich gegenüberstehen. Das Ich muss stark genug sein, sich gleichzeitig zu schützen und zu verlieren, sonst wird die eigene Ambivalenz unerträglich und muss in zwei entgegengesetzte Gefühle aufgespalten werden, wovon eines dann am Anderen bekämpft wird (Benjamin 1985). So kommt es, dass Frauen Abhängigkeit und Männern Unabhängigkeit zugesprochen wird, die als Verhaltensweisen dem jeweils anderen vorgeworfen werden können und als eigene Wünsche und Ängste unerkannt bleiben. Deshalb ist die Fähigkeit, freundliche

Grenzen ziehen zu können, für die Umgangsweisen zwischen den Geschlechtern (natürlich ebenfalls zwischen den Generationen) von großer Bedeutung.

Wünsche der Geschlechter aneinander, neue Entwürfe über das Zusammenleben von Generationen und Geschlechtern sind als zeitbewegende Themen verschwunden. Damit wird jedoch insgeheim am Patriarchat mit seinem spezifischen Geschlechterarrangement als unabänderbar festgehalten. Emanzipationsbedürfnisse und -schritte mit der Lust auf Beziehungen zu einem Mann zu verbinden, stellt jedoch nach wie vor ein ungelöstes Problem dar, an dem viele Frauen und Mädchen aufgrund gesellschaftlicher Rahmenbedingungen und aus inneren Gründen scheitern (Brückner 1987). Ebenso wie viele Männer und Jungen es nicht schaffen, ihr Begehren mit Zuneigung und Respekt zu verbinden, sondern weiterhin - und das nicht nur in der Jugendzeit - der von Freud entdeckten, alten Spaltung von Liebe und Sexualität frönen: anerkannt werden die Mädchen, die man nicht oder nur sehr schwer besitzen kann, diejenigen, die man - oder gar viele - „haben" können, fallen der Verachtung anheim. Für diese kulturell überhöhte Spaltung gibt es kein Korrelat für Jungen, sie steigen eher in der Achtung ihrer peers und in ihrem eigenen Selbstwertgefühl, wenn sie viele Mädchen erobern können.

Eine Frage, die mich seit einiger Zeit beschäftigt, ist: Was will ich - wollen wir -, die Professionellen im Sozialbereich, an die nächste Generation weitergeben und für was stehen wir in den Augen junger Frauen und Männer bezogen auf Sexualität, Liebe und Begehren? Ich möchte, dass junge Frauen und Männer die Chance erhalten, ihre eigenen Wünsche kennenzulernen und die Wünsche des anderen zu respektieren. Das erfordert Wissen um die eigenen Bedürfnisse, sowie Kenntnisse über den eigenen und den fremden Körper und seine Funktionen, seine jeweiligen Orte der Lust und des Schmerzes, aber auch über Schwangerschaft und Krankheitsgefahren wie Aids. Junge Frauen und Männer haben heute viel mehr Kenntnisse als frühere Generationen, aber, ob es um das Wissen ihrer eigenen Bedürfnisse so viel besser bestellt ist, weiß ich insbesondere für diejenigen jungen Frauen und Männer aus benachteiligten Schichten nicht zu sagen, mit denen Soziale Arbeit die meiste Berührung hat. Gerade dort scheint für beide Geschlechter - mit konventionell verteilten Rollen - häufig unklar, welche Bedeutung den eigenen (vor allem bei jungen Frauen) und den fremden (vor allem bei jungen Männern) Wünschen zugemessen wird, ob ihnen überhaupt ein größeres Gewicht zukommt, und ob sie nicht über die Maßen hinter drängenden Statuswünschen von Erwachsensein verloren gehen.

Während für alle Jugendlichen der Körper eine zentrale Möglichkeit ist, sich selbst als Frau bzw. als Mann darzustellen und von anderen als solche bzw. solcher erkannt und wahrgenommen zu werden, gibt es neben allgemein geschlechtsgebundenen Strategien der Selbstrepräsentation auch erkennbare Schichtunterschiede. Insgesamt neigen Jungen sehr viel mehr zu „hartem/externalisierendem" Problemverhalten (gefährlichen Mutproben, Alkohol/Drogenexzessen etc.), Mädchen hingegen zu „weichem/internalisierendem" Problemverhalten (Essstörungen, exessivem Medikamentenkonsum etc.). Diese Verhaltensweisen dienen nach Cornelia Helfferich (1997) provokativen Abgrenzungen gegenüber Erwachsenen, wobei gleichzeitig erwachsenes Verhalten imitiert und ausprobiert wird. Während Jugendliche höherer Bildungsschichten durchaus experimentieren mit Geschlechterrollen und gängigen Geschlechterzuschreibungen, wählen marginalisierte, männliche Jugendliche häufig

> „Formen der öffentlichen Präsentation von Männlichkeit, die auf körperlicher Kraft, Gewalt, Abhärtung, Dominanz gegenüber Unterlegenen (Kindern, Frauen, Ausländern) und Kampfbereitschaft beruhen (im Rückgriff auf die Werte der Arbeiterklasse) und die als „subordinierte Männlichkeit" bezeichnet werden" (Helfferich 1997, S. 153).

Bestätigt werden diese Untersuchungsergebnisse durch sexualpädagogische Praxiserfahrungen mit Hauptschülern, bei denen Doris Lauer (1998) vielfach auf die innere und äußere Notwendigkeit männlicher Jugendlicher traf, sich von Frauen und Mädchen abwertend abzugrenzen, um die eigene Männlichkeit wahren zu können und sich nicht durch „weibliche" Eigenschaften oder Tätigkeiten degradiert zu fühlen. Ursache dieses Bedürfnisses sieht Lauer in der geringen Präsenz von Männern im Sozialisationsprozess und dem häufig negativen Verhältnis vieler Unterschichtjugendlicher zu ihren Vätern und fasst zusammen: „in ihrer Orientierungsnot (scheint) die strikte Abgrenzung von Frauen fast die einzige Möglichkeit zu sein (...), für sich Männlichkeit zu definieren" (Lauer 1998, S. 57). Wie groß die Verunsicherung männlicher Jugendlicher ist, zeigen auch gerade die in einer qualitativen Interviewstudie über Schichtgrenzen hinweg als Typ „Draufgänger" klassifizierten Jugendlichen. Beispielsweise sagt der 17-Jährige Gymnasiast Timo: „Ich glaube, dass man Mädchen führen muss, ein bisschen, ein bisschen doch schon zeigen muss, wo der Hammer hängt, weil man sonst nämlich selbst verarscht wird" (Schmidt 1997, S. 138). Für Timo scheinen nur zwei Beziehungsmuster denkbar, entweder man ist selbst der dominante oder man wird dominiert. Dann macht es Sinn, lieber selbst zu dominieren, denn sich einem anderen Menschen anzuvertrauen, was immer auch bedeutet, sich ein Stück weit auszuliefern, wird von dem anderen nur ausgenutzt. Dabei kommt ihm die kulturelle Interpretation von Männlichkeit, männlicher Stärke und Körperkraft zugute, die die Phantasie beflügelt, dass er legitimiert und befähigt zur Vorrangstellung sei.[9] Für die Soziale Arbeit entscheidend ist, die jeweilige, kontextgebundene Funktionalität dieser Strategien zu erkennen und zu versuchen, den Jugendlichen weniger zerstörerische Wege zu eröffnen, die diese identitätssichernden Funktionen übernehmen können.

---

9 Diese körperliche Verfügungsmacht geht dabei keineswegs mit einem besseren Körpergefühl oder größerem Gesundheitsbewußtsein von Männern einher; allen Forschungsergebnissen zufolge scheint eher das Gegenteil der Fall (Schwerpunkt Geschlecht und Gesundheit 1997).

Derartig harte Formen männlicher Selbstdarstellung, die gerade für diejenigen Jugendlichen attraktiv sind, die von „hegemonialer Männlichkeit“ (Connell 1995) ausgeschlossen sind, können auch von Mädchen übernommen werden, allerdings in einer anderen Funktion: Mädchen werden so zu Kumpeln und distanzieren sich von gängigen Weiblichkeitsvorstellungen, begeben sich damit aber auch der Rolle als mögliche Freundin und als sexuell begehrenswerte Frau (Helfferich 1997). Beide Geschlechter sind aufeinander angewiesen, wenn sie vom anderen Geschlecht als sexuell begehrenswert anerkannt werden wollen, doch beide Geschlechter müssen dabei unterschiedliche Probleme bewältigen: Gilt es für Mädchen, sich immer wieder zwischen dem eigenen Begehren und auferlegter Zurückhaltung zu entscheiden, müssen Jungen den Konflikt lösen, einerseits mit Mädchen sexuelle Erfahrungen sammeln zu wollen, andererseits sich von ihnen distanzieren zu müssen, um die eigene Unabhängigkeit respektive Überlegenheit aufrechtzuerhalten.

Doch es hat sich in den letzten Jahrzehnten für Jugendliche und junge Menschen auch viel geändert. Die Differenzen zwischen den Geschlechtern im Sexualverhalten und in den sexuellen Einstellungen haben sich mehr einander angeglichen, indem Schuld- und Schamgefühle gesunken sind, der Grad sexueller Erfahrungen ähnlicher und sexuelle Permissivität insgesamt größer geworden ist. Zudem sind Klischees über weibliche und männliche Sexualität zurückgegangen und beide Geschlechter verbinden Sexualität mit dem Vorhandensein von Emotionen und wünschen sich feste Beziehungen (Schmidt/Klusmann/Zeitzschel 1992; Boeger/Mantey 1998). Allerdings wird das dennoch zwischen den Geschlechtern vorhandene Machtgefälle nur in qualitativen Untersuchungen deutlich, wenn nicht der Grad, sondern die unterschiedliche Art der Erfahrungen mit Sexualität verglichen werden (Schmidt 1997). Während Jungen sich häufiger sexuell unter Druck fühlen und sexuelle Aktivität von ihnen auch seitens vieler Mädchen erwartet wird, hätten ein Teil der Mädchen durchaus mit manchen Erfahrungen noch warten können und haben sich manchmal auch bedrängt gefühlt. Auffallend ist, wie wenig die Jungen in der Untersuchung von Renate-Berenike Schmidt (1997) von ihren Partnerinnen wussten über die von ihnen erlebte Lust oder auch über erlittene Schmerzen beim ersten Geschlechtsverkehr. Sicher ebenfalls geschlechtstypisch, diesmal auf seiten der Forscherin, ist, dass Mädchen offenbar diese Frage nicht gestellt wurde, als sei es immer klar, wie es Jungen in der Sexualität ergeht. Für ihre Versagensängste und Unsicherheiten gibt es offenbar genauso wenig einen Ort, was gerade für schüchterne Jungen wichtig wäre, da sie sich mit ihrer - geschlechtstypischen Erwartungen widersprechenden - Schüchternheit sehr viel schwerer tun als schüchterne Mädchen.

Nach mehreren großen, quantitativen Untersuchungen[10] (Schmidt/Klusmann/Zeitzschel 1992) lassen sich die festgestellten Veränderungen im Geschlechter-

10 Befragt wurden in verschiedenen Untersuchungen, die verglichen werden: 1970 602 Großstadtjugendliche (302 Jungen, 300 Mädchen) und 1990 415 Jugendliche aus

verhältnis folgender Maßen zusammenfassen[11]: Jungen sehen sich als weniger dranghaft und stärker Partner orientiert, Mädchen sind initiativer, wollen mehr Kontrolle und Autonomie, sind gleichzeitig aber auch gebremster in ihrer Lustentfaltung, da ihnen die Risiken heterosexueller Beziehungen präsenter sind (möglicher Kontrollverlust in der Sexualität und Einschnitte in der Autonomie ihrer Lebensführung). Daraus schließen die AutorInnen:

> „Gesellschaftlich stehen wir vor einem scheinbaren Paradoxon: „Pazifizierung" der männlichen Sexualität einerseits, andererseits unübersehbare, vielleicht sogar verstärkte sexuelle Aggression, Machtausübung und Gewalt von Männern gegenüber Frauen. Es ist vermutlich sinnvoll, beides als zusammengehörige Erscheinungsformen der gegenwärtigen Entwicklung zu begreifen. Die Geschlechter- und Gewaltdebatte sensibilisiert die Wahrnehmung für Übergriffe/Macht/Gewalt im sexuellen Bereich und „verfeinert" die sexuellen Umgangsformen im Sinne des neuen Kodex; die Verunsicherung durch das sich real verändernde Geschlechterverhältnis, möglicherweise auch der „Pazifizierungsdruck", verstärken bei manchen oder vielen Männern die Tendenz zu sexueller Aggression" (Schmidt/Klusmann/Zeitzschel 1992, S. 216).

Angesichts der Veränderungen im Geschlechterverhältnis und neuer Ungleichzeitigkeiten müssen sich beide Geschlechter in je eigener Weise ihrer Ge-

---

westdeutschen Großstädten (201 Jungen, 214 Mädchen) und 272 Jugendliche aus einer ostdeutschen Großstadt (G. Schmidt et al. 1992).

11 Waren die späten 60er Jahre für Mädchen und Jungen dadurch gekennzeichnet, dass heterosexuelle Aktivitäten lebenszeitlich vorverlegt und als befreiender Aufbruch interpretiert wurden, zeigen sich in den 80er Jahren im Vergleich zum vorigen Jahrzehnt geringere Veränderungen. Das Alter der ersten Erfahrungen ist nochmals etwas gesunken, Masturbation ist bei beiden Geschlechtern etwas und gleichgeschlechtliche Erfahrungen sind bei Jungen stark zurückgegangen (von 18% auf 2%), bei Mädchen hingegen eher gleichgeblieben (6%). Jungen erleben Sexualität weniger dranghaft und sind insgesamt sexuell weniger aktiv, passagere gleichgeschlechtliche Betätigung wird stärker als Homosexualität verstanden. Auffällig ist die Abnahme lustvoller und befriedigender Sexualerlebnisse bei Mädchen (Absinken um 20% - 30%), obgleich deutlich mehr Mädchen sexuell initiativ gegenüber Jungen sind und nur noch selten wird die erste heterosexuelle Erfahrung damit begründet, dass der Junge „es" wollte (gesunken von 85% auf 28%). Mehr Jugendliche benutzen Kondome,was neben der Angst vor Aids mit der beschriebenen Haltungsveränderung zusammenhängt, sowie der von Mädchen eingeforderten Kontrolle in sexuellen Situationen. Traditionelle Rollenverteilungen lehnen Jungen mehrheitlich und Mädchen stark ab, wobei der Anteil der Jungen mit Heiratswunsch gestiegen und derjenige der Mädchen gesunken (77% vs. 69%) ist, da Mädchen Konflikte um Haushaltsführung und Kindererziehung stärker fürchten. Heutige Eltern sind informierter über die Sexualerfahrungen ihrer Kinder und viele dulden Übernachtungen von Freunden/ Freundinnen; eine Familialisierung adoleszenter Sexualität, die so sicher vor allem für deutsche Familien gilt (ethnische Differenzierungen wurden leider nicht erfasst). Diese Trends gelten in abgeschwächter Form über verschiedene Schultypen hinweg, ebenso für ost- wie westdeutschen Jugendliche, nur westdeutsche Jugendliche setzen sich stärker mit den Geschlechterrollen und mit Gewalt im Geschlechterverhältnis auseinander und für ostdeutsche Mädchen gilt das starke Absinken sexueller Lustgefühle nicht.

schlechtsidentität rückversichern[12]. Das scheint besonders schwierig für Mädchen/Frauen, wenn Beziehung zu einem Mann ein eigenständiges Leben und das Recht auf den eigenen Körper einzuschränken droht - und damit Sexualität einen ambivalenten Charakter erhält - und für Jungen/Männer, soweit deren Mannsein auf scharfer Abgrenzung gegenüber allem Weiblichen beruht und weibliche Eigenständigkeit als Bedrohung erlebt wird. Dass insbesondere westdeutsche Mädchen gleichzeitig sexuell aktiver sind, aber Sexualität als weniger lustvoll empfinden im Vergleich zu Generationen vor ihnen, bezieht Sonja Düring (1996) auf die veränderte gesellschaftliche Bedeutung von Heterosexualität. Insbesondere das Ende der Überdeterminiertheit von Sexualität mit einem Mann als zentrales Symbol für Erwachsensein und als Bestehen eines kulturellen Initiationsritus in die Welt der „richtigen" Frauen tragen zu einem körpernäheren Blick auf das eigene Lusterleben in der Sexualität bei. Ist Sexualität nicht mehr so stark symbolisch aufgeladen, tritt die Qualität der sexuellen Erfahrungen selbst in den Vordergrund, denn sie stehen nicht mehr vorwiegend für etwas anderes. Geschlechtssicherheit ist für ein Mädchen heute nicht nur über sexuelle Erlebnisse mit einem Mann und Eingehen der Ehe erreichbar und vorweisbar, sondern in vielfältiger Weise[13].

Eine East Londoner Untersuchung (Woollett/Marshall 1996) von 14-16-jährigen Mädchen aus der Arbeiterschicht mit verschiedenen ethnischen Hintergründen zeigt die Entwicklung und die Vielfalt des Körperbewusstseins auch in unteren Schichten, aber ebenso die Konfliktlinien bezogen auf das als selbstverständlich empfundene Recht auf den eigenen Körper einerseits und die Verletzlichkeiten und prekären Aushandlungsmöglichkeiten in sexuellen Kontakten mit Jungen andererseits. Alle Mädchen gehen davon aus, dass ihr Körper ihnen gehört, gleichzeitig wissen sie, dass ihre Eltern Mädchen für gefährdeter halten als Jungen und daher entsprechende Restriktionen aussprechen. Diese größere Verletzlichkeit wird gesehen in der Gefahr sexueller Gewalt, während Jungen wahrgenommen werden als diejenigen, die sich mit ihrem Körper sehr viel mehr erlauben können[14]. Eine weitere Grenze, die dem Wunsch der Mädchen nach körperlicher Selbstbestimmung gesetzt wird, ist Verhütung, die sie befürworten, der aber nicht alle Jungen nachkommen, was die Frage der Macht und

---

12 Einen guten Einblick in die wissenschaftliche Auseinandersetzung mit dem Thema Liebe, Erotik und Zweierbeziehung bietet Karl Lenz (1998). Unter anderem geht er der Frage nach, welche Veränderungstendenzen in den heutigen Liebesvorstellungen sichtbar werden, welche verschiedenen kulturellen Leitbilder derzeit Gültigkeit haben.

13 Zurecht verweist Düring darauf, dass Jugendliche sich längst neue, nichtgenitale sexuelle Erlebniswelten geschaffen haben, z. B. durch Love Parades und Rave Parties, wo Sinnlichkeit in vielfältigen Formen unter Überschreitung von Geschlechtergrenzen ganzkörperlich erlebt und dennoch körperliche Integrität bewahrt wird; jede(r) für sich und alle zusammen. Das erklärt allerdings nicht das Absinken der Lust insbesondere bei westdeutschen Mädchen.

14 Tatsächlich sehen sich indische/pakistanische Jungen laut Angaben der Autorinnen ebenfalls körperlich gefährdet und als mögliche Opfer in dem Fall von rassistischer Gewalt.

der geschlechtsspezifisch unterschiedlichen Verhandlungspositionen aufwirft. Bringt ein Mädchen selbst Kondome mit, um sich vor Schwangerschaft und Aids zu schützen, übernimmt sie zwar Verantwortung für ihren Körper, gilt aber als sexuell leichtfertig; eine „no win" Situation. Den Mädchen gilt Heterosexualität als fraglos gegeben und als von großer Bedeutung für die Entwicklung zu einer normalen Frau, so dass eigene Lust und eigene Wünsche kein Thema sind, wohl aber ihr Interesse an Jungen und an einer entsprechend attraktiven Selbstdarstellung. Aber sie kritisieren auch das besitzergreifende, unpersönliche Sexualverhalten von Jungen und erwarten vertrauensvolle Beziehungen, sowohl um ihre körperliche als auch ihre soziale Integrität zu wahren. Diese sexuelle Zuschreibung gegenüber dem männlichen Geschlecht ermöglicht und erfordert Distanzierungsstrategien und Schutzmaßnahmen. Am deutlichsten werden letztere bei indisch/pakistanischen Mädchen, denen körperliche Unberührtheit als persönlicher Stolz und Teil ihrer geschlechtsspezifischen, kulturellen Identität gilt, und die in einer Welt leben, wo Ehen noch weitgehend von Eltern geschlossen werden. In dieser Arbeiterschichtuntersuchung wird das Dilemma junger Frauen besonders deutlich: Sie wollen Eigenständigkeit auch bezogen auf ihren Körper, aber sowohl die unterschiedliche gesellschaftliche Machtposition der Geschlechter als auch das konkrete Sexualverhalten vieler junger Männer setzt ihnen Grenzen.

Eine dieser Grenzen, die aus dem derzeitigen Geschlechterarrangement resultiert, liegt in der Entwertung von bzw. Ignoranz gegenüber den körperlichen Prozessen von Mädchen in der Pubertät, die ein im Körper verankertes Selbstbewusstsein und ein lustvolles Verhältnis zum eigenen Körper erschweren (Flaake 1998, 1996). Menstruation ist im öffentlichen Verständnis reduziert auf ein Hygieneproblem und auf Schmerz, der durch Medikamente behoben werden muss; für Stolz auf die Menarche gibt es keinen Ort. So verwundert eine häufig negative Einstellung von Mädchen zur Menstruation nicht. Kennzeichnend für viele Mädchen ist vielmehr, dass ihnen ihr Körper nicht in Ordnung scheint, nicht zuletzt bedingt durch die hohe Bedeutung des vorherrschenden Schönheitsideals für die meisten Mädchen. Karin Flaake (1996) plädiert daher zu Recht dafür, in der Sozialen Arbeit Orte zu schaffen, in denen weibliche Körperlichkeit und Sexualität thematisiert werden können, um positive Selbstwahrnehmungen und Lust am eigenen Körper zu bestätigen[15]. Das körperliche Selbstwertgefühl spielt insbesondere in der Adoleszenz sowohl für Mädchen als auch für Jungen eine zentrale Rolle, der Körper wird ausprobiert und gewissermaßen vermessen, sowohl mit den eigenen Augen als auch in den Augen der anderen. Die Auseinandersetzung mit Körperbildern und Körperwelten macht

15 Wie nötig das ist - auch für Jungen - macht eine Studie der WHO über Selbstwahrnehmungen 14-16-Jähriger Jugendlicher in 20 Ländern deutlich (Brigitte 7/1999, S.226): Nur jedes fünfte Mädchen und jeder vierte Junge in Deutschland bezeichnen sich als gutaussehend und 26% der Jungen und 57% der Mädchen halten sich unabhängig von ihrem Gewicht für zu dick und daher machen 17% der Mädchen und 5% der Jungen nach eigenen Angaben eine Diät.

einen umfassenden Blick auf den Umgang mit dem eigenen und mit fremden Körpern erforderlich, der sich nicht auf Sexualität verengt, diese aber sehr wohl einschließt. Auch wenn die bisherigen Untersuchungen zeigen, dass Mädchen und junge Frauen sich in ihrer Körperlichkeit sowohl verwundbarer als auch unsicherer zeigen als Jungen und junge Männer, würde eine eindeutig negative, beziehungsweise problematisierende Sicht auf den weiblichen und eine entsprechend einseitige, positiv überzeichnete Sicht auf den männlichen Körper als nur bevorteilt und unbeschädigt, an den realen Unterschiedlichkeiten und Ambivalenzen geschlechtsspezifischer Körperbilder vorbeigehen (Rose 1999)[16]. Mädchenwelten haben sich einerseits je nach Lebenslage und ethnischer Zugehörigkeit ausdifferenziert, andererseits lässt sich verallgemeinernd nach Lotte Rose feststellen, dass Mädchen durchaus und auch vermehrt über lustvolle Körperpraxen verfügen, z.B. indem sie sich sportlich betätigen (vor allem tanzen und reiten), indem sie sich schön machen (was keinesfalls gleichzusetzen ist mit Unterwerfung unter männliche Schönheitsnormen). Für Soziale Arbeit mit beiden Geschlechtern ist sowohl der Blick auf die jeweiligen körperlichen Belastungen und Konfliktquellen als auch auf die Ressourcen und Fähigkeiten unerlässlich.

Wenn jede Zeit dem Sexuellen ihre eigene Bedeutung zumisst, wovon ich angesichts unterschiedlicher sexueller Zeiten allein in den letzten fünf Jahrzehnten ausgehe, dann stellt sich die Frage, wofür Sexualität zwischen jungen Frauen und Männern in unserer Gesellschaft heute steht, wenn nicht mehr für Tabudurchbrechung wie in den 70ern. Vielleicht wieder stärker für die Suche nach Nähe und Geborgenheit, beziehungsweise als Ersatz für Nähe und Geborgenheit, gepaart mit entsprechender Angst vor Enttäuschung. Zwar gibt es zu Beginn des Jahrtausends keine Wiederkehr der Repression der 50er und 60er Jahre, aber es herrscht auch kein Klima der Selbstvergewisserung über Möglichkeiten sexueller Entfaltung[17].

---

16 Wichtig ist jedoch, sich ins Gedächtnis zu rufen, dass die kritische Auseinandersetzung mit weiblichen Zurichtungen durch die herrschende Sicht auf Frauen als „Zweitem Geschlecht" (Simone de Beauvoir) nie gedacht war als Festschreibung dieser Begrenzungen und Einschränkungen, sondern vielmehr als zu verändernde Realität und als Voraussetzung für die Suche nach neuen Bildern, denen das Recht auf Selbstbestimmung und Selbstentfaltung zugrundeliegt. Nicht zu leugnen ist allerdings auch, dass sich in die politische Auseinandersetzung um die Benachteiligung von Frauen und Mädchen ein affirmativer Zug eingeschlichen hat, indem das Betonen unveränderter Benachteiligung als notwendig erachtet wird, um aufzuzeigen wie ungerecht die soziale Situation und die Positionierung der Geschlechter ist. Das Dilemma dieser politischen Strategie besteht darin, dass neue weibliche Errungenschaften und Fähigkeiten von Frauen kaum benannt werden dürfen, weil Benachteiligung den alleinigen Ausgangspunkt politischer Forderungen darstellt.

17 Gunter Schmidt (1995) konstatiert ein zunehmendes Ineinandergreifen einstmals getrennter, geschlechtsspezifischer privater und öffentlicher sozialer Räume, das er als eine Form neuer Normierungen und Zurechtstutzung des Sexuellen versteht. Nicht mehr Ge- und Verbote sexueller Praktiken und Verhaltensweisen stehen im Vordergrund, sondern die Art und Weise ihres Zustandekommens, d. h. die Frage, ob sie

Nach Baumann (1998) enthält Sexualität und Erotik heute einen hohen Grad postmoderner Beliebigkeit, indem äußere Zwänge und Verbote weitgehend entfallen und die entstandene Lücke durch auszutragende Vereinbarungen jeweils neu geschlossen werden muss:

> „Wie alle anderen Bestandteile postmoderner Identität ist der Geschlechteraspekt deshalb ständig unterdeterminiert, unvollkommen, offen für Veränderungen und so ein Bereich der Unsicherheit und eine unerschöpfliche Quelle von Angst und Selbstzweifel sowie der Sorge, dass einige kostbare Empfindungen bislang verpasst und das lustbringende Potential des Körpers noch nicht bis zum letzten Tropfen ausgepresst worden sind" (Baumann 1998, S. 11)[18].

Damit erhält Sexualität heute eine gewisse Ortlosigkeit, woraus nicht zuletzt Sozialer Arbeit eine vielfältige Aufgabe erwächst, die keineswegs nur für die verschiedenen Bereiche der Jugendarbeit Gültigkeit hätte und die sich auf Selbstvergewisserung und auf Anerkennung des Anderen als eigenständig beziehen sollte. Beliebigkeit und Hilflosigkeit im Umgang mit Sexualität zu überwinden, indem Praxiserfahrungen von Professionellen thematisiert und gemeinsam nach neuen Möglichkeiten des Verstehens und nach Handlungsansätzen gesucht werden, stellten erste Schritte dar. Dazu gehört auch ein differenzierter Blick auf die eigenen Gefühlslagen in Punkto Liebe und Sexualität, denn ohne die eigenen Bedürfnisse, Wünsche, Grenzen und Schambereiche so gut als möglich zu kennen, ist ein offener Umgang mit der gelebten und der erwünschten Sexualität der Menschen, mit denen Soziale Arbeit zu tun hat, nicht möglich und das darin enthaltene Gemeinsame und Fremde nicht erkennbar. Erst dann können die bewussten und unbewussten Botschaften entschlüsselt werden, die Professionelle in der Arbeit vermitteln und die in das eigene Handeln einfließen.

---

zwischen beiden Partnern ausgehandelt wurden. Er sieht darin einen Rationalisierungsschub mit dem Vorteil einverständlicher Sexualität, mit dem Nachteil der Begrenzung von Begierde und Leidenschaft. Ob der empirisch konstatierte Lustverlust tatsächlich primär auf die angestrebte, ja noch längst nicht erreichte Parität zwischen den Geschlechtern auch in der Sexualität zurückzuführen ist, oder vielmehr auf einen Phantasieverlust durch gestiegene Erreichbarkeit der begehrten Person und der gewünschten sexuellen Aktivität mag dahingestellt sein. Mir scheint einiges für die Überlegung zu sprechen: „Desire does not desire satisfaction. To the contrary desire desires desire (Talor/Saarinen, zit.n. Baumann 1998, S.4)". Die heutige gesellschaftliche Anforderung lautet eher, asexuelles Verhalten angesichts sexueller Reize zustandezubringen, woran bekanntermaßen vor allem Männer aus stark geschlechtsgetrennten Kulturkreisen in der Begegnung mit gewagter Frauenkleidung, Nacktbaden und gemischten Saunen scheitern.

18 In Baumanns Analyse fehlt allerdings der Geschlechteraspekt, als Männern tendenziell ein altes lustbringendes Versprechen - Verfügbarkeit über den weiblichen Köper - verloren gegangen ist und Frauen sich noch nicht sicher scheinen, welche Art Lust sich für sie mit einer Sexualität im eigenen Namen verbinden lässt, ohne sich selbst aufzugeben.

5. Reflexion derzeitiger Geschlechterverhältnisse als Ausgangspunkt für Überlegungen zu neuen Geschlechterordnungen

Welches Ziel könnte eine Auseinandersetzung mit dem Verhältnis von Fürsorge, Liebe und Gewalt im Geschlechterverhältnis haben und was hat mich gedrängt, diese drei so verschiedenen Aspekte im Geschlechterarrangement zusammenzusehen?

Ziel dieser Auseinandersetzung ist es, die Möglichkeiten der Geschlechterdemokratie weiter auszuloten, der Arbeitsteilung, die der derzeitigen Geschlechterordnung innewohnt, mehr auf die Spur zu kommen und deren Bedeutung für Soziale Arbeit besser und tiefgreifender zu erfassen. Trotz der Ernsthaftigkeit des Themas scheint mir eine der Grundvoraussetzungen, einen unbefangenen Blick auf die vielen Facetten der Geschlechterverhältnisse werfen zu können, das „Lachverbot" zwischen den Geschlechtern aufzuheben, wenn es um die Art und Weise geht, wie die Geschlechter miteinander umgehen. Es nützt Frauen nichts, im Vorwurf zu verharren, Männern allerdings vermutlich schon etwas, die Ohren zu verschließen, wenn von ihren Bevorteilungen oder von ihrer geschlechtsblinden Sicht auf soziale Realität die Rede ist. Eine Herausforderung zum kreativen Umgang mit dem jeweils anderen Geschlecht scheint beides nicht. Eine Möglichkeit aus dieser Pattsituation herauszukommen sehe ich in dem Ziel, das sich die Heinrich-Böll-Stiftung im Rahmen der „Gemeinschaftsaufgabe Geschlechterdemokratie" gestellt hat, nämlich, dass „Gender wieder Spaß macht". Darunter verstehe ich, über die eigenen Befangenheiten im Geschlechterverhältnis schmunzeln zu können und sich und anderen zuzugestehen, dass zwar bildlich gesprochen keineswegs alle Wege nach Rom führen, aber doch auch nicht nur ein einziger. Eine Vielfalt der Geschlechterbilder und eine große Palette von Möglichkeiten, sich zu einander zu verhalten und das eigene Frausein respektive Mannsein zu leben, ohne den Verlust der eigenen Geschlechtssicherheit befürchten zu müssen und ohne dem anderen Selbständigkeit und eigene Entwicklungsmöglichkeiten abzusprechen, scheint mir einen Versuch wert.

Der historische Zeitpunkt ist insofern günstig, als sich aufgrund des gesellschaftlichen Strukturwandels die Geschlechterzuordnungen und -aufgaben wandeln. So bewirken die sich verändernden Rahmenbedingungen von Familienarbeit einen Rückgang privat geleisteter, unbezahlter Fürsorgeleistungen. Dieser erweist sich als doppelt problematisch, da mit derartigen Veränderungen die Notwendigkeit von institutionalisierter Fürsorge- und Pflegearbeit steigt, so dass öffentlich oder im begrenzten Umfang (je nach Einkommensverhältnissen) auch privat finanzierte Ersatzformen gesucht werden müssen, von der Kinderversorgung inklusive Mahlzeiten bis zu ambulanten und stationären Angeboten für hilfs- und pflegebedürftige Erwachsene und für alte Menschen.

Darüber hinaus vergrößert der sozialstrukturelle Wandel die vorhandenen sozialen Probleme, indem Segregationsprozesse zunehmen und mit verschärften Ausschlusskriterien einhergehen, was zum Anwachsen sozialer Brennpunkte und zur Marginalisierung ganzer Gruppen führt. Aus all dem erwachsen einerseits neue Aufgaben für die Soziale Arbeit als vergesellschaftete Form von Fürsorge, andererseits bedarf es des gesellschaftlichen Konsenses, die durch diesen Wandel entstehenden Kosten gemeinschaftlich zu tragen, d.h. deren Finanzierung sicherzustellen.

Solange diese notwendigen Umstrukturierungsprozesse nicht befriedigend gelöst werden, wächst vor allem der gesellschaftliche Druck auf diejenigen, die derzeit überwiegend Fürsorge- und Pflegetätigkeiten leisten, nämlich Frauen, sei es im beruflichen oder im privaten Kontext. Das gilt natürlich ebenfalls für Männer, die diese Aufgabe erfüllen. Dennoch ist der Druck durchaus geschlechtsspezifisch verteilt: Wird von Frauen diese Aufgabenerfüllung schlichtweg erwartet, erhalten Männer besondere soziale Gratifikationen als umworbene Ausnahmen in helfenden Berufen bzw. als Hausmänner; allerdings sind sie als atypische Männer ungleich mehr als Frauen der Verunsicherung in ihrer Geschlechterrolle ausgesetzt (Heintz/Nadai 1998).

Frauen haben als Aktivistinnen und Wissenschaftlerinnen auf internationaler Ebene erfolgreich begonnen, sowohl auf den Bereich informeller Fürsorge und Pflege durch Einforderung sozialer Gerechtigkeit (unter dem Stichwort „social citizenship") Einfluss zunehmen, als auch neue Hilfeleistungen insbesondere im Bereich der Frauen- und Mädchenarbeit zu initiieren. Beides hat dazu beigetragen, die Analyse und den Stellenwert von Fürsorge- und Pflegetätigkeiten (in der internationalen Auseinandersetzung unter dem englischen Begriff „Care" geläufig) nachhaltig zu verändern und den geschlechtsspezifischen Aspekt stärker zu berücksichtigen. Zunächst eine kurze Anmerkung zum Begriff Care: Er ist weiter gefasst und weniger zielgerichtet als der deutsche Begriff „Fürsorge und Pflege". Er enthält zum einen eine stärker emotional getönte Dimension des Umsorgens und Sorgetragens, zum andern ist er offen genug, um ihn gesellschaftspolitisch und theoretisch zu nutzen, ohne Assoziationen zu bestimmten Organisationsformen dieser Tätigkeit zu wecken.

Die insbesondere im angloamerikanischen Bereich sowie Skandinavien geführte Debatte über zumeist von Frauen geleistete Fürsorge und Pflege (Care) verfolgt ein doppeltes Anliegen. Zum einen beschäftigt sie sich mit

- Care als innere Einstellung und als zwischenmenschliche Tätigkeit, d.h. als ethische und handlungstheoretische Frage, zum anderen mit
- Care als gesellschaftlich notwendige Arbeit, die stark geschlechtspezifisch konnotiert ist, d.h. als arbeits- und sozialpolitische Frage.

Zusammengefasst geht es um die Neubewertung traditioneller Aufgabenbereiche von Frauen, die eng mit der weiblichen Geschlechtsrolle im System der

Zweigeschlechtlichkeit verknüpft sind und um die sozialpolitische Anerkennung von Frauenarbeit im Bereich der Fürsorge und Pflege.

6. Eine geschlechtertheoretische Auseinandersetzung mit dem Wohlfahrtsstaat und der gesellschaftlichen Organisation von Fürsorge und Pflege (Care)

Der Wohlfahrtsstaat[19] ruht im wesentlichen auf zwei Säulen, die derzeit starken Veränderungen ausgesetzt sind, was große Rückwirkungen auf das gesamte System sozialer Sicherung und damit auf jedwede öffentlich und privat geleistete Fürsorge- und Pflegetätigkeit hat (Kurz-Scherf 1998):

- Auf lebenslanger Ganztags-Erwerbsarbeit zumindest des (zumeist männlichen) Haushaltsvorstandes und
- auf unbezahlter (zumeist von Frauen geleisteter) Versorgungsarbeit von Kindern und Pflegebedürftigen im Rahmen von Familien.

Erwerbsarbeit schafft für die meisten Menschen im Rahmen der Solidargemeinschaft aller Versicherten ausreichenden finanziellen Schutz gegen allgemeine Lebensrisiken über Transferleistungen; unbezahlte Familienarbeit ist eine wesentliche Ergänzung im Bereich personenbezogener Leistungen, die so nicht finanzierbar wären und eine riesige Kostenersparnis für die öffentliche Hand bedeuten (Ostner 1995). Beides zusammen, ergänzt um einen rentensichernden Generationenvertrag, bildet die Basis des stark von geschlechtsspezifischer Arbeitsteilung gekennzeichneten sozialen Netzes. Im Kontext professioneller, personenbezogener Dienstleistungen ist Soziale Arbeit in der ihr eigenen Mischung von Hilfeleistungen und Kontrollfunktionen an diesem Netzwerk beteiligt, das seit einigen Jahren allerdings zunehmend durchlöchert zu werden droht.

Neben ökonomisch begründeten staatlichen Sparmaßnahmen (durch steigende Ausgaben und vergleichsweise geringes Wirtschaftswachstum) basieren die Veränderungen der letzten Jahre vor allem auf

- dem beträchtlichen Ausmaß von Arbeitslosigkeit, wodurch die Einzahlungen in die Versicherungen zurückgehen,
- dem zunehmenden Anteil alter Menschen, wodurch der Generationenvertrag und damit die Renten gefährdet sind und

19 Die deutsche Variante des Wohlfahrtsstaates wird dem institutionell-konservativen Modell zugerechnet (Esping-Anderson 1990) und zeichnet sich durch einen besonders stark ausgeprägten Geschlechter-Bias aus („male bread-winner model") (Ostner 1995).

- den veränderten Familienstrukturen durch steigende Erwerbstätigkeit von Frauen, wachsende Zahl Alleinerziehender, Zunahme von Single-Haushalten usw., wodurch familiale Fürsorgeleistungen zurückgehen.

Dieser derzeitige soziale Wandel und der damit einhergehende Wandel des Sozialstaates bilden den Ausgangspunkt der internationalen Debatte um die gesellschaftliche Organisation von Fürsorge und Pflege (Care). Das Spezifikum der Debatte liegt darin, dass zunehmend alle Formen des Sorgens zusammen diskutiert und in Überlegungen zu neuen Sozialstaatskonzeptionen eingebettet werden. Damit soll die in diesen Tätigkeiten enthaltene, lebensnotwendige Arbeitsleistung aufgezeigt und ihr endlich der gebührende Wert zugemessen werden. Denn die traditionelle Tätigkeit von Frauen im Haus ebenso wie traditionell weibliche Berufstätigkeit im Bereich von Fürsorge und Pflege werden tendenziell immer noch mehr der Liebe (Liebe zur Familie oder generalisierter Nächstenliebe) als der Arbeit zugeordnet. Daher sind diese Tätigkeiten weiterhin un- oder schlecht bezahlt, erfahren eine niedrige gesellschaftliche Wertschätzung und gelten als gefühlsbetont und schwer greifbar, was zu ihrer Abwertung und keineswegs zur Anerkennung ihrer Komplexität beiträgt (Sauer 1997a). Erst die in verschiedenen Wellen seit den 70er Jahren geführten, feministischen Debatten um weibliche Fürsorgetätigkeiten (unter Stichworten wie: Lohn für Hausarbeit, Beziehungsarbeit, weibliches Arbeitsvermögen, weibliche Fürsorglichkeit) haben dazu geführt, den Begriff der Arbeit um diese Tätigkeiten zu erweitern und den Blick auf die besonderen Leistungen von Frauen zu lenken. Frauenbelange mussten zunächst aus der Privatsphäre in den öffentlichen Bereich transponiert werden, indem traditionelle Frauenarbeit im Haus durch ihre politische und wissenschaftliche Thematisierung ebenso sichtbar gemacht wurde, wie bisher unsichtbare berufliche Anforderungen in helfenden Frauenberufen z.B. Einfühlungsfähigkeit und Umsichtigkeit (Rabe-Kleberg 1993, Rommelspacher 1992, Ostner 1986). Ein weiteres Moment des Sichtbarmachens von Frauenbelangen stellte das erfolgreiche Einfordern von spezifischen Hilfe- und Unterstützungsleistungen für Frauen und Mädchen dar, die sich in der Gründung von zahlreichen Frauen- und Mädchenprojekten besonders zum Thema Gewalt gegen Frauen und Mädchen, aber auch zu Themen wie Mädchenbildung und -freizeit, Gesundheit, Erwerbsarbeit und Beratung niederschlugen (Brückner 1996)[20].

Ein Dilemma jeder Frauenforschung und Frauenpolitik, die die Frauen zugeschriebene und von Frauen übernommene Fähigkeit zu Fürsorge und Pflege sichtbar machen will, besteht darin, einerseits deren historische Entstehungsbedingungen durch Ausgrenzung und Ausbeutung aufzuzeigen und zu kritisieren und andererseits der daraus entstandenen besonderen Kompetenz, positiven

20 Feministische Frauen- und Mädchenarbeit, wie sie von den Projekten als neue Form des Caring initiiert wurde, will einerseits die gesellschaftliche Lage von Frauen verbessern, andererseits durch eine grundsätzlich solidarische Haltung gegenüber Frauen ein spezifisches Berufsverständnis zum Ausdruck bringen, das Frauen nicht qua Geschlecht mitbringen, sondern das auf Kenntnissen, Fähigkeiten und Reflexion beruht.

Wert und gesellschaftliche Anerkennung zu verleihen (Rabe-Kleberg 1997). Dabei geht es keineswegs um eine neuerliche moralische Aufladung dieser Fähigkeiten, sondern um das Aufzeigen von Fürsorglichkeit als gesellschaftlich notwendiger Handlungsweise im Sinne einer prinzipiell geschlechtsunspezifischen, sozialen Fähigkeit, zu der alle Menschen in der Lage sind (Fraser 1994a). Denn die Tatsache, dass Fürsorge- und Pflegefähigkeiten ebenso wie Fürsorge- und Pflegetätigkeiten in unserer Gesellschaft weiterhin im wesentlichen Frauen zugeordnet sind und größtenteils von Frauen geleistet werden, ist, wie weiter oben schon dargelegt, keine Naturnotwendigkeit. Vielmehr beruht sie auf einer historisch gewordenen Konvention, die aber den Menschen nicht äußerlich geblieben, sondern längst geschlechtsspezifisch geprägten Selbst- und Fremdbildern entspricht und daher emotional gebunden und mehr oder weniger stark ausgeprägter Teil weiblicher Identität geworden ist.

Umfassende handlungstheoretische und sozialpolitische Analysen über Care als sozialstaatliche und wohlfahrtsgesellschaftliche Aufgabe erfordern eine Auseinandersetzung mit umstrittenen, bipolaren gesellschaftlichen Ordnungsprinzipien wie:

- privat - öffentlich: Die Konstruktion von Privatheit und Öffentlichkeit durchdringt die Gesellschaft und konstituiert das derzeitige Geschlechterverhältnis, daher ist der Slogan der Frauenbewegung „das Private ist politisch“ von großer Sprengkraft (Gerhard 1997a).
- bezahlt - unbezahlt: Wann und inwieweit stellt das Umsorgen anderer Menschen eine zu bezahlende beziehungsweise eine durch Bezahlung an Qualität verlierende Tätigkeit dar? Alle Menschen machen Phasen durch, in denen sie für ihr Überleben oder ihr Wohlergehen auf andere angewiesen sind, eine Sorge, die immer auch ihrer Person gelten soll und damit über die jeweils notwendigen Leistungen hinausgeht.
- politisch - sozial: Wird der politische Gehalt von Care zugunsten des sozialen vernachlässigt, indem der Anspruch auf Geschlechterdemokratie fallengelassen oder bis zur Unkenntlichkeit verwässert wird? Oder kommt dem sozialen Moment als solchem eine politische Qualität zu, die es sichtbar zu machen gilt?

Jenseits der Tatsache, dass der Begriff Care in den einzelnen Ländern zunächst unterschiedlich gefasst wurde, lässt sich eine Tendenz zur sozialpolitischen Einbindung von Care unter Berücksichtigung aller Organisationsformen feststellen. Entsprechend deutlich wird der Zusammenhang von Care und der Regulierung des Verhältnisses von bezahlter und unbezahlter Arbeit einerseits und Lohnersatzleistungen andererseits, beides verweist auf den Genderbias, der diesen Verhältnissen zugrunde liegt. Damit gewinnt die Care-Debatte hinsichtlich Fragen der Gerechtigkeit und der Gleichwertigkeit eine demokratietheoretische Bedeutung.

In Großbritannien wurde der Begriff ursprünglich sehr eng gefasst, während skandinavische und vor allem amerikanische Theoretikerinnen eher von Beginn an einen weiten Begriff bevorzugten. Die Verschiedenheiten der Ansätze beziehen sich sowohl auf den gemeinten Bereich (Pflege alter Menschen oder auch von Kindern) als auch auf den gesellschaftlichen Ort (im Familienkontext oder auch als Beruf) (zu Ähnlichkeiten und Unterschieden zwischen der britischen und der skandinavischen Debatte s. Ungerson (Hg.) 1990, für die USA s. Fraser 1994a)[21].

Seit den 90er Jahren wächst die Tendenz, unterschiedliche Care Begriffe anzugleichen und die britische Focussierung auf ein „home-based kin-care" Care Konzept (Graham 1993) aufzugeben, da ehemals eindeutige Unterschiede zwischen verschiedenen Formen von Care durch einen zunehmenden „Welfare-Mix" (Verbindung von familialen, freiwilligen, privaten und staatlichen Leistungen) so nicht mehr vorhanden sind und daher die breiteren amerikanischen und skandinavischen Ansätze aufgenommen wurden (Lewis 1997a, Chamberlayne 1996).

Um die Entwicklung der politischen Seite der britischen Debatte nachvollziehbar zu machen, sollen einige Anmerkungen zu den Veränderungen im Bereich sozialer Dienstleistungen nicht zuletzt aufgrund von sozialen Bewegungen in Großbritannien vorangeschickt werden. Die Care-Bewegung, bestehend aus Aktivistinnen und Wissenschaftlerinnen, entstand Ende der 70er Jahre und bezog sich auf traditionelle Fürsorgearbeit von Frauen in familialen Zusammenhängen. Frauen gründeten als „carers" nationale Vereinigungen, die erfolgreich finanzielle Unterstützung für ihre Pflegetätigkeit forderten (Lewis/Meredith 1988). Zunächst sollten informell-pflegende Ehefrauen nicht bei der 1975 eingeführten, geringfügigen Bezahlung für häusliche Pflegeleistungen (in Form einer Beihilfe) berücksichtigt werden, da Pflege Teil familialer Aufgaben sei und sie möglicherweise auch sonst keiner außerhäuslichen Arbeit nachgegangen wären. Die Forderung nach eheunabhängiger Einbeziehung war sehr populär und eine Klage auf Gleichbehandlung vor dem Europäischen Gerichtshof 1986 erfolgreich (Ungerson 1994). In diesem Zusammenhang fand eine öffentlichkeitswirksame Auseinandersetzung über die selbstverständliche Inanspruchnahme von Frauen für Fürsorge- und Pflegetätigkeiten (als unsichtbarer, aber stark kostensenkender Teil sozialer Dienste) statt, sodass heute diese Tätigkeiten in einigen Bereichen zumindest minimal durch Leistungen und Vergü-

21 Während die britische Frauenbewegung aufgrund ihres Status als NGO (Nichtregierungsorganisation) den Staat von außen kritisiert und sich gegen das genderspezifische Zweiklassensystem in der sozialen Sicherung und gegen die zunehmende Delegation von Care-Aufgaben an die Kommunale Gemeinschaft und damit an Frauen als informelle Carers wendet, ist die skandinavische Frauenbewegung aufgrund des umfassenden sozialen Staatsverständnisses viel mehr in den Staat integriert und stellt die Frage, wie Frauen innerhalb des Staates ihre Interessen vertreten können. Aber es gibt auch die Sorge, dass sich eine Art Staatspatriarchalismus entwickelt, da vor allem Frauen von staatlichen Sozialmaßnahmen abhängig sind, ob als Beschäftigte, Mütter oder Carers (Ungerson (ed) 1990).

tungen anerkannt werden (Graham 1993). Dieser Aspekt der Entwicklung lässt sich für Frauen als positiv beschreiben, allerdings kam es in den 90er Jahren zu keiner Ausweitung dieser Richtung. Im National Health Service- & Community Care Act von 1990 manifestiert sich eine grundlegende Neuorientierung britischer Sozialpolitik in Richtung Entstaatlichung, indem das Selbsthilfepotential innerhalb der Community in den Mittelpunkt sozialer Care Aufgaben gerückt wird. Professionellen Sozialen Diensten sind vornehmlich Managementfunktionen zugedacht und die eigentliche Fürsorge- und Pflegetätigkeit soll privat oder durch kommerzielle und gemeinnützige Träger geleistet werden (Hoyes/Means 1993). Entgegen der pluralistischen Rhetorik ist zu befürchten, dass die staatliche Kontrolle über Fürsorge- und Pflegeleistungen durch das Primat der Finanzierungsfragen gestärkt und durch das Suchen nach der billigsten Lösung die traditionelle Frauenrolle gefestigt wird (Chamberlayne 1996).

Nun zu der Entwicklung der inhaltlichen Debatte über Care als gesellschaftlich erforderliche Tätigkeit: Ab Mitte der 70er Jahre setzten sich feministische Wissenschaftlerinnen in Großbritannien ähnlich wie in der BRD mit der gesellschaftlichen Bewertung von Care auseinander. Zunächst stand die ausbeuterische Seite von Care als unbezahlter Arbeit im Vordergrund, verbunden mit der Forderung nach Beendigung von Care Tätigkeiten durch Frauen unter diesen Bedingungen; später rückte die subjektive Dimension von Care in den Mittelpunkt des Interesses und führte zu der Forderung nach Einbettung informeller Care Tätigkeiten in das System sozialer Rechte, um „informal caring" die nötige Anerkennung zu verschaffen. Plädierten in den 70er Jahren insbesondere sozialistische Feministinnen gegen Community Care (Betonung ehrenamtlicher Tätigkeit und ambulanter Betreungsformen) als unbezahlte Frauenarbeit und für institutionelle Lösungen (z.B. professionell geführte Heime), wird heute „informal caring" als Wahlmöglichkeit für Frauen und als wertvolle Tätigkeit im Sinne zwischenmenschlicher Bindung gesehen, trotz der darin enthaltenen Festschreibung traditioneller Geschlechterrollen (Chamberlayne 1996).

Im Mittelpunkt der Auseinandersetzung stand bis in die frühen 90er Jahre die informelle Pflege bedürftiger Angehöriger (Kranke, Behinderte, Alte) (Ungerson 1993). Diese Auseinandersetzungen beschäftigten sich zum einen mit der Art der Arbeit und deren Bedeutung für die Betroffenen (wobei unter Betroffenen die Pflegenden und nur selten die Pflegebedürftigen verstanden wurden, was von Behindertenverbänden vehement kritisiert wurde), zum anderen wurde im Verlauf der Debatte verstärkt der Einbindung dieser Arbeit in den Wohlfahrtsstaat Bedeutung zugemessen, insbesondere der Verknüpfung mit Fragen sozialer Bürgerrechte.

Dieser, bezogen auf das zur Kenntnis genommene Arbeitsfeld, weiterhin beschränkte Blick auf Care wird von einigen britischen Wissenschaftlerinnen aus dem Bereich professioneller Pflege wie Celia Davies (1994) kritisiert, die sich in ihren eigenen Arbeiten auf die weitergefassten Analysen skandinavischer Forscherinnen bezieht. Zwar sieht Davies den Erfolg der feministischen Debatte in Großbritannien, wo es gelungen ist, unbezahlte Care Tätigkeit von Frauen zum öffentlichen Thema zu machen, gleichzeitig wurde darüber aber die Situation bezahlter „carers" vernachläßigt, die ebenfalls zumeist Frauen sind und deren Leistungen genauso wenig Anerkennung finden. Davies unterscheidet in ihrem Ansatz zwischen verschiedenen Formen von „caring work" je nach Grad der Formalisierung, um zu einem umfassenden Begriff von Care Tätigkeiten zu kommen:

- „caregiving work" in privaten Kontexten, stark geprägt von Gefühlen (positiven und negativen) und Moral und einer geringen Bedeutung von „skills";
- „carework" als ungelernte, bezahlte Tätigkeit in informellen und institutionellen Kontexten, ebenfalls mit geringer Bedeutung von „skills";
- „professional care" als anerkannte Tätigkeit mit formaler Qualifikation in Sozialarbeit oder Krankenpflege.

Im weiteren Verlauf der 90er Jahre wurde die aufgrund ihrer Mobilisierungserfolge lange Zeit maßgebliche britische Debatte um folgende Themenkomplexe erweitert (Ungerson 1994):

- Differenzen unter Frauen als „carers" bezüglich Klasse, Ethnie und sexueller Orientierung,
- Rechte der Hilfebedürftigen auf Selbstbestimmung,
- Hilfebedüftigkeit vieler „carers" (z.B. aufgrund ihres Alters oder eigener Behinderungen),
- informelle Dienstleistungen und häusliche Schattenarbeit,
- öffentliche sowie private, informelle sowie institutionelle Formen von Care,
- stationäre Fürsorge und Pflege im Rahmen des Sozial- oder Gesundheitssystems[22].

Damit nähert sich der britische Care Begriff dem eher allgemeinen Konzept von Care skandinavischer Forscherinnen an, in dem privat und öffentlich, institutionell und informell geleistete Care Tätigkeiten enthalten sind und der Zusammenhang von Geschlecht und sozialen Bürgerrechten („citizenship entitlements") für bedeutend erachtet werden (Leira 1994) [23]. Arnlaug Leira sieht den

22 Ein Beispiel für eine weit gefasste Definition: „Care is both the paid and unpaid provision of support involving work activities and feeling states. It is provided mainly, but not exclusively, by women to both able-bodied and dependent adults and children in either the public or domestic spheres, and in a variety of institutional settings" (Thomas 1993, S. 665).

23 Aila-Leena Matthies (1998) weist darauf hin, dass das skandinavische Wohlfahrtssystem umfassend ist, dem Staat eine zentrale Rolle zukommt und die personenbezogenen Dienstleistungen (Care) Teil des allgemeinen Sicherheitsnetzes sind. Diese Struktur einheitlicher, staatlicher Wohltätigkeit wird aufgrund der Wirtschaftskrise schrittwei-

Vorteil dieser Gesamtsicht darin, dass das jeweilige Verhältnis von privaten Verpflichtungen und öffentlichen Dienstleistungen sichtbar wird, ebenso der Anteil bezahlter und unbezahlter Tätigkeiten. Erst dann tritt die normative Basis dieses Geflechts in Erscheinung und erst dann wird der, auch in Skandinavien vorhandene Geschlechterbias auf dem dieses Geflecht beruht sichtbar. Leira interpretiert Sorgetätigkeiten aufgrund der verschiedenen Institutionalisierungen von Care (familial, informell, formalisiert) als Grenzwanderung von Frauen zwischen privater und öffentlicher Sphäre, da all diese Arten von Care letztlich Teil des gesellschaftlichen Netzes sozialer Sicherung und entsprechend durch die jeweilige Sozialgesetzgebung beeinflusst sind, wobei sich derzeit die Formen der Institutionalisierung auch in Skandinavien in Richtung Entstaatlichung verschieben[24].

In der amerikanischen Debatte um die gesellschaftliche Organisation von Care spielt das Verhältnis von öffentlicher und privater Sphäre und vor allem die Überwindung dieser Aufteilung ebenfalls eine Rolle, darüber hinaus aber ist die Auseinandersetzung mit der gesellschaftlichen Form von Bedürfnisinterpretation und der Definition von Abhängigkeit („dependency") von großer Bedeutung (Fraser 1994b, Fraser/Gordon 1994).

Care Tätigkeiten transzendieren auch in der Vorstellung amerikanischer Wissenschaftlerinnen die öffentliche und private Sphäre, aber mit einer etwas anderen Schwerpunktsetzung: Frauen verrichten in beiden Sphären Erziehungs-, Fürsorge- und Pflegeaufgaben und wechseln daher zwischen beiden Sphären hin und her, sei es, um als bezahlte „caregivers" ihren Lebensunterhalt zu verdienen und so ihren familialen Aufgaben zu genügen, oder um als informelle „caregivers" Hilfen sozialer Dienste für Familienangehörige oder Bedürftige in der Nachbarschaft zu organisieren (Abel/Nelson 1990). Veränderungen im einen Sektor ziehen Veränderungen im anderen nach sich und machen entsprechende substituierende Maßnahmen erforderlich, damit kein Care Defizit entsteht, wie es in den USA zunehmend der Fall ist (Gerstel/Gallagher 1994)[25].

---

se durch einen Welfare Mix mit spezialisierten, auch nichtstaatlichen Leistungen bezogen auf festgelegte Problemlagen ersetzt.

24 „In a structural perspective the provision of care transcends the public-private distinction (...). Every day provision of care links the public with the private, and the formal with the informal. In the mediation between individual needs and available resources, the distinction between the individual private arena and the public is blurred. The production of everyday care also shows an ongoing renegotiation of boundaries between the state, both central and local, the voluntary sector, the family, and formal and informal labor markets" (Leira 1994, S.10).

25 Die Bereitschaft zu Caring ist nach einer Untersuchung von Abel/ Nelson (1990) bei erwerbstätigen Ehefrauen, besonders denjenigen in nicht frauenspezifischen Berufen, zeitlich begrenzter, was unmittelbare Caring-Aufgaben betrifft als bei Hausfrauen (dafür allerdings mindestens genauso groß jenseits enger Verwandtschaftsbeziehungen). Sie stehen Sozialdiensten signifikant positiver gegenüber als erwerbstätige Ehemänner und Hausfrauen. Daher entsteht bei zunehmender Einbindung von Frauen in Erwerbstätigkeit und gleichzeitigem Abbau sozialer Dienste eine wachsende Care-Lücke.

Care findet also in unterschiedlichen Kontexten statt, die sich nach Emily Abel und Margaret Nelson (1990) auf drei Dimensionen abbilden lassen: Die Art der Beziehung zwischen „caregiver“ und „care-receiver“, die Frage der Bezahlung und der Ort der Arbeit[26]. Große Bedeutung messen sie „unaffiliated providers“ zu, die in dem wachsenden Bereich zwischen formalisierter Arbeit in Institutionen und informeller Arbeit im eigenen Haushalt tätig sind und entweder im eigenen oder fremden Haushalt Care Aufgaben gegen Bezahlung übernehmen sowie die Bedingungen privat (d.h. jenseits tariflicher Absicherungen) aushandeln[27]. Spezifische Probleme von „caregiving“ in formalen Organisationen sehen Abel/Nelson (1990) in der damit einhergehenden Bürokratisierung und Normierung von Care, andererseits ermöglicht der berufliche Kontext zeitliche und inhaltliche Abgrenzungen, die für alle Beteiligten im Care-Prozess Eigenständigkeit wahren helfen. Informelle Care Tätigkeiten auf der Basis persönlicher Nähe entsprechen auch in den USA dem gesellschaftlichen Ideal, wobei die darin enthaltenen Gefahren von Isolierung und mangelnder sozialer Unterstützung zugunsten angenommener emotionaler Gratifikationen[28] übersehen werden.

Dieses Ideal informeller Care Tätigkeit und die Tradition von Care als weibliche Aufgabe basieren nach Bernice Fisher und Joan Tronto (1990) auf der Abhängigkeit („dependency“) von Frauen, die nicht nur Frauen in ihrer Entscheidungsfreiheit bezogen auf „caring“ behindern, sondern dem Care Prozess selbst entgegenstehen. Fisher/Tronto (1990) definieren „caring“ als soziale Tätigkeit zur physischen, personen- und umweltbezogenen Überlebenssicherung, die auf Interaktion beruht und immer Konfliktpotential enthält, da diese Aufgabe zu ihrer Ausführung der Ressourcen (persönliche, soziale und ökonomische) bedarf[29]. Fragen der Macht, der Gerechtigkeit und des Vertrauens sind daher Teil von „caring“, dem somit eine politische Dimension zukommt. Je größer die

---

26 Nicht erwähnt wird die Dimension der Ausbildung, die für die gesellschaftliche Einordnung und Bewertung von Care relevant ist und die schon in der Ersten Frauenbewegung große Beachtung fand.

27 Die Situation vieler Familien macht privates Caring zunehmend weniger möglich (wachsende Zahl von Single Parents und erwerbstätigen Müttern), gleichzeitig ist das Angebot an sozialen Dienstleistungen aufgrund der Cut-Backs in den letzten Jahren verringert worden, sodass ein großer Bedarf an halbformalisierter Care-Work vorhanden ist, die von privater Vorschultätigkeit von Lehrerinnen im eigenen Haus bis zu unqualifizierter Hausarbeits- und Sorgetätigkeit (häufig von Migrantinnen oder Frauen ethnischer Minderheiten) reicht (Abel/ Nelson 1990, Hochschild 1995).

28 Abel und Nelson (1990) gehören zu den wenigen, die das Problem von Gewalt in Care Prozessen erwähnen, ein Aspekt von Care, der deutlich macht, wie gefühlsaufgeladen Caring ist und zwar nicht nur bezogen auf Liebe, sondern auch auf Wut und sei es aus Überforderung oder Hilflosigkeit.

29 Der Caring-Prozeß lässt sich nach Fisher/ Tronto (1990) in verschiedene Phasen, mit je eigenen Akteuren und je eigenen Bedingungen des Gelingens respektive Scheiterns gliedern: Wahrnehmung des Problems („caring about"), Überlegungen zur Lösung des Problems („taking care of"), aktive Fürsorgeleistung („caregiving") und die Reaktion/Antwort des Adressaten („care-receiving"). Zentrale Faktoren sind: Zeit, materielle Ressourcen, Wissen und praktische Fähigkeiten.

Asymmetrie zwischen Verantwortlichkeit für den Prozess des Sorgens und Macht über notwendige Ressourcen ist, desto gefährdeter ist er. Diese Asymmetrie ist jedoch für Frauen in traditionellen „care-settings“ enthalten, ob informeller oder beruflicher Art. Insbesondere in beruflichen Kontexten kommt nicht selten erschwerend hinzu, dass auch die „care-receivers“ wenig Kontrolle über den Care Prozess haben, so dass Missverständnisse und Misstöne in der Interaktion zwischen „care-givers“ und „care-receivers“ vorprogrammiert sind.

In ihrer Analyse von „caring“ setzen sich Fisher/Tronto (1990) kritisch mit der vorrangigen Orientierung vieler angloamerikanischer Feministinnen am privaten Familienhaushalt und an der Community auseinander. „Caring“ im Familienkontext ist orientiert an Traditionen, die Gerechtigkeit limitieren (z.B. die Tradition physischer Bestrafung) und die Gemeinschaft („community“) hilft nur denjenigen, die als zugehörig empfunden werden. Daher sollten Frauen diese Grenzen überschreiten „to improve the conditions of caring and to affect the structures that shape caring activities“ (Fisher/Tronto 1990, S. 51). Fisher und Tronto (1990) unterscheiden zwischen drei verschiedenen Modellen feministischer Fürsorglichkeit: Mütterlichkeit, Freundschaft und Schwesterlichkeit. Den Stärken des ersten Modells, die sie in der Aufwertung von Müttern und deren Ausstattung mit Macht sehen, stellen sie schwerwiegende Gefahren gegenüber: ein hierarchisches Verhältnis zu NutzerInnen und die Aufrechterhaltung patriarchaler Strukturen mit umgekehrten Vorzeichen. Das zweite Modell betont Freundschaft und damit Gleichheit und Nähe unter Frauen, birgt aber den Nachteil in sich, dass Freundschaft Freiwilligkeit und Wahlfreiheit impliziert und nicht notwendigerweise „caring“ enthält. Dieses Modell spielte in der deutschen, feministischen Projektebewegung[30] während der Aufbauphase der Projekte eine zentrale Rolle, indem es solidarische Kräfte mobilisierte, andererseits aber recht schnell zu unübersichtlichen Gruppenstrukturen und Gruppenspaltungen führte. Für viele wurde in den freiwilligen Gruppen gesorgt, andere bekamen aber kaum Zugang zu den Netzwerken oder fanden kein Gehör, bis sich die Projekte als erheblich kleinere, professionelle Teams mit immer klarer festgelegter Verantwortung gegenüber Nutzerinnen etablierten. Doch zurück zur Konstruktion des dritten Modells, Schwesterlichkeit, das von seinem Anspruch her zwei Momente miteinander verbindet: Gleichheit unter Frauen (und mit allen Menschen) und Ungleichheit bezogen auf unterschiedliche Bedürfnis-

30 Die in den Frauenprojekten geleistete Arbeit lässt sich unter den Begriff Care-Work subsumieren, weil sie einerseits an Care-Traditionen anknüpft, diese andererseits durch neue Postulate erweitert und auf Frauen und Mädchen anwendet (Brückner 1996). Die Frauenbewegung eignet sich aktiv das Konzept von Caring und die damit verbundene, Frauen zugeschriebene Tätigkeit an. Care ist damit nicht länger eine Überantwortung an Frauen, sondern wird durch politische Aktivität von Frauen eigenständig gestaltet. Allerdings widerspricht eine alleinige Zuordnung der Projektarbeit zu Care-Work dem Selbstverständnis der Projekte, wo es immer auch um gesellschaftliche Aufklärung und um Lobbyarbeit für Frauen und Mädchen ging und geht. Andererseits ließe sich argumentieren, dass eine solchermaßen inhaltlich gefasste politische Dimension das Konzept von Caring durchaus bereichern könnte.

se und Verpflichtungen, die ursprünglich der Geschwisterfolge entstammen. Frauen sind in vieler Hinsicht verschieden (von der Gesundheit bis zum Zugang zu Macht), aber es gibt eine gegenseitige Verpflichtung zur Hilfe unter Schwestern, die diese Unterschiede mildern oder gar ausgleichen kann, denn der Gleichheitsgedanke im Begriff Schwesterlichkeit „... bids us to look at specific caring activities in terms of power relationships and the possibility of minimizing power inequalities" (Fisher/Tronto 1990, S. 53). Die gleiche Verpflichtung gilt für den Gedanken der Gerechtigkeit, da jede Frau einmal hilfebedürftig werden kann, sowie den Gedanken des Vertrauens, da aufgrund des Zusammengehörigkeitsgefühls, jede sich auf notwendige Hilfe verlassen können sollte. Die hohen Ansprüche dieses Ideals verweisen auf dessen utopischen Gehalt und setzen Schwesterlichkeit in ein Spannungsverhältnis nicht nur zu familialen und bürokratischen Hilfesystemen, sondern auch zu professionellen, da dort traditionell die Expertise bei den ExpertInnen und nicht wie im schwesterlichen Ideal bei den Frauen liegt.

> „If feminist helping professionals can draw on the ideal of sisterhood to integrate the liberation of women into the moral concerns of their professions, then they can become a powerful force to change the organization of caring in our society" (Fisher/Tronto 1990, S. 55).

Hier lässt sich wieder eine Parallele zu den feministischen Ansätzen im Frauen- und Mädchenbereich in der BRD ziehen, wo dieser Anspruch im Gedanken der Parteilichkeit wiederzufinden ist. Noch mehr gilt diese Parallele allerdings für die Anfangszeit der Projektgründungen, in denen die Maxime galt, dass die Frauen und Mädchen selbst die Expertinnen ihrer eigenen Situation sind, ein Grundsatz, der sich zugunsten der Expertise von Professionellen verschoben hat.

Zwei Aspekte der internationalen Care-Debatte scheinen mir für den weiteren Verlauf und die Möglichkeiten theoretischer und politischer Einflussnahme von besonderer Bedeutung: die Auseinandersetzung mit der Frage, was Care sowohl im beruflichen als auch im häuslichen Kontext eigentlich ausmacht und die sozialstaatliche Einordnung von Care einschließlich daraus erwachsender sozialpolitischer Folgerungen. Daher sollen diese beiden Themen in den folgenden zwei Kapiteln behandelt werden.

7. Care im Rahmen sozialstaatlicher Theorien

In den modernen, westlichen Wohlfahrtsstaaten gibt es für Frauen drei Einkommensquellen: Männer, Arbeitsmarkt, Staat (Lewis 1997a). Das jeweils politisch hergestellte Verhältnis von unbezahlter Arbeit in der Familie zu marktvermittelter Erwerbsarbeit und zu wohlfahrtsstaatlichen Leistungen prägt nach Jane Lewis die Sozialpolitik jeden Landes und ist von entscheidender Bedeutung für das Geschlechterverhältnis. Jedes Land und jede Epoche weisen eine andere Form von „mixed economy" bezüglich der Art und Weise auf, wie Care zwischen den Sektoren Familie, informeller Bereich, Markt, Staat aufgeteilt wird, wobei die meist unbezahlten Care Leistungen von Frauen konstant einen großen Raum einnehmen. Die Beziehungen von Frauen zum Sozialstaat sind - im Vergleich zur männlichen Normalbiografie - vielfältig und erfordern eine differenzierte Analyse, die das Geschlechterverhältnis einbezieht: Frauen erbringen einerseits sowohl bezahlt als auch unbezahlt einen großen Teil direkter Wohlfahrtsleistungen und andererseits machen Frauen zusammen mit ihren Kindern einen großen Teil der Klientinnen von Wohlfahrtsleistungen aus (Lewis 1997b). Trotz dieser spezifischen Nähe zum Sozialstaat finden sich Frauen gegenüber Männern nach wie vor in einer benachteiligten Position wieder, da soziale Rechte besonders in Ländern wie der BRD stark an Versicherungsleistungen im Kontext von Erwerbstätigkeit geknüpft sind. Somit steht Geschlechtergerechtigkeit immer noch aus.

Wesentliche Indikatoren für Geschlechtergerechtigkeit sind eigenständige Zugangsmöglichkeiten von Frauen zu sozialen Bürgerrechten (Marshall 1992) und der Grad der Kommodifizierung bzw. Dekommodifizierung von Care (Esping-Andersen 1990).

In seinem Ende der 40er Jahre entwickelten Ansatz geht der britische Soziologe Thomas H. Marshall (1992) von drei Dimensionen aus, die kennzeichnend für eine ausgereifte Form von Staatsbürgerschaft[31] („full citizenship") sind und politische, zivile sowie soziale Bürgerrechte umfassen. Wenn Frauen eine gesellschaftlich bedeutende Aufgabe wie Care wahrnehmen, ihnen aber keine volle soziale Teilhabe („social citizenship") an der Gesellschaft gewährt wird, weil sich diese Arbeit nicht gleichermaßen wie Vollzeiterwerbsarbeit in Rechten niederschlägt, dann stellt sich die Frage, in welcher geschlechtergerechten Weise Care und soziale Teilhaberechte miteinander zu verbinden sind (Gerhard 1997b, 1996).

Für den schwedischen Wissenschaftler Gösta Esping-Andersen (1990) besteht ein zentrales Kriterium für soziale Sicherheit im Grad der Dekommodifizierung der Ware Arbeitskraft[32], ein von ihm geprägter Begriff für das jeweilige Maß einer durch Sozialleistungen vom Arbeitsmarkt unabhängigen Lebenssicherung und ein Gradmesser universeller sozialer Teilhaberechte durch Minderung von Risiken des Erwerbslebens. Für Frauen bedeutet eine derartige Orientierung sozialer Absicherungen an der Ware Arbeitskraft allerdings eine Negierung ihrer häufig nicht allein oder gar nicht marktabhängigen Situation. Bringt Dekommodifizierung für vollerwerbstätige Männer (und vollerwerbstätige Frauen) einen höheren Grad an Unabhängigkeit vom Arbeitsmarkt durch Schutz-

31 Der Begriff citizenship ist nur sehr unvollkommen mit Staatsbürgerschaft übersetzbar, da der englische Ausdruck viel weiter gefasst ist und neben einer rechtlichen Dimension auch eine Dimension der Teilhabe und der Verpflichtung umfasst (Gerhard 1997b).

32 Knijn/Kremer (1997, S.334) definieren decommodification als „exemption from the obligation to work".

maßnahmen bei Krankheit, Arbeitslosigkeit, Alter etc. mit sich, bedeutet Dekommodifizierung für die große Gruppe nicht vollerwerbstätiger Frauen eher das Gegenteil, da ein Großteil dekommodifizierter sozialer Aufgaben innerhalb der Familie (im wesentlichen von Frauen) geleistet wird. Das heißt, für Frauen bedeutet Dekommodifizierung von Care:

- Festschreiben der Abhängigkeit vom „male bread-winner" respektive von bedarfsorientierter Sozialhilfe und möglicherweise sogar Förderung unbezahlter Frauenarbeit;
- Festschreiben der Tatsache, dass Frauen die meisten Sozialleistungen nur in ihrer Eigenschaft als Familienmitglied zustehen und nicht als eigenständige Person.

Weil traditionelle Frauenarbeit in der Familie nur zu einem geringen Grad je kommodifiziert wurde und diese nicht-kommodifizierte Arbeit stillschweigene Voraussetzung für Kommodifizierungsprozesse (Herausbildung von Erwerbsarbeit) war und ist, kommt dem Wechsel von Kommodifizierung und Dekommodifizierung bezogen auf informelle Sorgetätigkeiten eine andere Bedeutung zu als bei der Erwerbsarbeit. Kommodifizierung von Sorgetätigkeiten hat historisch gesehen für Frauen immer auch den Charakter einer größeren Unabhängigkeit von familialen Konstellationen und die Möglichkeit von Erwerbsarbeit in sich getragen (Sauer 1997, Ostner 1995).

Clare Ungerson (1997, 1994, 1993) setzt sich kritisch mit der in vielen Wohlfahrtsstaaten beobachtbaren Kommodifizierung von „informal care" (monetäre Entschädigung durch geringfügige Transferleistungen oder Bezahlungen) auseinander, die zumeist eine Quasi-Lohnzahlung für häusliche Fürsorge- und Pflege beinhaltet und geschlechtsspezifische Auswirkungen mit sich bringt. Diesen Trend interpretiert Ungerson als Einstieg in einen neuen Welfare Mix von professionalisierten und informellen Fürsorge- und Pflegeleistungen bei steigender Bedeutung markt- und geldvermittelter sozialer Systeme. Ziel dieser Maßnahmen ist eine Kostendämpfung, die aber die Gefahr enthält, dass sich ein grauer Arbeitsmarkt für Unterprivilegierte entwickelt. Geringfügige Bezahlungen halten die Trennung zwischen öffentlicher und privater Sphäre aufrecht und stärken die Geschlechterhierarchie zwischen Erwerbsarbeit und Familienarbeit, da sie keine marktgerechte Entlohnung darstellen (Ungerson 1994). Andererseits wird durch Kommodifizierung die Grenze zwischen privater und öffentlicher Sphäre, zwischen bezahlter und unbezahlter Arbeit fließend; darüber hinaus macht Kommodifizierung die Frage nach Art und Höhe des Entgeldes virulent und unterstützt somit tendenziell die Forderung nach „full citizenship" von Frauen. Perspektivisch zeichnen sich durch diese Neustrukturierungen des Verhältnisses von Erwerbsarbeit und Fürsorge/Pflegearbeit zwei Wege ab (Fraser 1994c): Die Universalisierung der Erwerbsarbeit oder die Gleichstellung der Fürsorgearbeit. Derzeit werden allerdings durch die nurmehr symbolischen, maximal geringfügigen Zahlungen für informelle Fürsorge und Pflege eher Löcher gestopft und finanzielle Anreize gegeben, sowie ein Maß an Good-will gezeigt.

Auf der Mikroebene wirft „payments for care“ nach Ungerson (1994) Fragen der Arbeitsorganisation, -bedingungen und -rechte auf und Machtfragen zwischen „carer“ und „care recipient“, zwischen „carer“ und „financing agency“. Auf der Makroebene stelle sich erneut das Problem einer geschlechtsspezifischen Konstruktion von „citizenship“, indem sich durch eine Bezahlung nicht nur die Individualbeziehungen ändern, sondern auch diejenigen zwischen Individuum, Markt und Staat. Gegen diese Argumentation lässt sich auf der Mikroebene einwenden, dass Arbeits- und Machtfragen immer in Care Beziehungen enthalten sind und geklärt werden müssen, was gerade im unbezahlten Bereich äußerst schwierig sein kann. Aber es ist sicher richtig, dass Bezahlungen, selbst geringfügige, Auswirkungen auf den Charakter dieser Beziehungen haben. Auf der Makroebene ist noch offen, ob der sozialstaatliche Effekt geringfügiger Bezahlungen von Care wirklich so groß ist, da nach wie vor andere Haupteinkommensquellen nötig sind.

Von großer sozialer Bedeutung ist der Ausbau unterstützender Systeme im Rahmen öffentlicher Maßnahmen, die allen Menschen Fürsorge und Pflege im häuslichen Kontext erlaubt (Ungerson 1993), denn empirische Untersuchungsergebnisse (z.B. Lewis/Meredith 1988) zeigen, dass viele Frauen Care Aufgaben übernehmen wollen und dafür Unterstützung in Form eines Entgeldes oder durch Sozial- und Pflegedienste brauchen. Gleichzeitig sollten Frauen die Wahl für oder gegen Care haben (Dalley 1993). McLaughlin und Glendinning (1994) plädieren für vielfältige Lösungsangebote nach der Maxime „nicht Dekommodifizierung, sondern Defamilialisierung“, wo die Positionen der einzelnen Familienmitglieder berücksichtigt, unterschiedliche Muster der Vereinbarung bezahlter und unbezahlter Tätigkeiten ermöglicht und andere Formen der Autonomie von Frauen jenseits von Erwerbsarbeit zugelassen werden (Lewis 1997b). Ohne diese Wahlfreiheit wird über die USA hinaus der Trend zunehmen, die Integration von Frauen in den Arbeitsmarkt zu fördern - bis hin zur Verpflichtung zur Arbeit, bei gleichzeitigem Abbau von Unterstützungen für „informal care“ (z.B. von alleinerziehenden Müttern), mit der Konsequenz einer Entwertung von „informal care“ (Knijn/Kremer 1997).

Für viele feministische Theoretikerinnen ist Care heute das Herzstück der Analyse von Wohlfahrtsstaaten (Knijn/Kremer 1997), da die jeweilige Organisationsform von Care den Geschlechterbias offenlegt und die Frage gleichwertiger „citizenship rights“ auf die Tagesordnung bringt. Ausgangspunkt der Analyse von Trudie Knijn und Monique Kremer ist die Forderung nach „inclusive citizenship“ für Frauen und Männer, die auf der Anerkennung von Care als wesentlicher Dimension von „citizenship“ beruht, wodurch sowohl Care als auch Staatsbürgerrechte ihren geschlechtsspezifischen Charakter verlieren. Bedeutsamer noch als die Zuordnung von Care zur öffentlichen oder privaten Sphäre erscheint ihnen die Frage, „to what extent, at what costs, and on the basis of what assumptions and conditions is this responsibility undertaken“ (Knijn/Kremer 1997, S. 349). Die Kontroverse um bezahlte respektive unbezahlte Care Tätigkeit sollte nicht polarisiert als einander ausschließend behandelt und die beiden Möglichkeiten, Bezahlung respektive Nichtbezahlung auch nicht unterschiedlich bewertet werden, sondern im Sinne von „inclusive citizenship“ müßte im Vordergrund stehen, dass diese Arbeit auf jeden Fall geschlechtsunspezifisch ausgelegt und gleichwertig mit anderen Arbeiten ist und auf dem Hintergrund einer guten Infrastruktur stattfindet. Die einseitige Verbindung von Care mit Abhängigkeit ist irreführend, da alle Menschen - insbesondere in stark arbeitsteiligen Gesellschaften - strukturell von einander abhängig („interdependent“) sind, nur zu unterschiedlichen Zeiten und in unterschiedlicher Weise. Daher bedarf es einer Reetablierung von notwendiger (im Gegensatz zu unnötiger) Abhängigkeit als menschliche Normalsituation und von Unabhängigkeit als Fiktion (Fraser/Gordon 1994). Die Anerkennung von Interdependenz zwischen den Generationen und den Geschlechtern macht eine Neudefinition der Rechte und der Bedürfnisse sowohl von „caregivers“ als auch von „care receivers“ erforderlich durch „the citizenship right to time for care and the right to professional care“ (Knijn/Kremer 1997, S. 354).

Bedingung einer Wertschätzung von Care ist einerseits die Aufgabe der Dichotomie von Abhängigkeit und Unabhängigkeit und andererseits die gleichzeitige Neufassung des Begriffs Arbeit, damit Care nicht länger als Nicht-Arbeit oder minderwertige Arbeit gilt (Fraser/Gordon 1994).

8. Care aus handlungstheoretischer Perspektive

In den zwei Jahrzehnten britischer Care-Debatten hat sich die Perspektive auf Care grundlegend gewandelt: Care wurde immer deutlicher zu einem wichtigen Bestandteil weiblicher Identität und zu einem „Vehikel weitreichender Untersuchungen über Geschlecht und geschlechtsspezifische Identität, vor allem im häuslichen Bereich“ (Chamberlayne 1996, S. 51).

Zunächst hatte Care als Mischung von „labour and love“ im Vordergrund gestanden und das Neue darin gelegen, Care als Arbeit zu begreifen (Finch/Groves 1983). Hilary Graham (1983), eine der wegweisenden Autorinnen, sieht in Care sowohl eine Aktivität im Sinne des Versorgens („caring for“) als auch eine emotionale Verbundenheit im Sinne des Sorgetragens („caring about“), wobei beide Anteile miteinander verwoben sind. Clare Ungerson (1994) bezieht diesen Gedanken von Care als Arbeit und Liebe auch auf bezahlte, institutionalisierte Care Tätigkeit, da sonst informelles „caring“ - aufgrund des Liebesanteils - als qualitativ höherwertig und bezahltes „caring“ als schlechter Ersatz dastehen würde. Bei beiden Formen steht für sie der Arbeitsaspekt im Vordergrund.

Die Mehrheit alter Menschen (der größte Teil Frauen) möchte zu Hause gepflegt werden, wobei die Pflegeverantwortlichkeit einer Art familialer Hierarchie unterliegt, nach der Ehepartner an erster, Töchter an zweiter Stelle stehen und hier unverheiratete vor verheirateten (Lewis/Meredith 1988). Da lang andauernde, intensive familiale Fürsorge und Pflege die Gefahr steigender Belastungen, einer Ausdünnung des umgebenden Netzwerks und wachsender Isolierung enthält, wäre ein äußeres Unterstützungssystem erforderlich, das aber nur selten in ausreichendem Umfang zugänglich ist. Die meisten der von Lewis/Meredith (1988) befragten pflegenden Frauen wollten diese Aufgabe der Fürsorge und Pflege auch wahrnehmen, wobei die konkrete Entscheidung aus einer Mischung von Zuneigung und Verpflichtung erging. Ein Teil der Frauen hatte die Pflege bewusst übernommen, andere sind hinein gerutscht. Am zufriedensten waren diejenigen, die „caring" als ihre „natürliche" Aufgabe ansahen und wo Zuneigung eine große Rolle spielte. Töchter fühlten sich häufig aufgrund selbst erfahrener Fürsorge zur Pflege verpflichtet. Mehrheitlich wurden die Beziehungen nicht als „loving" und die Pflegeerfahrungen nicht als „balanced" bezeichnet, dennoch ist für die meisten Frauen aus „caring" Befriedigung erwachsen. Selbst diejenigen mit vielen Problemen und nicht zufriedenstellender Beziehung ziehen Befriedigung aus dem Gefühl, das Richtige zu tun. Daraus lässt sich meines Erachtens schließen, dass die Befriedigung weniger mit der konkreten Care Erfahrung zu tun hat, sondern auf einer Identitätsbestätigung als Sorgende und der Erfüllung einer affektiv stark positiv besetzten, gesellschaftlich gut geheißenen Aufgabe beruht. Das macht es wichtig, zwischen Erfahrungen und Deutungsmustern (insbesondere bei zurückliegenden Pflegeprozessen) zu unterscheiden, denn dem Selbstbild als gute Hilfeleistende kommt offenbar gegenüber der Summe der Pflegeerfahrungen eine eigene Qualität zu, die relativ unabhängig von Erschwernissen und Enttäuschungen sein kann.

Die Weiterentwicklung von Care über Arbeit und Liebe hinaus bezieht sich denn auch auf Gefühle und Gedanken (Mason 1994). Jennifer Mason wendet sich gegen eine Gleichsetzung von Care als Frauentätigkeit mit der Annahme einer besonderen Qualifikation oder einer spezifischen Care Moral von Frauen. Eine neuere Untersuchung verwandtschaftlicher Beziehungsmuster ergab, dass keine allgemeingültigen Richtlinien zur Übernahme von Care unter Verwandten existieren, sondern spezifische Vereinbarungen in konkreten Situationen getroffen werden; (langfristige Verpflichtungen werden jedoch eindeutig häufiger von Frauen übernommen) (Finch/Mason 1993b). Finch und Mason schließen daraus, dass „caring" über „work and love" hinaus, beziehungsvermittelt und multidimensional ist und weder statisch noch Personen unabhängig. Care wird so zu einer „relational activity", die direkt oder indirekt unter Einbeziehung materieller und moralischer Elemente ausgehandelt wird und sich zusammensetzt aus gefühlsvermitteltem Handeln („sentient activity") und aktiver Gefühlshaftigkeit („active sensibility") (Mason 1994). Unter „sentient activity" versteht Mason ein von Aufmerksamkeit und Mitdenken geprägtes Handeln[33],

33 Mason's Beispiel ist eine Familienmahlzeit, die Aktivitäten enthält wie: Wahrnehmen und Interpretieren der jeweiligen Wünsche der Familenmitglieder, Sorgetragen

das auf der insbesondere von Frauen erworbenen Fähigkeit („skills") basiert, sich in den anderen hineinzuversetzen. Davon zu trennen ist, wann und wo Frauen diese „skills" praktizieren, da sie des Trainings bedürfen, ebenso wie es bestimmter Fähigkeiten bedarf, Fürsorgebedarf überhaupt wahrzunehmen. „Active sensibility" bezeichnet die handlungsbezogene, persönliche Verantwortungsübernahme im Rahmen von Aushandlungsprozessen. Zusammenfassend stellt „caring" nach Mason einen kontextgebundenen Konstruktionsprozess von Beziehungen auf einem Kontinuum von Gender dar, der nur begrenzt auf andere Personen übertragbar ist, keine verallgemeinerte Fähigkeit darstellt und dem nicht per se eine moralisch hochstehende Qualität zukommt.

Wie komplex und wenig greifbar Care auch für „professional carers" ist, zeigt Celia Davies (1994) am Beispiel von Krankenschwestern, die unter der Sprachlosigkeit gegenüber dem eigenen Tun leiden. Jenseits einer instrumentell verstandenen Handlungskompetenz gibt es keine anerkannte Form und keine öffentliche Wertschätzung, die den Facettenreichtum von Care Tätigkeiten im Bereich der Beziehungsfähigkeit widerspiegeln würde. Gekoppelt ist diese offizielle Sprachlosigkeit mit einer persönlichen Verlustangst von zwischenmenschlichen Care Fähigkeiten durch instrumentelles Training, eine Verlustangst, die sich in der kulturellen Norm von Fürsorglichkeit als Liebe und nicht als Arbeit niederschlägt und alle Care Berufe wie ein roter Faden durchzieht (Rabe-Kleberg 1993, Rommelspacher 1992). Es mutet wie ein Tabu an, das auf dieser Fähigkeit liegt: Sie kann und darf keiner genauen Betrachtung unterzogen werden, da Fürsorglichkeit ebenso wie persönliche Liebe bei genauer Analyse zerrinnen könnte, wenn das Motiv seine Reinheit (Selbstlosigkeit) und das Objekt seinen Wert (ein guter Mensch) einbüßt. Dahinter steckt möglicherweise die Ahnung, dass Care sowohl der kollektiven Idealisierung als auch der Geringschätzung unterliegt; Ersteres wegen der eigenen Sehnsucht nach uneingeschränkter Aufgehobenheit und Zuwendung, letzeres wegen der darin enthaltenen „niederen" (versorgenden, körpernahen) Tätigkeiten, welche an die eigene Bedürftigkeit und Endlichkeit gemahnen.

Gelungene Pflegesituationen beinhalten nach Davies (1994) viele unsichtbare Kompetenzen - ähnlich wie Kunststopfen:

- Aktiven Umgang mit Gefühlslagen (eigenen und denen der Patienten) und die Anstrengung, Kontrollaspekte über die Situation an den Patienten abzugeben und mit der daraus entstehenden Verunsicherung zurechtzukommen,
- Wahrnehmungs- und Interpretationsfähigkeiten, die eine situationsangemessene Anwendung von Erfahrung und Wissen ermöglichen,

---

für gesundheitliche Ernährung, Planung und Durchführung des Einkaufs und der Vorbereitung, sowie Berücksichtigung der sozialen Dimension einer gemeinsamen Mahlzeit (Mason 1994).

- Beruhigende, persönliche, manchmal auch physische Kontaktaufnahme zu Patienten,
- Fällen einer Vielzahl sozialer Entscheidungen neben den eher instrumentellen, festgelegten Handlungen.

„Professional care“ bedeutet demnach ein Zusammenspiel formaler Kenntnisse und des Verstehens der Gesamtsituation, d.h. eine Verbindung professionellen Wissens mit Alltagswissen und Beziehungsfähigkeit (Aufmerksamkeit, Zugewandtheit, Herstellen einer freundlichen Atmosphäre), alles Qualitäten, die als berufliche Merkmale unbeachtet bleiben, da sie der Privatsphäre zugeordnet werden (vgl. Ostner/Beck-Gernsheim 1979).

Unabhängig davon, ob Care in beruflichen oder privaten Kontexten ausgeführt wird, enthält Care ein wesentliches Beziehungselement und damit eine strukturelle Unwägbarkeit, denn das Gelingen von Beziehungen unterliegt vielfältigen Bedingungen, die nicht allein in der Macht der Hilfeleistenden liegen, sondern an denen die Hilfebedürftigen ebenso teilhaben und die zudem stark von den jeweiligen Kontexten und Rahmenbedingungen beeinflusst werden. Gerade das macht eine Klärung des jeweiligen Verständnisses von Care und der Erwartungen an Care für alle Beteiligten - Institution, Hilfeleistende und Hilfebedürftige - unabdingbar.

Während sich die britische Care-Debatte zunächst auf informelles Sorgetragen im Lebenszyklus bezogen und später erst die berufliche Dimension von Care (auch hier vor allem im Lebenszyklus) in ihre Analysen hinzu genommen hat, hat in der (alten) BRD seit Ende der 70er Jahre nach einer relativ kurzen Debatte über Hausarbeit[34] Care als professionelle Tätigkeit (im Lebenszyklus und in besonderen Lebenslagen) im Vordergrund gestanden, da viele Feministinnen in diesem Bereich arbeiten. Entsprechend richtete sich die Aufmerksamkeit vor allem auf das Verhältnis von Geschlechts- und Berufsrolle.

Auf theoretischer Ebene stand die Kontroverse um das „weibliche Arbeitsvermögen“ (Ostner/Beck-Gernsheim 1979) im Vordergrund, die in vielen Punkten Ähnlichkeiten zu den Care-Debatten aufweist und als Folie für die praxisorientierten Auseinandersetzungen um Soziale Arbeit als Beziehungsarbeit verstanden werden kann. Ausgangspunkt ist die These „das Tun bestimmt das Sein“ (Ostner 1993, S. 110), d.h. die Sozialisation zur Hausarbeit impliziert eine bestimmte, von Erwerbsarbeit unterschiedene Organisationsform von Arbeit und führt zu spezifischen Mustern von Beziehungen zu Menschen. Der idealtypisch konstruierte, heuristische Begriff des weiblichen Arbeitsvermögens diente zu-

34 In den 70er Jahren gab es auch in der BRD eine Debatte über „Lohn für Hausarbeit", etwas später entstand eine Mütterbewegung, die ein ebenso populäres wie umstrittenes „Müttermanifest" herausbrachte und aus der die Mütterzentren hervorgingen. Begriffe wie „Beziehungsarbeit" und „Gefühlsarbeit" wurden geprägt für die unsichtbare Tätigkeit von Frauen, ob im privaten Bereich oder im Beruf und gewannen insbesondere im personenbezogenen Dienstleistungssektor Bedeutung.

nächst der Analyse der Benachteiligung von Frauen auf dem Arbeitsmarkt, indem stillschweigend erwartete und vorausgesetzte Interaktionskompetenzen am Beispiel von Krankenschwestern als Qualifikation sichtbar gemacht wurden (Ostner 1993). Die angemessene Übertragung dieser extraprofessionellen Fähigkeiten von privatem Tun in berufliches Handeln wird - ohne jedwede Anerkennung - den Frauen selbst überlassen, was nicht selten zum Scheitern, zumindest aber zur Unzufriedenheit angesichts falscher Erwartungen führt (Krüger 1988). Während berufliche Leistungen für männliche Arbeitskräfte formalisiert sind, bleiben die Leistungserwartungen an weibliche Arbeitskräfte eher vage. An Frauen wird zum einen die Hausarbeit delegiert und zum anderen wird ihnen in der Erwerbsarbeit die Übernahme unsichtbarer, hausarbeitsnaher Tätigkeiten zugewiesen. Diese Form „verberuflichter Sorgearbeit“ (Ostner 1993, S. 16) mit ihrer unstrukturierten Arbeitsweise und ihren vermischten Tätigkeitsfeldern führt zu fließenden Übergängen zwischen Beruf und Person und zu Abgrenzungsproblemen gegenüber beruflichen Erwartungen (Gildemeister 1998)[35]. Ilona Ostner (1993) geht jedoch davon aus, dass diese traditionelle weibliche Sozialisation aufgrund veränderter Familienverhältnisse heute seltener zu finden ist und sich zudem personengebundene Dienstleistungen inzwischen auch für Frauen entlang hierarchisierter Linien von hochprofessionell bis hausarbeitsnah ausdifferenziert haben. Die Auffächerung weiblicher Lebenslagen und die Übernahme spezialisierter Berufsorientierungen bilden die Voraussetzung für eine kritische Reflexion des auf häuslicher Fürsorge beruhenden weiblichen Arbeitsvermögens zugunsten einer neuen Vielfalt von Fähigkeiten und erlauben dessen Zurückweisung respektive strategische Nutzung.

Gudrun-Axeli Knapp (1988) hebt hingegen die problematischen Aspekte einer Festschreibung von Differenz hervor und sieht eine Falle darin, wenn die in der gesellschaftlichen Abwertung von Frauenarbeit enthaltenen, patriarchalen Defizitbestimmungen in positive Bestimmungen weiblicher Fähigkeiten umgewandelt werden. Ähnlich argumentiert Birgit Rommelspacher (1992), die von einem Zusammenhang zwischen Mitmenschlichkeit und Unterwerfung bei Frauen ausgeht und gesellschaftliche Machtlosigkeit als Basis spezifisch weiblicher Sorgefähigkeiten annimmt. Ebenso betont Ursula Rabe-Kleberg (1988) die negativen Entstehungsbedingungen eines spezifisch weiblichen Arbeitsvermögens, nämlich den Ausschluss von Frauen aus der „allgemeinen“ Öffentlichkeit und damit von „allgemeiner“ professioneller Tätigkeit. In „frauentypischen“ Berufen wird das weibliche Arbeitsvermögen quasi noch einmal gegen Frauen verwandt, indem ihnen personenbezogene Dienstleistungen unter viel schlechteren Bedingungen als Männern zugemutet werden, nämlich als „unmittelbar

---

35 Nach Gildemeister (1998) fällt in der Arbeit von Frauen insbesondere im Bereich der „Gefühlsarbeit" Person und Arbeit in einer Weise zusammen, dass das Tun als Teil der Geschlechtsidentität und nicht als eine von ihrer Person getrennte Aufgabenerfüllung wahrgenommen wird. Im personennahen Aufgabenbereich, historisch gesehen zunächst in der Familie, dann auch im Beruf, gelten die anfallenden Tätigkeiten im entwertenden Sinne als hausarbeitsnah und dem „weiblichen Sozialcharakter" inhärent.

menschliche" im Gegensatz zu professionell geregelten, mit verbindlichen Strukturen und eingebauten Distanzierungsmöglichkeiten (Rabe-Kleberg 1988).

Dieses Spannungsverhältnis von unmittelbarer Menschlichkeit und Verberuflichung schlägt sich auch in der feministischen Sorgetätigkeit, wie sie in den Frauen- und Mädchenprojekten entwickelt wurde, nieder (Brückner 1996). Die zunehmende Professionalisierung der Projekte erwies sich als wesentlicher Entwicklungsfaktor bezogen auf die Einbindung in das soziale System personenbezogener Dienstleistungen, dem die Projektebewegung allerdings ambivalent gegenübersteht, da ein Verlust der frauenpolitischen Identität der Projekte und feministischer Arbeitsansätze befürchtet wird. Das führt nicht selten zu einer Gegenüberstellung von politisch motivierten, feministischen Prinzipien und als professionell angesehenen Erfordernissen. Dabei wird häufig ein Bild professionellen Handelns herangezogen, das vom Verdacht geprägt ist, Professionalität würde zur Aufgabe feministischer Werte zwingen, insbesondere bezogen auf das Ideal der Gemeinsamkeit mit den hilfesuchenden Frauen und Mädchen. In einer derartigen Haltung drückt sich der Konflikt zwischen einer frauenpolitischen, die gesellschaftlichen Strukturen verändernden Arbeit und einer professionalisierten helfenden Tätigkeit im Rahmen institutionalisierter, öffentlich geförderter Einrichtungen aus. Die Umsetzung politischer Forderungen in die Praxis durch Gründung von Projekten brachte die sie initiierenden Frauengruppen zumeist ungewollt in die Nähe des Berufsfeldes Sozialer Arbeit mit seinen rechtlichen und bürokratischen Rahmenbedingungen, die nur schwer mit den eigenen, allgemeinen frauenpolitischen Ansprüchen vereinbar sind.

Zugleich legte aber gerade die unterstellte Gemeinsamkeit mit den Klientinnen ein Verständnis der eigenen Arbeit nahe, das jenseits aller progressiven, gesellschaftsverändernden Intentionen in der Alltagspraxis mit den Frauen und Mädchen eher an klassische Modelle professionellen, sozialarbeiterischen Handelns anknüpft, in denen die „helfende Beziehung" im Mittelpunkt steht. Die „helfende Beziehung" beruht ganz wesentlich auf Einfühlungsvermögen und intuitiver Hilfefähigkeit und steht Regeln, Techniken sowie Methoden eher ablehnend gegenüber, weil diese als die Authentizität der Beziehung zerstörend angesehen werden (Galuske 1998). Demgegenüber hat sich ein Professionsmodell wissenschaftlich fundierter, reflexionsbezogener Sozialer Arbeit entwickelt, für das „Fallverstehen" auf der Basis von wissenschaftlichen Erkenntnissen, Erfahrungswissen und hermeneutischer Sensibilität kennzeichnend ist. Dieses Modell schließt an Ulrich Oevermanns Konzept der „stellvertretenden Deutung" von Sinnstrukturen sozialer Interaktionen an, das auf einer Vermittlungsfähigkeit von wissenschaftlicher Abstraktion und konkretem Fallbezug beruht und sich durch einen lebensweltlich-hermeneutischen Stil professionellen Handelns auszeichnet. Zentraler Bezugspunkt des Modells ist eine wissenschaftlich fundierte Reflexionskompetenz der Professionellen, allerdings bleibt der für Soziale Arbeit bedeutsame Aspekt gemeinsamen Handelns ausgespart. Deshalb geht es - neben der Deutungskompetenz bezogen auf die Interaktionsbeziehung - in Berufsfeldern im Bereich von Care um den „komplexen Prozess der Herausbildung einer gegenstandskonstituierenden Interaktionsbedeutung“ (Combe/Buchen 1996, S. 270). Kennzeichnendes Merkmal Sozialer Berufe ist die widersprüchliche Spannung zwischen institutionell verankertem Rollenhandeln und dem Handeln als ganze Person, die es jeweils auszubalancieren gilt und die zudem auf struktureller Unsicherheit basiert, da sozialarbeiterisches Handeln weder bis ins Detail vorhersehbar noch planbar ist.

Ulrich Oevermann (1996) geht von einer krisenanfälligen, besonderen Brisanz und Riskanz professionellen Handelns bezogen auf die Vertretung bedeutender gesellschaftlicher Güter (wie Aufrechterhaltung und Gewährleistung von Recht und Gerechtigkeit) einerseits und die Wahrung individueller Integrität in der Professionelle-Klient-Beziehung andererseits aus, die in einem polaren Spannungsverhältnis zu einander stehen und daher eine kritische Auseinandersetzung mit den zugrunde gelegten Werten erfordern und ermöglichen. Das bedingt die widersprüchliche Einheit von Rollenhandeln und dem Handeln als ganzer Person, da sowohl eine diffuse, thematisch offene Sozialbeziehung, als auch eine spezifische, thematisch eingegrenzte Sozialbeziehung (im Sinne einer Rolle) die Soziale Arbeit kennzeichnet. Aus dieser widersprüchlichen Einheit ergibt sich die Notwendigkeit, ein Arbeitsbündnis zu gestalten. Daraus erwächst jedoch eine weitere widersprüchliche Einheit, nämlich die zwischen Autonomie und Abhängigkeit: Gegenstand der Tätigkeit ist das Fördern respektive Wiederherstellen persönlicher Integrität im Sinne einer autonomen Lebenspraxis, gleichzeitig enthält sie aber auch immer das Risiko, im Prozess des dazu erforderlichen Handelns de-autonomisierend zu wirken. Für einen erfolgreichen Umgang mit diesen Widersprüchlichkeiten bedarf es einer „doppelten Professionalisierung“, denn es müssen sowohl interventionspraktische Fähigkeiten im Sinne einer Habitusformation als auch erfahrungswissenschaftliche Kenntnisse und Methoden erworben werden, um ein Arbeitsbündnis mit Klienten als Voraussetzung einer erfolgreichen Handlungsebene eingehen zu können. Wichtiger Teil eines solchermaßen professionalisierten Handelns ist die Reflexion der eigenen Beteiligung an der jeweiligen Interaktionsdynamik.

Die Fähigkeit zur Empathie gepaart mit der Fähigkeit zur Reflexion gewährleisten einen ausreichenden inneren Abstand zum eigenen Handeln und zum Interaktionsgeschehen, der sowohl ein notwendiges Maß an Zuwendung als auch an Verstehen ermöglicht. Ein solchermaßen „triadisches Konzept“ basiert auf zwei unterschiedlichen dyadischen Prozessen zwischen Mitarbeiterinnen und Klientinnen: Zunächst lässt sich die Mitarbeiterin gefühlshaft auf die Interaktion und Kommunikation mit der Klientin oder der Gruppe ein und lässt diese auf sich wirken; im anschließenden Reflexionsprozess werden die eigenen affektiven Regungen genutzt zu einem ersten Verstehen des latenten Gehaltes der jeweiligen Interaktion (Bosse 2000). Die anschließende Intervention ist geprägt von einer reflektierenden, inneren Distanzbewegung, die es ermöglicht, über einen aufgabenbezogenen, erfahrungswissenschaftlich angereicherten Blick auf das momentane Geschehen eine weiterführende Verbindung herzustellen, die die Klientin für sich nutzbar machen kann und die der psychosozialen Entwicklung dienlich ist[36]. Diese Distanzierungsbewegung erlaubt ein systematisiertes und nicht lediglich von spontanen Hilfeimpulsen gesteuertes Verhalten. Ein derartiges Konzept schafft sowohl eine ausreichende Nähe als auch das notwendige Maß an Distanz zwischen dem Selbst und dem Anderen, um nicht in symbiotischen Verstrickungen befangen zu bleiben.

Diese professionstheoretischen Ansätze könnten im Bereich von Care helfen, die von vielen Frauen empfundene Ambivalenz gegenüber einer Professionalisierung abzubauen. Charakteristisch für derartige sozialwissenschaftliche Mainstream-Ansätze ist allerdings auch, dass sie geschlechtsspezifische Charakteristika wie die weiter oben beschriebenen extraprofessionellen Voraussetzungen (Annahmen über ein besonderes weibliches Arbeitsvermögen, Solidarität unter Frauen) nicht eingehen. Daher sind diese Ansätze zwar für den Reflexionsprozess hilfreich, greifen aber die Problemlage als solche nicht auf und können daher zur Lösung anstehender Fragen der Professionalität von Frauenberufen nur begrenzt beitragen.

9. Care als Herzstück feministischer Sozialpolitik

Ausgangspunkt feministischer Sozialpolitik ist die Analyse des patriarchalen Geschlechterkontraktes, der westlichen Wohlfahrtsregimen explizit oder implizit zugrundeliegt (Sauer 1998, Kurz-Scherf 1997, Veil 1996). Die enge Bindung sozialer Leistungen an existenzsichernde Erwerbsarbeit und die damit verbundene geringe eigenständige Sicherung von Frauen ist in der BRD besonders ausgeprägt (ähnlich in Großbritannien), während Leistungsgrundsätze in anderen Wohlfahrtsstaaten (vor allem in Skandinavien) stärker mit allgemeinen Bürgerrechten als mit der Position am Arbeitsmarkt verknüpft sind[37]. So basiert

36 Dieser Prozeß findet nach Bosse (2000) sowohl mit als auch ohne die Beteiligung der Klientinnen statt, mit ihnen insofern, als sie durch das von ihnen Eingebrachte den Prozeß überhaupt erst ermöglicht haben und als sie aus der neuerlichen, von Einfühlungsvermögen und von einer reflektierenden Distanzierung geprägten Intervention aus der Fachlichkeit der Mitarbeiterin nutzen ziehen können. Er findet aber gleichermaßen insofern ohne sie statt, als sie an dem Reflexionsgeschehen nur mittelbar, nicht aber unmittelbar beteiligt sind, da nur die Mitarbeiterin aufgrund ihrer Ausbildung und ihrer nur indirekten Beteiligung an dem Problem der Klientin zu dieser inneren Distanzierungsbewegung auf der Basis von Empathie in der Lage ist.

37 Vgl. hierzu die Debatte über verschiedene Wohlfahrtssysteme und deren geschlechtsspezifische Auswirkungen differenziert nach dem Grad des „bread-winner-models", wo die BRD, wie auch Großbritannien, dem starken Familienernährermodell zugerechnet werden. Die traditionelle, hierarchische Arbeitsteilung zwischen den Geschlechtern wird durch sozialstaatliche Interventionen gefördert (Ostner 1995). Diese Sichtweise stellt eine feministische Weiterentwicklung der Analyse von Esping-Andersen (1990) dar, der die BRD dem ständisch-korporativen Modell zurechnet, gekennzeichnet durch eine relativ gute soziale Absicherung über den Arbeitsmarkt mit starkem Einfluß traditioneller Werte durch Familie und Kirche. Da Esping-Andersen die zugrundeliegene Geschlechtsspezifik außer Acht lässt, gibt es zwischen seinen Zuordnungen und der feministischen Neuinterpretation große Unterschiede.

das deutsche Konzept Sozialer Sicherung, bedingt durch die traditionelle Unterscheidung von Lohnarbeit und Hausarbeit, auf einer geschlechterhierarchischen, dualistischen Struktur: Während Erwerbstätige gegen soziale Risiken versichert sind, werden Hausarbeit-leistende Frauen entweder in die Abhängigkeit vom Ehemann oder an die Fürsorge verwiesen.

Eine Neubestimmung des Arbeitsbegriffes (Kurz-Scherf 1997, Veil 1997) und die Umverteilung von Erwerbs- und Fürsorgearbeit (Braun/Jung 1997) stehen daher im Zentrum des Interesses feministischer Theoretikerinnen. Der feministische Arbeitsbegriff bezieht Hausarbeit ein, da sie gleichermaßen lebensnotwendig und lebenserhaltend ist wie Erwerbsarbeit und hebt damit tendenziell die Trennung von bezahlter und unbezahlter Arbeit auf. Große Bedeutung kommt dem gesellschaftlichen Umgang mit Arbeitszeit zu, da angemessene Arbeitszeitregelungen die Voraussetzung einer gerechteren Verteilung aller sozialen Aufgaben darstellen. Marieluise Beck (1997) unterscheidet zwei gesellschaftliche Optionen: Hohes Erwerbsvolumen plus marktvermittelte soziale Tätigkeiten oder niedrige Erwerbsarbeitszeit und niedriges Erwerbseinkommen plus nicht-marktvermittelte soziale Verantwortlichkeiten. Beiden Optionen haftet derzeit ein Bias zuungunsten von Frauen an, da ihr Einkommen niedriger ist und sie mehr Fürsorgeaufgaben übernehmen.

Wie neue Prinzipien der Wohlfahrt mit Hilfe einer Care Theorie entwickelt werden können, hat die holländische Sozialwissenschaftlerin Selma Sevenhuijsen (1997) in einem kontroversen Beitrag dargelegt. Sevenhuijsen kritisiert die von ihr als sozial-liberal bezeichnete feministische Strategie, Care als Arbeit zu begreifen und eine geschlechtsneutrale Verteilungsgerechtigkeit anzustreben. Dem stellt sie eine transformative Strategie gegenüber, in der Care als gesellschaftliche Praxis angesehen wird, die auf dem care-ethischen Anspruch einer Verbundenheit zum Wohle aller aufbaut. Citizenship begreift sie weniger als Rechtskonstrukt, denn als Form des Handelns auf ethischer Grundlage. Damit erhält Care in Anlehnung an Hannah Arendt den Charakter einer republikanischen Tugend, deren Organisation in öffentlicher (statt bisher privater) Verantwortung - unter Beibehaltung privater Aspekte des Sorgens - liegt, ohne als Teil weiblicher Identität und Verpflichtung festgeschrieben zu werden. Trotz öffentlicher Verantwortung für Care, sieht Sevenhuijsen in Care eine weibliche Ressource von Handeln und Sein, die im Engagement für soziale Berufe wie auch in der informellen Praxis des „caring" ihren Ausdruck findet und der sie einen positiven Wert beimisst. Freiheit und Autonomie sind für sie nicht notwendigerweise an bezahlte Arbeit und Partizipation auf dem Arbeitsmarkt gebunden. Entsprechend kritisiert sie die Parole der Neuen Frauenbewegung „Das Private ist politisch", da in dieser Sichtweise private-Lebensäußerungen-schützende Grenzen einer staatlich geprägten, öffentlichen Einflussnahme nicht erkennbar seien.

Hingegen sieht Renate Rampf (1997) in einer Care Ethik zwar eine bedeutsame sozialstaatliche Ergänzung, aber keinen Ersatz für ein Rechtsgefüge, da nicht eine Moral des Versorgens, sondern allgemeine Rechte für einen demokratischen Sozialstaat unabdingbar sind. Care Ethik verweist auf die wichtige Aufgabe des Sorgens und Pflegens, andererseits benennt Rampf das zentrale Problem eines der Care Ethik verpflichteten Staates: Eingriffsrechte zum Schutz der Einen vermögen schnell Kontrolle oder Schlechterstellung Anderer nach sich zu ziehen und individuelle Rechte über die Maßen zu beschneiden. Dennoch haben Frauen die Erfahrung gemacht, dass garantierte, politische und individuelle Rechte zu einer demokratischen Teilhabe nicht reichen, wenn keine eigenständigen, auf die Lebenslagen von Frauen bezogenen, soziale Rechte hinzukommen. Eckpunkte einer feministischen Sozialpolitik sind daher erstens eine Aufwertung von Care Tätigkeiten im Sinne sozialstaatlicher Ansprüche von „carers“ und zweitens sozialstaatliche Leistungen aufgrund von Bedürftigkeit (statt Leistungsberechtigung aus Lohnarbeit) (Veil 1997).

> „Ein (...) erneuerter (sozialstaatlicher) Geschlechterkompromiss muss soziale Sicherung jenseits des ständischen Geschlechterkriteriums gewährleisten, er muss Haus-, Pflege-, Fürsorge- und Erziehungsarbeit für beide Geschlechter honorieren und ermöglichen, und er muss „Abhängigkeit“ als Grundkonstellation des Individuums akzeptieren“ (Sauer 1998, S. 41).

Die gesellschaftlichen Voraussetzungen dafür sind angesichts von Globalisierung und Erosion des männlich konnotierten Normalarbeitsverhältnisses nach Ingrid Kurz-Scherf (1997) nicht schlecht. Wenn in zunehmendem Maße auch Männer nicht mehr (weder für sich noch ihre Familien) die Voraussetzungen für soziale Leistungen nach dem Versicherungsprinzip erfüllen, gewinnt ein Ausbau sozialer Rechte auf der Grundlage von „social citizenship“ z.B. durch Grund- oder Mindestsicherung (Veil 1997) ebenso an Chancen, wie ein Modell „flexible Arbeitszeitverkürzung plus Professionalisierung eines Teils der zur Zeit noch unentgeltlichen und unqualifizierten Tätigkeiten in den Privathaushalten ...“ (Kurz-Scherf 1997, S. 47)[38].

Die derzeitige arbeitsmarktpolitische und gesamtgesellschaftliche Entwicklung trägt jedoch nicht nur zur Auflösung geschlechtsspezifischer Lebenslagen bei, sondern lässt den Geschlechteraspekt zu einer Dimension unter vielen werden, die Frauen (und Männer) beunruhigen. Daher bedarf es auch für viele Frauen der Vermittlung des Geschlechteraspektes mit anderen Umwälzungsprozessen z.B. auf dem Arbeitsmarkt und in der Wirtschaft, um feministische Ansätze plausibel zu machen. Daraus ergibt sich ein Ansatz feministischen Denkens, der das Geschlecht nicht als einzigen Bezugspunkt gesellschaftlicher Analyse

---

38 Als Weiterführung dieses Grundgedankens lässt sich Arlie Russell Hochschilds (1995, S.332) weniger sozialpolitisch als kulturpolitisch orientiertes idealtypisches Modell von „warm-modern" Care verstehen „in which institutions provide some care of the young and elderly, while women and men join equally in providing private care as well". Dieses Modell geht davon aus, dass soziale Institutionen Teile der Care-Aufgaben übernehmen, gleichzeitig aber auch Frauen und Männer genügend Zeit und den Wunsch haben, Care im privaten Kontext zu leisten. Es erfordert einen Wandel des Männerbildes, der Arbeitsstruktur und eine andere Wertschätzung von Care.

setzt, sondern als eine Strukturkategorie, ohne deren Berücksichtigung der Gedanke einer Geschlechterdemokratie allerdings nicht möglich ist.

Der Erfolg der Care-Debatten und Care-Politiken lässt sich meines Erachtens in folgenden Punkten zusammenfassen:

- Sie haben einen Beitrag zur Neudefinition von Arbeit geleistet:
  Die Analysen von Care Tätigkeiten, ob in der Form des Sichtbarmachens traditioneller Frauenarbeit im Haus oder in der Form des Sichtbarmachens der Komplexität professioneller sozialer und pflegerischer Hilfeleistungen, haben dazu geführt, den Begriff der Arbeit zu erweitern und Frauenbelange öffentlich zu machen.

- Sie haben die geschlechtsspezifische Verknüpfung von Arbeit und Liebe in Frage gestellt:
  Die feministische Kritik an einer nur für Frauen geltenden Gleichsetzung von Arbeit und Liebe (ob zur Familie oder zum Nächsten) gilt deren gesellschaftlicher Funktion, nicht Sorgetätigkeiten als solchen. Denn Care kommt eine zentrale Bedeutung angesichts menschlicher Bedürftigkeit zu, die entwertet und unsichtbar bleibt, solange diese als weibliche Geschlechtseigenschaft gilt und nicht als allgemeine, gesellschaftliche Aufgabe verstanden wird.

- Sie haben die Organisationsformen und die mangelnde gesellschaftliche Anerkennung von Care problematisiert:
  Die Care Bewegung hat die unbezahlte, familiale Fürsorge- und Pflegetätigkeit von Frauen öffentlich gemacht und die sozialpolitisch relevanten Beiträge von Frauen aufgezeigt, daraus erwachsende Anrechte (social-citizenship) auf die Tagesordnung gesetzt und erste Erfolge errungen, indem familiale Leistungen zunehmend, wenn auch nicht ausreichend, sozialpolitisch Beachtung finden.

- Sie haben sowohl dem staatlichen als auch dem Non-Profit-Bereich neue Inhalte im sozialen Sektor abverlangt:
  Care ist als gesellschaftliche Aufgabe und als Beruf zum öffentlichen Thema gemacht worden, wodurch neue Berufsfelder im Care Bereich und neue Unterstützungsmöglichkeiten insbesondere für Frauen und Mädchen geschaffen wurden.

Literatur

Abel, Emily K./Nelson, Margaret K. (1990): Circles of Care: An Introductory Essay. In: Dies. (Hg.): Circles of Care: work and identity in women's lives. Albany: State University of New York Press, S. 4-34

Baer, Susanne/Schweikert, Birgit (1997): Jetzt erst Recht, Rechte für misshandelte Frauen - Konsequenzen für die Täter. Berlin (Broschüre von BIG e. V.)

Baumann, Zygmunt (1998): Über den postmodernen Gebrauch der Sexualität. In: Zeitschrift für Sexualforschung, Jg. 11, S. 1-16
Beck, Marieluise (1997): Arbeitszeitpolitik - ein sozialpolitisches und beschäftigungspolitisches Instrument für mehr Gerechtigkeit. In: Braun, Helga/Jung, Dörte (Hg.): a. a. O., S. 160-172
Benjamin, Jessica (1985): Die Fesseln der Liebe: Zur Bedeutung der Unterwerfung in erotischen Beziehungen. In: Feministische Studien, Jg. 4, H. 2, S. 10-33
Beyer, Johanna /Lamott, Franziska/Meyer, Birgit (Hg.) (1983): Frauenhandlexikon. München: Beck
Boeger, Annette/Mantey, Caroline (1998): Sexuelle Erfahrungen und Einstellungen junger Erwachsener. In: Zeitschrift für Sexualforschung, Jg. 11, S. 130-148
Bosse, Hans (2000): Aufgaben und Fallen geschlechtsspezifischer Pädagogik mit männlichen Adoleszenten. In: Müller, Burkhard/King, Vera (Hg.): Adoleszenzforschung und pädagogische Praxis. Jugendarbeit im Kontext. (erscheint Herbst 2000). Freiburg: Lambertus
Brandau, Heidrun/Ronge, Karin (1996): Gewalt gegen Frauen im häuslichen Bereich, Alte Ziele - neue Wege. Berlin: Broschüre von BIG e.V.
Braun, Helga/Jung, Dörte (Hg.) (1997): Globale Gerechtigkeit? Feministische Debatte zur Krise des Sozialstaats. Hamburg: Konkret Literatur Verlag
Brückner, Margrit (1998): Wege aus der Gewalt gegen Frauen und Mädchen. Frankfurt: Fachhochschulverlag
Brückner, Margrit (1996): Frauen- und Mädchenprojekte, Von feministischen Gewissheiten zu neuen Suchbewegungen. Opladen: Leske + Budrich
Brückner, Margrit (1994): Sexuelle Zeiten. In: Garbrecht, Annette (Hg.): Wer vor mir liegt ist ungewiss. Hamburg: Ingrid Klein, S. 99-115
Brückner, Margrit (1990): Von der Schwierigkeit weiblichen Begehrens. In: Zeitschrift für Sexualforschung, H. 3, S. 195-217
Brückner, Margrit (1987): Die Januskopfige Frau, Frankfurt: Neue Kritik
Brückner, Margrit (1983): Die Liebe der Frauen, Frankfurt: Neue Kritik
Chamberlayne, Prue (1996): Fürsorge und Pflege in der britischen feministischen Diskussion. In: Feministische Studien, H. 2, S. 47-60
Combe, Arno/Buchen, Sylvia (1996): Belastungen von Lehrerinnen und Lehrern. Weinheim/München: Juventa
Connell, Robert, W. (1995): Neue Richtungen für Geschlechtertheorie, Männlichkeitsforschung und Geschlechterpolitik. In: Armbruster, L. Christof/Müller, Ursula/Stein-Hilbers, Marlene (Hg.): Neue Horizonte? Opladen: Leske + Budrich, S. 61-84
Dalley, Gilligan (1993): The principle of collective care. In: Bornat, Joanna et al. (Hg.): a. a. O., S. 152-155
Davies, Celia (1994): Competence versus Care? Gender and Caring Work Revisited. Vortrag im Research Comittee 19, 13. Weltkongress der Soziologie, Bielefeld
Diezinger, Angelika/Rerrich, Maria S. (1998): Die Modernisierung der Fürsorglichkeiten in der alltäglichen Lebensführung junger Frauen: Neuerfindung des Altbekannten? In: Oechsle, Mechtild/Geissler, Birgit (Hg.): Die ungleiche Gleichheit. Opladen: Leske + Budrich, S. 165-184

Düring, Sonja (1996): „Manchmal wär' ich gern ein bisschen geiler". In: Pro Familia Magazin H. 5, S. 8-10
Ehrhardt, Angelika (1998): Frauen - Macht - Karriere, eine Untersuchung zu Aufstiegserfahrungen und Leitungskonzepten von Frauen in der Sozialen Arbeit. Veröffentlichungen aus Lehre, angewandter Forschung und Weiterbildung Bd. 32. Wiesbaden: Fachhochschule Wiesbaden
Esping-Andersen, Gösta (1990): The Three Worlds of Welfare Capitalism. Oxford: Polity Press
Flaake, Karin (1997): Frauen in Arbeitszusammenhängen: Kooperation und Konkurrenz - unvereinbar? In: Zeitschrift für Frauenforschung, Jg. 15, H. 1/2, S. 69-77
Flaake, Karin (1996): Weibliche Adoleszenz, Körperlichkeit und Sexualität. In: Zeitschrift für Sexualforschung, Jg. 9, S. 303-314
Finch, Janet/Groves, Dulcie (Hg.) (1983): A Labour of Love: Women, Work and Caring. London: Routledge & Keagan
Fisher, Berenice/Tronto, Joan (1990): Toward a Feminist Theory of Care. In: Abel, Emily K./Nelson, Margaret K. (Hg.): Circles of Care: work and identity in women"s lives. Albany: State University of New York, S. 35-62
Fraser, Nancy (1994a): Der Kampf um die Bedürfnisse: Entwurf für eine sozialistisch-feministische kritische Theorie der politischen Kultur im Spätkapitalismus (1990). In: Dies.: Widerspenstige Praktiken: Macht, Diskurs, Geschlecht. Frankfurt a.M.: Suhrkamp, S. 249-291
Fraser, Nancy (1994b): Die Frauen, die Wohlfahrt und die Politik der Bedürfnisinterpretation (1987). In: Ibid: S. 222-248
Fraser, Nancy (1994c): After the Family Wage: Gender Equity and the Welfare State. In: Political Theory, Vol. 22, 4, S. 591-618
Fraser, Nancy/Gordon, Linda (1994): „Dependency" demystified: Inscriptions of Power in a Keyword of the Welfare State. In: Social Politics, Vol. 1, N. 1, S. 4-31
Friebertshäuser, Barbara/Jakob, Gisela/Klees-Möller, Renate (Hg.) (1997): Sozialpädagogik im Blick der Frauenforschung. Weinheim: Deutscher Studienverlag
Galuske, Michael (1998): Methoden der Sozialen Arbeit. Weinheim/München: Juventa
Gerhard, Ute (1997a): Atempause oder neuer Anlauf in der Frauenpolitik? In: Die Frau in unserer Zeit, Jg. 26, H. 4, S. 6-10
Gerhard, Ute (1997b): Soziale Bürgerrechte - ein Konzept für Frauen? In: Behning, Ute (Hg.): Das Private ist ökonomisch. Berlin: edition Sigma, S. 23-40
Gerhard, Ute (1996): Feministische Sozialpolitik in vergleichender Perspektive. In: Feministische Studien, H. 2, S. 6-17
Gerstel, Naomi/Gallagher, Sally (1994): Caring for Kith and Kin: Gender, Employment, and the Privatization of Care. In: Social Problems, Vol. 41, N. 4, Nov.
Gildemeister, Regine (1998): Halbierte Arbeitswelten? Gefühlsarbeit und Geschlechterkonstrukte am Beispiel professionalisierter Berufe. In: Supervision, H. 33, S. 48-59
Godenzi, Alberto (1997): Zum Zusammenhang zwischen Denken und Handeln von Männern und Maßnahmen der Kontrollsysteme. In: Kofra, Jg. 15, Nr.83/84, S. 18-26

Graham, Hilary (1993): Feminist perspectives on caring. In: Bornat, Joanna et al. (Hg.): a. a. O., S. 124-133
Graham, Hilary (1983): Caring. A Labour of Love. In: Finch/Groves (Hg.): a. a. O., S. 13-30
Hagemann-White, Carol (1993): Das Ziel aus dem Auge verloren? In: Zeitschrift für Frauenforschung H. 1+2, S. 57-62
Hagemann-White, Carol (1992): Strategien gegen Gewalt im Geschlechterverhältnis. Pfaffenweiler: Centaurus
Heintz, Bettina/Nadai, Eva (1998): Geschlecht und Kontext. In: Zeitschrift für Soziologie, Jg. 27, H. 2, S. 75-93
Helfferich, Cornelia (1997): „Männlicher" Rauschgewinn und „weiblicher" Krankheitsgewinn? In: Zeitschrift für Sozialisationsforschung und Erziehungssoziologie, Jg. 17, H. 2, S. 148-161
Hochschild, Arlie Russell (1995): The Culture of Politics: Traditional, Postmodern, Cold-modern and Warm-modern Ideals of Care. In: Social Politics, Vol. 2, N. 3, S. 331-346
Hoyes, Lesly/Means, Robin (1993): Markets, contracts and social care services: prospects and problems. In: Bornat, Joanna et al. (Hg.): a. a. O., S. 156-166
Kavemann, Barbara (1996): Möglichkeiten und Grenzen präventiver Arbeit gegen sexuellen Missbrauch von Mädchen und Jungen. In: Neue Praxis H. 2, S. 137-149
Knapp, Gudrun-Axeli (1988): Das Konzept „weibliches Arbeitsvermögen" - theoriegeleitete Zugänge, Irrwege, Perspektiven. In: Frauenforschung, Jg. 6, H. 4, S. 8-19
Kurz-Scherf, Ingrid (1998): Krise des Sozialstaats - Krise der patriarchalen Dominanzkultur. In: Zeitschrift für Frauenforschung - Sonderheft 1, S. 13-48
Kurz-Scherf, Ingrid (1997): Kopfkrise der Frauenforschung. In: Die Frau in unserer Zeit, Jg. 26, H. 4, S. 11-16
Knijn, Trudie/Kremer, Monique (1997): Gender and the Caring Dimension of Welfare States: Toward Inclusive Citizenship. In: Social Politics, Vol. 4, N. 3, S. 328-361
Lauer, Doris (1998): Kritik aus der Perspektive sexualpädagogischer Erfahrung, zur Studie über Frauenbilder junger Männer von Cornelia Behnke und Michael Meuser. In: Zeitschrift für Sexualforschung, H. 1, S. 54-58
Lenz, Karl (1998): Soziologie der Zweierbeziehung. Opladen: Westdeutscher Verlag
Leira, Arnlaug (1994): Caring and the Gendering of Citizenship. Vortrag im Research Comittee 19, 13. Weltkongress der Soziologie, Bielefeld
Lewis, Jane (1997a): Bezahlte Arbeit, unbezahlte Arbeit und wohlfahrtsstaatliche Leistungen. In: Behning, Ute (Hg.): Das Private ist ökonomisch. Berlin: edition Sigma, S. 67-86
Lewis, Jane (1997b): Gender and Welfare Regimes: Further Thoughts. In: Social Politics, Vol. 4, N. 2, S. 160-177
Lewis, Jane/Meredith, Barbara (1988): Daughters who care: daughters caring for mothers at home. London: Routledge
McLaughlin, E./Glendinning, C. (1994): Paying for Care in Europe. Is there a Feminist Approach? In: Hantrais, L./Mangen, S. (Hg.): Family Policy and the Welfare of Women. University of Loughborogh, S. 52-69

Marshall, Thomas H. (1992): Bürgerrechte und soziale Klassen. Frankfurt: Suhrkamp
Mason, Jennifer (1994): Reconceptualising Care: Gender, Sensibility and Moral Responsibility in Family and Kin Relationships. Vortrag im Research Comittee 19, 13. Weltkongress der Soziologie, Bielefeld
Matthies, Aila-Leena (1998): Von der öffentlichen Dominanz sozialer Dienste zum Aufbau intermediärer Instanzen. In: Soziale Welt, H. 49, S. 57-70
Meyer, Joan (1996): Sexuality and power, perspectives for the less powerful. In: Theory and Psychology. Vol. 6, N. 1, S. 93-119
Moeller, Michael Lukas (1989): Die große Einsamkeit zu zweit. In: Psychologie heute, Jg. 16, H. 7, S. 20-28
Nini, Maria et al. (1996): Abbau von Beziehungsgewalt als Konfliktlösungsmuster. Schriftenreihe des BMFSFJ Bd. 102, Stuttgart/Berlin/Köln: Kohlhammer
Oevermann, Ulrich (1996): Theoretische Skizze einer revidierten Theorie professionalisierten Handelns. In: Combe, Arno/Helsper, Werner (Hg.): Pädagogische Professionalität. Frankfurt: Suhrkamp, S. 70-180
Ostner, Ilona (1995): Arm ohne Ehemann? Sozialpolitische Regulierung von Lebenschancen für Frauen im internationalen Vergleich. In: Aus Politik und Zeitgeschichte, Beilage zur Wochenzeitung Das Parlament, B 36-37, 1. Sept., S. 3-12
Ostner, Ilona (1993): Zum letzten Male: Anmerkungen zum „weiblichen Arbeitsvermögen". In: Krell, Gertraude/Osterloh, Margit (Hg.): Personalpolitik aus der Sicht von Frauen. München/Mehring: Rainer Hampp, S. 107-121
Ostner, Ilona (1986): Weiblichkeit als Beruf, In: Sozial Extra, Oktober
Ostner, Ilona/Beck-Gernsheim, Elisabeth (1979): Mitmenschlichkeit als Beruf. Frankfurt M/New York: Campus
Poluda-Korte, Eva (1989): „Freud und die Töchter", Vortrag zum 50. Todestag Sigmund Freuds, Institut für Psychoanalyse Gießen, unveröff. Manuskript
Rabe-Kleberg, Ursula (1997): Frauen in sozialen Berufen - (k)eine Chance auf Professionalisierung. In: Friebertshäuser, Barbara/Jakob, Gisela/Klees-Möller, Renate (Hg.): Sozialpädagogik im Blick der Frauenforschung. Weinheim: Deutscher Studien Verlag, S. 59-69
Rabe-Kleberg, Ursula (1993): Verantwortlichkeit und Macht. Bielefeld: Kleine Verlag
Rabe-Kleberg, Ursula (1988): „Weibliches Arbeitsvermögen" und soziale Berufe - ein gutes Verhältnis? In: Frauenforschung, Jg. 6, H. 4, S. 28-31
Rampf, Renate (1997): Kann die Care-Perspektive auf sozialstaatliche Fragestellungen übertragen werden? In: Braun, Helga/Jung, Dörte (Hg.): a. a. O., S. 96-112
Riege, Marlo/Benvenuti, P./Gristina, D./Hume, S. (1997): Frauen in der sozialen Arbeit - Deutsche, englische und italienische Sozialarbeiterinnen im Vergleich. In: Neue Praxis, H. 1, S. 3-21
Rieger, Renate (Hg.) (1993): Der Widerspenstigen Lähmung? Frankfurt/New York: Campus
Rommelspacher, Birgit (1992): Mitmenschlichkeit und Unterwerfung. Frankfurt/New York: Campus
Rose, Lotte (1999): MädchenKörperWelten im Aufbruch. In: Sozial Extra, H. 5, S. 10-11

Sauer, Birgit (1998): Globalisierung oder das Ende des maskulinistischen Wohlfahrtskompromisses? In: Beiträge zur feministischen Theorie und Praxis Nr.47/48 S. 29-44
Sauer, Birgit (1997a): Politologie der Gefühle? In: Forschungsjournal Neue Soziale Bewegungen, Jg. 10, H. 3
Sauer, Birgit (1997b): Krise des Wohlfahrtsstaats. Eine Männerinstitution unter Globalisierungsdruck? In: Braun, Helga/Jung, Dörte (Hg.): a. a. O., S. 113-147
Schmauch, Ulrike (1996): Körperberührung unter Generalverdacht? Zur Skandalisierung und Tabuisierung von sexuellem Kindesmissbrauch. In: Zeitschrift für Sozialisationsforschung und Erziehungssoziologie, Jg.16, H. 3, S. 284-298
Schmidt, Gunter (1995): Über den Wandel heterosexueller Beziehungen. Zeitschrift für Sexualforschung, Jg. 8, S. 1-11
Schmidt, Gunter/Klusmann, Dietrich/Zeitzschel, Uta (1992): Veränderungen der Jugendsexualität zwischen 1970 und 1990. In: Zeitschrift für Sexualforschung, Jg. 5, S. 191-218
Schmidt, Renate-Berenike (1997): Sexualkonzepte weiblicher und männlicher Jugendlicher. In: Zeitschrift für Frauenforschung, Jg. 15, H. 1/2, S. 129-146
Schwerpunkt Geschlecht und Gesundheit (1997). In: Zeitschrift für Sozialisationsforschung und Erziehungssoziologie, Jg. 17, H. 2, S. 115-161
Sevenhuijsen, Selma (1997): Feministische Überlegungen zum Thema Care und Staatsbürgerschaft. In: Braun, Helga/Jung, Dörte (Hg.) a. a. O., S. 74-95
Sozialarbeiterinnengruppe Frankfurt (1978): Gefühlsarbeit. In: Sozialmagazin, H. 9, S. 22-31
Thomas, Carol (1993): Deconstructing Concepts of Care. In: Sociology, november, S. 649-669
Ungerson, Clare (1994): The Commodification of Care: Current Policies and Future Politics. Vortrag im Research Comittee 19, 13. Weltkongress der Soziologie, Bielefeld
Ungerson, Clare (1993): Caring and Citizenship: a Complex Relationship. In: Bornat, Joanna et al. (Hg.) a. a. O., S. 124-133
Ungerson, Clare (Hg.) (1990): Gender and Caring: Work and Welfare in Britain and Scandinavia. New York: Harvester Wheatsheaf
Veil, Mechthild (1997): Wie zukunftsweisend sind feministische Sozialpolitikentwürfe in der Krise des Sozialstaats? In: Widersprüche Jg. 17, H. 4, S. 189-196
Veil, Mechthild (1996): Debatten zur Zukunft des bundesdeutschen Sozialstaats - feministische Einwände. In: Feministische Studien, H. 2, S. 61-74
Woollett, Anne/Marshall, Harriette (1996): Reading the Body: Young Women"s Accounts of the Meanings of the Body in Relation to Independence, Responsibility and Maturity. In: The European Journal of Women"s Studies, Vol. 3, N. 8, S. 199-214

Karl Lenz

Im ehernen Gehäuse der Kultur

Geschlechterkonstruktion in heterosexuellen Zweierbeziehungen

„Mann + Frau = Krise“ in diese einfache Formel fasst das Spiegel-Special 5/1998 plakativ die Beziehung zwischen den Geschlechtern. Als Untertitel fügen die Heftmacher - gewissermaßen als vorgezeichneten Lebensweg der Beziehungen - hinzu „Partnersuche, Partnerglück, Partnerleid“. Bildlich ist diese Ausgabe aufgemacht - scheinbar eine Kampfeshandlung nachstellend - mit einer nackten Frau, die sich über die Schulter eines nackten Mannes wölbt. Das Editorial verspricht eine „Fülle von Reports und Reportagen“, die „Geschlechtskämpfe und -krisen“ beleuchten. Dieses Heft fügt sich in eine Flut populärer Beziehungsliteratur ein, die die Krisenhaftigkeit und das Nicht-Verstehen-Können der beiden Geschlechter zum Thema haben. Nach dem aufmerksamen Lesen weiss man, Frauen und Männer passen nicht zusammen. Verwunderlich ist eigentlich nur noch, warum sie es immer wieder versuchen.

Im weiteren werde ich nicht die Gründe dafür suchen. Auch werde ich nicht die Verständigungsprobleme zwischen den Geschlechtern in das Zentrum meiner Aufmerksamkeit stellen. Statt die Differenzen zwischen Geschlechtern als Fokus der Analyse aufzufassen, plädiere ich dafür diese, wie überhaupt die Geschlechtercharaktere, als eine Hervorbringung der Beziehungskonstellationen aufzufassen. Mich interessiert, wie Frauen und Männer zu dem, wie sie uns erscheinen, gemacht werden und wie dazu die Zweierbeziehungen beitragen. Diese Forschungsfrage lenkt den Blick unmittelbar - und darauf werde zunächst näher eingehen - auf den Konstruktivismus in der Geschlechterforschung. Anschließend möchte ich kurz klären, was unter Zweierbeziehung zu verstehen ist und skizziere eine genuin soziologische Analyse in dem Gegenstandsbereich. Darauf aufbauend komme ich dann zum Kern des Themas der Geschlechterkonstruktion in Zweierbeziehungen.

1. Der konstruktivistische Blick

Dass Frau-Sein oder Mann-Sein keine bloße beiläufige Eigenschaft einer Person darstellt, sondern eine zentrale soziale Strukturkategorie ist, kann als Grundaxiom der Geschlechterforschung bezeichnet werden. Dies aufgezeigt zu haben, ist der große Verdienst der Frauenforschung und ihrer politischen Basis der Frauenbewegung in den letzten drei Jahrzehnten. Aufgezeigt wurde, dass ungleiche Lebenschancen nicht nur mit der sozialen Herkunft, sondern auch - unabhängig davon - mit dem Geschlecht einer Person einhergehen. Da diese Ungleichheiten schon oder gerade auch für die Vergangenheit nicht bestreitbar waren und für jeden sozialwissenschaftlichen Blick unmittelbar evident sein mussten, war vor allem aufzuzeigen, dass diese Unterschiede nicht eine unvermeidliche Konsequenz der Natur der Geschlechter, ihrer Wesen sei, sondern Resultat einer gesellschaftlich zuschreibbaren Ungleichbehandlung von Männern und Frauen.

Mit Nachdruck weist die Geschlechterforschung daraufhin, dass die Geschlechterklassifikation „eines der grundlegenden Typisierungsmerkmale (..), nach der die soziale Welt sich ordnet“ (Gildemeister 1988, S. 498) darstelle. Die Zugehörigkeit zu einem Geschlecht ist kulturell „hochgradig identitätsrelevant“ und wird „so massiv zugemutet und persönlichkeitsstrukturell „angeeignet“, dass man es „mit Haut und Haaren“ ist“ (Tyrell 1986, S. 453). Folgt man dieser Sichtweise, dann gilt es konsequenterweise auch Abschied zu nehmen von dem verbreiteten Gebrauch des Begriffs der Geschlechtsrolle (vgl. auch Bilden 1991). Ebenso wenig wie von einer „Klassenrolle“ oder einer „Rassenrolle“ gesprochen werden kann, läßt sich Mann- oder Frau-Sein in den Rollenbegriff fassen (vgl. Lopata/Thorne 1978). Das Geschlecht ist „dauerrelevant“ (Tyrell 1986), und um dies zum Ausdruck zu bringen, ist der Begriff der Geschlechtsidentität ungleich geeigneter als der der Geschlechtsrolle.

Zum Kernbestand der Geschlechterforschung gehört die Unterscheidung von „sex“ und „gender“, was ins Deutsche manchmal mit biologischem und sozialem Geschlecht übersetzt wird. Mit „sex“ wird dabei das natürliche, biologisch vorgegebene Substrat, mit „gender“ die soziokulturellen Überformungen bezeichnet. Dass diese soziokulturellen Überformungen, gender also, ein Übergewicht haben gegenüber der biologischen Grundausstattung, ist in der sozialwissenschaftlichen Profession die dominante Position (vgl. Tyrell 1986), eine Position, die in den 50er Jahren schon von Helmut Schelsky (1955, S. 16) vertreten wurde: „Die wirklich vorhandenen biologischen Unterschiede zwischen den Geschlechtern sind (..) verhältnismäßig belanglos und mehr Anlass als Ursache für die sozial verschiedenartige Formung der Rolle von Mann und Frau im sozialen und kulturellen Leben“.

Neuere Ansätze gehen noch einen Schritt weiter und verwerfen diese in den Begriffen von sex und gender zum Vorschein kommende Dichotomisierung von Natur und Kultur bzw. stellen diese zumindest deutlich zurück und setzen dem eine „größere Eigenständigkeit des Sozialen“ (Hirschauer 1989, S. 100) gegenüber. Der Wirkungsbereich des Sozialen beginnt nicht erst auf der Basis der natürlichen Unterschiede von Mann und Frau, sondern schließt diese selbst bereits ein. Geschlecht wird als Konstruktion, „as a routine, methodical, and recurring accomplishment“ (West/Zimmerman 1987, S. 126) aufgefasst. Ein Rekurs auf „natürliche Unterschiede“ setzt immer - wie Stefan Hirschauer

(1989) aufzeigt - eine kulturell konstituierte Zeichenrealität voraus, die es möglich macht, Genitalien als Geschlechtszeichen zu „lesen", nimmt Bezug auf ein biologisches Wissen, das fraglos an das kulturell etablierte Alltagswissen der Zweigeschlechtlichkeit anschließt, und stützt sich auf eine Unterscheidungspraxis, die die Produktion expliziten Wissens erst möglich macht.

Zurückgewiesen wird in dieser konstruktiven Perspektive die Auffassung, dass die geschlechtliche Differenzierung lediglich Ausfluss des biologischen Sexualdimorphismus (vgl. Kessler/McKenna 1978, S. 42ff; Tyrell 1986) sei. Wie schon Margaret Mead (1992) aufgezeigt hat, besteht morphologisch ein Kontinuum zwischen weiblicher und männlicher Gestalt, einschließlich der Geschlechtsmerkmale. Auch die Körperkraft ist zwischen Männern und Frauen nicht trennscharf, da es immer auch Frauen gibt, die zumindest manchen der Männer ebenbürtig oder gar überlegen sind. Hartmann Tyrell (1986, S. 458) führt den Begriff der „Soziosomatik" an, um darauf aufmerksam zu machen, dass es die weibliche und männliche Physis nicht in gesellschaftsfreier Reinkultur gibt, sondern immer nur in Abhängigkeit von gesellschaftlichen Lebensumständen. Was heute als körperliche Unterschiede zwischen Mann und Frau in Erscheinung tritt, ist in stärkerem Maße Folge der über Generationen praktizierten Arbeitsteilung als deren Ursache; verstärkend kommen auch die in der Vergangenheit bestehenden differenten Nahrungsgewohnheiten hinzu, die die männliche Seite deutlich bevorteilt haben (vgl. Shorter 1987). Zwar gebären nur Frauen und nicht Männer Kinder, aber auch dieses Reproduktionsvermögen ist nicht trennscharf, da nicht alle Frauen tatsächlich Kinder gebären bzw. zu gebären vermögen, und vor allem nicht in allen Altersstufen. Wenn daraus jedoch eine Differenzierung von Mann und Frau hergeleitet wird, erwächst diese nicht aus „biologischen Tatsachen", sondern stellt das Resultat einer kollektiven Generalisierung dar, die als „natürlich" erklärt, was in dieser Ausschließlichkeit nur kulturell festgelegt sein kann.

Gleichwohl besteht ein Erklärungsbedarf, warum die Differenzierung in zwei Geschlechtsklassen ein so verbreitetes soziales Klassifikationsmuster ist. Es gibt Gesellschaften, z.B. einige nordamerikanische Indianerstämme, mit drei Geschlechtern, aber dennoch sind es große Ausnahmen. Die geschlechtliche Differenzierung besitzt offenkundig große klassifikationstechnische Vorzüge und Ausbauchancen, was zu ihrer starken Verbreitung beigetragen haben dürfte (am ausführlichsten hierzu vgl. Tyrell 1989).

Grundlegend für diese neue Sichtweise des Geschlechts als kulturelle Konstruktion ist die Agnes-Studie von Harold Garfinkel (1967), in der in einem Einzelfall ein Geschlechtswechsel dargestellt wird. Darauf aufbauend haben Candace West und Don H. Zimmerman (1987; orig. 1977) in einer lange Zeit nur als Manuskript zirkulierenden Arbeit den Begriff des „doing gender" geprägt. Neben diesen Beiträgen aus der Ethnomethodologie, zu denen auch die einflussreiche Studie von Suzanne J. Kessler und Wendy McKenna (1978) noch hinzuzufügen ist, gehen von Erving Goffmans Arbeiten zum Geschlechterverhältnis (1981, 1994) und - den aus einem anderen Fachzusammenhang entstandenen Publikationen - von Judith Butler (1991) wichtige Anstöße aus. Die Anfänge der deutschen Rezeption wurden getragen von Carol Hagemann-White (1984), Hartmann Tyrell (1986), Stefan Hirschauer (1989; 1993) und später auch Gesa Lindemann (1993). Die beiden Letztgenannten haben sich auch empirisch mit dem Phänomen des Geschlechtswechsels befasst. Überhaupt sind Transsexuelle in den ethnomethodologisch inspirierten Studien das bevorzugte Untersuchungsobjekt, da hier der Herstellungscharakter der Geschlechtszugehörigkeit deutlich zu Tage tritt.

Anhand des Falles von Agnes hat Garfinkel (1967) die kulturelle Konstruktion des Geschlechts sichtbar gemacht. Agnes hatte einen Penis, versicherte aber, dass sie sich schon immer als Frau fühlte. In ihrer Pubertät hatten sich weibliche sekundäre Geschlechtsmerkmale herausgebildet. Agnes kam in eine Universitätsklinik mit dem Wunsch, durch einen operativen Eingriff mit den „angemessenen" Genitalien ausgestattet zu werden. Garfinkel arbeitet heraus, auf welchen Annahmen unsere natürliche Einstellung zum Geschlecht beruht und zeigt dann auf, wie es Agnes gelingt, aus diesen „Fakten" einen Sinn herzustellen, obwohl ihr Fall ein Beispiel dafür ist, dass diese Annahmen nicht immer zutreffen. In unserer natürlichen Einstellung (vgl. Garfinkel 1967, S. 122-128) gehen wir davon aus, dass es zwei und nur zwei Geschlechter gibt. Das Geschlecht wird als unveränderlich aufgefasst: Wer einmal Frau oder Mann ist, war immer und wird auch immer Frau oder Mann sein. Als wesentliches Zeichen des Geschlechts werden die Genitalien aufgefasst. Übergänge zwischen den Geschlechtern sind in unserer Kultur ebenso wenig zulässig, wie es gestattet ist, Ausnahmen ernst zu nehmen; sie dürfen nur als Spaß (z.B. im Karneval) oder als Pathologie aufgefasst werden. Jede Person muss einer der beiden Geschlechterkategorien zugeordnet werden. Schließlich wird die Dichotomie Mann/Frau wie auch die Mitgliedschaft in einer der beiden Kategorien als „natürlich" aufgefasst. Damit wird dieser Klassifikation der Charakter der kulturellen Setzung entzogen und zu einem „natürlichen Phänomen" reifiziert.

Aufgrund dieser natürlichen Einstellung zum Geschlecht - oder wie es Hagemann-White (1984, S. 81) nennt: „Alltagstheorie der Zweigeschlechtlichkeit" - ist die ethnomethodologische Tradition vor allem mit dem Phänomen der Geschlechtszuschreibung („gender attribution") befasst. Kessler/McKenna (1978, S. 142ff) zeigen auf, dass der Penis das ausschlaggebende Merkmal der Zuordnung ist. Das Vorhandensein oder Fehlen eines Penis entscheidet über Mann- oder Frau-Sein. Da Genitalien in alltäglichen Begegnungen jedoch dem Blick entzogen sind, unsichtbar gemacht werden, stellt sich die Frage, wie es uns im Alltag zuverlässig gelingt, die Geschlechtszugehörigkeit einer Person wahrzunehmen. Eine Stimme, die Kleidung, Blicke, die Situation und vieles mehr können Indizien für die Geschlechtsattribution liefern. Aber alle möglichen Indizien reichen nicht aus, wenn sie nicht in einen auf der Grundlage der Alltagstheorie der Zweigeschlechtlichkeit sich stützenden reflexiven Prozess eingebettet wären (vgl. Kessler/McKenna 1978, S. 155ff). Oder wie es Hirschauer

(1989, S. 108) formuliert: „Betrachter „wissen“ schon, dass jemand eine Frau oder ein Mann ist, bevor sie „Geschlechtsmerkmale“ identifizieren können, die ihre Zuschreibung begründen. Eine Geschlechtszugehörigkeit wird aus Indizien konstruiert, die nur auf dem Hintergrund einer bereits identifizierten Geschlechtszugehörigkeit als „Indizien“ erscheinen.“

Diese konstruktivistische Perspektive, das „doing gender“, ist in der soziologischen Geschlechterforschung inzwischen zur dominanten Perspektive aufgestiegen. Nimmt man das Forschungsprogramm des doing gender ernst, dann stellt es eine mikrosoziologische Wende der Geschlechterforschung dar bzw. hat zumindest dieses Potential. Das spezifisch Neue dieser Perspektive ist es, das Forschungsinteresse über eine Thematisierung sozialer Ungleichheiten zwischen den Geschlechtern auf die interaktive Herstellung der Geschlechtszugehörigkeit gelenkt zu haben. Gleichwohl ist zu konstatieren, dass dieses Potential - entgegen der Verbreitung dieser Perspektive - bislang vergleichsweise wenig genutzt wird. Der zu erwartende Boom mikrosoziologischer Studien in der Geschlechterforschung lässt auf sich warten. Trotz Perspektivenwechsel werden die bisherigen Forschungstraditionen nahezu ungebrochen fortgeführt, ausgetauscht wird weitgehend nur die Semantik.

Auf dieses Missverhältnis zielt meine zentrale These: Die breite Rezeption der konstruktivistischen Perspektive basiere auf einer Fehlannahme. Der Konstruktivismus hat in der Geschlechterforschung eine breite Rezeption erfahren, aber nicht als neues Forschungsprogramm, sondern dadurch, dass er als wissenschaftliche Validierung der Hoffnung auf eine Veränderung des Geschlechterverhältnisses verstanden wurde. Unterstellt wird, dass alles, was konstruiert ist, auch nahezu beliebig veränderbar sei. Im Unterschied zur harten, hyperstabilen Natur wird die Kultur als weich, biegsam und gestaltbar ausgefasst. Hierin wurzelt jedoch die Fehlannahme, da in diesen Vorstellungen die Persistenz kultureller Formen maßlos unterschätzt wird. Warum sollten kulturelle Herausbringungen so viel leichter veränderbar sein als die Natur? Weist die Natur nicht sehr viel mehr an Abstufungen und Nuancen auf als die Kultur, die uns alle verbindlich in zwei exklusive, dichotom konstruierte Klassen von Menschen - Frau oder Mann - zwingt? Ist es nicht gerade die Kultur, die uns hinterlistig und dauerhaft festschreibt und uns fortlaufend die Reproduktion bestimmter Geschlechtermuster aufzwingt? Damit möchte ich nicht die Faktizität des kulturellen und sozialen Wandels generell leugnen. Nur in der Perspektive des Alles-fließt sollten die Beständigkeiten nicht außer Acht gelassen werden. Dass Frauen und Männer fortlaufend zu Frauen und Männern gemacht werden, dafür bieten die Zweierbeziehungen ein besonders reichhaltiges Forschungsfeld. Bevor dies näher gezeigt werden kann, scheint es erforderlich, auf Zweierbeziehungen als Forschungsgegenstand in aller vertretbaren Kürze einzugehen.

2. Zweierbeziehungen als Forschungsgegenstand

Im weiteren sollen Zweierbeziehungen als eine Sammelkategorie verstanden werden, zu der Ehen und auch „eheähnliche“ Lebensformen zählen (ausführlicher hierzu vgl. Lenz 1998a). Mit einer Fokussierung auf Ehe ist es mittlerweile nicht mehr getan, da die Ehe inzwischen als kulturelle Selbstverständlichkeit durch die Ausbreitung „nichtkonventioneller Lebensformen“ (Schneider et al. 1998) einen massiven Bedeutungsverlust hat hinnehmen müssen. Im Zuge dieses kulturellen Umbruchs wurde die Eheschließung zu einer Option, für oder gegen die man sich entscheiden kann. Ehen und nichteheliche Lebensformen sind dabei nicht als exklusive Alternativen aufzufassen; typisch ist vielmehr, dass diese im Lebenslauf in unterschiedlicher Reihenfolge miteinander kombiniert werden. Das Nebeneinander von Ehen und nichtehelichen Lebensformen schafft einen wachsenden Bedarf nach einer Begriffsklammer, synonym zu Zweierbeziehung wird in der Fachliteratur auch „Partnerschaft“ oder „Intimbeziehung“ verwendet.

Zweierbeziehungen stellen einen besonderen Strukturtypus persönlicher Beziehungen dar. Für eine persönliche Beziehung ist - im Unterschied zur Organisation - das Moment der personellen Unersetzbarkeit konstitutiv. Eine persönliche Beziehung lässt sich nicht von den Beziehungspersonen abtrennen. Das „Personal“ einer persönlichen Beziehung ist nicht auswechselbar; mit dem (dauerhaften) Ausscheiden einer Person endet die Beziehung unwiederbringlich. Die „Geltungsbegründung“ einer persönlichen Beziehung ist unauflösbar an ihren personellen Bestand gebunden. Georg Simmel (1958) hat dies mit der Formel der Mortalität der Dyade zum Ausdruck gebracht.

Eine persönliche Beziehung unterscheidet sich auch von einer Interaktion. Für eine persönliche Beziehung ist das Andauern - anders als bei einer Interaktion - über die bloße Anwesenheit in einer Situation hinaus formbestimmend. Sie setzt sich aus einer Serie von vorangegangenen und zukünftigen Interaktionen zusammen. Diese Kontinuität der Interaktionen bringt, einhergehend mit einer als Idealisierung unterstellten Fortdauer, ein beiderseitiges Vorhandensein eines breiten personengebundenen Wissens, eine emotional fundierte gegenseitige Bindung und eine besonders ausgeprägte Interdependenz als weitere Kennzeichen einer persönlichen Beziehung hervor.

Als eine Zweierbeziehung soll im weiteren eine persönliche Beziehung zwischen Personen unterschiedlichen oder gleichen Geschlechts verstanden werden, die sich durch einen hohen Grad an Verbindlichkeit (Exklusivität) auszeichnet, ein gesteigertes Maß an Zuwendung aufweist und die Praxis sexueller Interaktion einschließt bzw. eingeschlossen hat. Mit dieser Definition bleibt offen, ob die beiden Beziehungspersonen verheiratet sind, Kinder haben und einen gemeinsamen Haushalt aufweisen. Emotionalität (in der vieles offen lassenden Form der gesteigerten Zuwendung) und Sexualität werden als wichtige Momente zwar benannt, ohne sie allerdings in einer bestimmten Gestalt und

Konstanz als „das“ Bestimmungsmerkmal festzuschreiben. Diese breite Definition ist erforderlich, um Zweierbeziehungen nicht von vornherein auf ein historisch und kulturell gebundenes Verständnis festzulegen. Diese Bestimmung lässt Raum für historische und kulturelle Variabilität in der Ausgestaltung von Zweierbeziehungen.

Für Zweierbeziehungen gibt es zwei grundlegende Besetzungsmodi, sie können aus Personen gleichen oder aus Personen unterschiedlichen Geschlechts gebildet werden. Im weiteren möchte ich mich nur mit der durch den Differenz-Modus gebildeten Form - der heterosexuellen Zweierbeziehung - genauer befassen. Da eine Zweierbeziehung von den Personen nicht ablösbar ist, ist das Geschlecht für die Analyse von Zweierbeziehungen unabhängig von Besetzungsmodi eine zentrale Kategorie, die einer besonderen Aufmerksamkeit bedarf (vgl. Burkart 1997). Für eine heterosexuelle Zweierbeziehung stellt die „geschlechtsdifferente“ Besetzung ein konstitutives Moment dar; das körperliche Anderseins wird unmittelbar erfahren und ist zugleich Basis der sexuellen Anziehung. Die beiden Beteiligten erleben sich als Angehörige divergenter Geschlechterklassen, die mit unterschieden Verhaltensprogrammen ausgestattet sind. Für Erwachsene ist die Zweierbeziehung die zentrale soziale Einheit, in der (relativ) dauerhafte Begegnungen der beiden Geschlechter institutionalisiert sind.

Das Moment der Unersetzbarkeit in persönlichen Beziehungen und die aus subjektiver Perspektive daraus resultierende wechselseitig zugeschriebene und beständig validierte Einzigartigkeit dieser Vergemeinschaftungsformation darf nicht den Blick darauf verstellen, dass sich in Zweierbeziehungen ein Bündel von wiederkehrenden Ablaufmustern und Regelmäßigkeiten auffinden lässt. Für das Paar stellt sich der Aufbau einer gemeinsamen Wirklichkeit als ein Vorgang dar, in dem Handlungsunsicherheiten nach und nach zurückgedrängt und durch eine hohe Voraussagbarkeit und breite Gewissheit der Handlungsabläufe im Gefüge der Zweierbeziehung ersetzt werden. Viele Gewohnheiten und Zuständigkeitsregelungen eines Paares kommen nicht durch offene Aussprachen zustande, sondern schleichen sich nach und nach ein. Unabhängig davon, wie die Verständigungen und Aushandlungen zustande kommen, ergibt sich als allmähliches Ergebnis eine weitreichende Institutionalisierung des Beziehungsalltags.

3. „Meine Beziehung“ und „deine Beziehung“ - Geschlechterdifferenzen in Zweierbeziehungen

Anfangs der 90er Jahre sind aus unterschiedlichen disziplinären Kontexten fast gleichzeitig zwei Bücher erschienen, die mit großem Nachdruck auf die mit der Geschlechtszugehörigkeit der Beziehungspersonen verbundenen Verständigungsprobleme in Zweierbeziehungen hingewiesen haben:

- Das Buch „You just don't understand" (1990) der amerikanischen Linguistin Deborah Tannen, im Deutschen unter dem Titel: „Du kannst mich einfach nicht verstehen" (1991) und
- das Buch des deutschen Psychotherapeuten Wolfgang Schmidbauer „Du verstehst mich nicht!" (1991).

Beide Bücher haben gleichermaßen den öffentlichen Diskurs gebündelt wie auch angeregt. Verständigungsprobleme zwischen Frauen und Männer seien nicht nur unglückliche Einzelfälle, sondern die Geschlechterbeziehungen tragen die Last, dass die beiden Geschlechter unterschiedliche Sprachen sprechen bzw. in unterschiedlichen Welten leben. (Aus dieser Anregung speist sich das eingangs zitierte Spiegel-Special-Heft.) Der kommunikative Austausch zwischen Frauen und Männer stoße immerfort an Grenzen. Beide Male wird angenommen, dass es nicht nur Verständigungs- und Verstehensprobleme zwischen zwei Personen seien, sondern die Ego-Alter-Kommunikation durch die Geschlechtszugehörigkeit der Beziehungspersonen in einem relevanten Maße eine Steigerung erfahre.

Das Thema ist nicht neu, schon aus den 70er Jahren stammt die Bemerkung der amerikanischen Familienforscherin Jessie Bernard (1972), dass eine jede Ehe aus zwei Ehen besteht, aus der des Mannes und der der Frau. „It has long been known that people with different backgrounds see things differently. We know, for example, that poor children perceive coins as larger than do children from more affluent homes. Boys and girls perceive differently. (...) And this perception - or, as the sociologists put it, definition of the situation - is reality for them. In this sense, the realities of the husband's marriage are different from those of the wife's" (Bernard 1972: 7f).

Aufgrund ihrer langjährigen Arbeit als Psychotherapeutin und auf der Grundlage von 150 Interviews mit Paaren bezeichnet Lillian B. Rubin (1983) die Ehegatten als „intimate strangers". „Whether in my research interviews, in my clinical hours, or in the ordinary course of my life, I hear the same story told repeatedly. „He doesn't talk to me", says a woman. „I don't know what she wants me to talk about", says a man. „I want to know what he's feeling", she tells me. „I'm not feeling anything", he insists. „Who can feel nothing?", she cries. „I can", he shouts. As the heat rises, so does the wall between them. Defensive and angry, they retreat - stalemated by their inability to understand each other" (Rubin 1983: 65).

Elisabeth Beck-Gernsheim (1990) nimmt den Artikel von Berger/Kellner (1965) zum Ausgangspunkt ihrer Überlegungen und kritisiert, dass das hierin entworfene Bild des ehelichen Gesprächs unvollständig sei. Es ist unvollständig, da das eheliche Gespräch als geschlechtsneutral beschrieben wird und die bestehenden Unterschiede zwischen den Geschlechtern nicht beachtet werden. Zur Illustration zitiert Beck-Gernsheim (1990, S. 7f) einen Interview-Ausschnitt mit einem Ehepaar, der dem von Rubin beschriebenen typischen Gesprächsschema sehr nahekommt:

„Frau M.: Ich hätt oft den Wunsch, mehr Zeit mit meinem Mann.
Herr M.: Ja, wie heißt denn das praktisch ausgedrückt, was willst du mehr Zeit haben mit deinem Mann?
Frau M.: Ja, irgendwas gemeinsam machen.
Herr M.: Willst du mehr im Bett oder was?
Frau M.: Überhaupt im gesamten auch mehr, vielleicht mehr Unterhaltung oder - du hast ja Probleme - sich miteinander hinsetzen oder ja, mehr reden oder plaudern.
Herr M.: Über was denn, über was denn, über Bildzeitung, die Arbeit, über was denn willst dich unterhalten mit mir, is doch alles Scheiße, über was sollst denn dich unterhalten...
Frau M.: Mei, wir müssen mehr miteinander reden, über Pläne, und dann kommst du, na gut, wennst mehr ausredst, mehr sprichst, nacha -
Herr M.: Ja, über was denn, Pläne - ah is alles Scheiß, euer blödes Gequatsche“ (Beck-Gernsheim 1990, S. 7f).

Die Erwartungen und Hoffnungen, die Männer und Frauen an ihre Beziehung stellen, so Beck-Gernsheim (1990, S. 7), unterscheiden sich an wichtigen Punkten. Männer betonen „mehr die instrumentelle Seite von Liebe und Ehe (..), die Versorgung im Alltag, ‚dass alles gut läuft'. Frauen dagegen legen weitaus mehr Nachdruck auf Gefühle und innere Nähe, eben ‚dass man einander versteht'“. Auf Bedeutungsunterschiede der Sexualität für die Geschlechter verweist Schmidbauer (1991, S. 32): „Im allgemeinen findet ein Mann seine Beziehung ‚in Ordnung', wenn seine Partnerin mit ihm schläft, während eine Frau sich nur dann sexuell öffnen kann, wenn sie die Beziehung ‚in Ordnung' findet“. Auch reagieren Frauen vielfach ungleich sensibler auf das Verschwinden kleiner Gesten und auf ein Nachlassen der Gesprächsbereitschaft in ihrer Beziehung, Männer dagegen nehmen Veränderungen oft erst wahr, wenn sich die Hinweise überhäufen.

Auch wenn die Ergebnisse nicht immer eindeutig sind, scheinen diese dennoch darauf hinzudeuten, dass Frauen mit ihrer Ehe weniger zufrieden sind als ihre Ehemänner (vgl. Bernard 1972; Burgess 1981; Rhyne 1981). Als Gründe für die geringere Ehezufriedenheit von Frauen wird angeführt, dass die Ehe ihr Leben stärker verändert, von ihnen häufiger Aufgaben verlangt, die sie eigentlich ablehnen und eine Ehe für Frauen einen Verlust der Kontrolle über ihr eigenes Leben bedeutet.

Ein besonderer Nachdruck wird in den Arbeiten, die sich mit den Differenzen der Geschlechter befassen, auf die geschlechtsspezifischen Unterschiede im Sprachverhalten (als Forschungsüberblick vgl. Gräßel 1991) gelegt. Die vorliegenden empirischen Studien machen deutlich, dass sich ein „weiblicher und männlicher Sprachstil“ (Gräßel 1991) unterscheiden läßt, dass Männer und Frauen verschiedene „genderlects“ (Tannen 1991) sprechen. Pamela M. Fishman (1984) hat das Sprachverhalten von Ehepaaren in ihrer häuslichen Umgebung untersucht. Aufgrund dieser Studie kommt sie zu dem Ergebnis, dass die Ehefrauen die Gesprächsarbeit leisten. Frauen machen in diesen privaten Gesprächen deutlich mehr Themenvorschläge und unternehmen damit einen Versuch, ein Gespräch zustande zu bringen. Sie geben auch mehr Unterstützungen und stellen mehr Fragen, was beides dazu dient, ein begonnenes Gespräch in Gang zu halten. Männer haben im Unterschied dazu die Themenkontrolle inne. Sie lassen viele der Themenvorschläge ihrer Ehefrauen durch keine und zu schwache Reaktionen im Sande verlaufen und sind bei ihren eigenen Vorschlägen ungleich erfolgreicher. Während Männer in öffentlichen Situationen vielfach gesprächiger sind und Frauen eher zurückhaltend, sind im privaten Rahmen die Männer schweigsamer und die Frauen wortreicher. Für sie ist die Konversation in erster Linie eine - wie es Tannen (1991, S. 79) nennt - „Beziehungssprache", durch die Gemeinschaft hergestellt, Bindungen bekräftigt und die Verbundenheit unterstrichen wird. Für Männer ist das Gespräch eher eine „Berichtssprache", mit der sie Informationen austauschen, ihr Wissen und ihre Fähigkeiten unter Beweis stellen sowie Aufmerksamkeit zu gewinnen und zu sichern versuchen. Für sie ist der private Raum eine Erholungsstätte, in dem sie von den öffentlichen Anforderungen entlastet sind und auch nicht durch sprachliche Darbietungen glänzen müssen. Für Frauen dagegen ist dieser vertraute Kreis die Möglichkeit, endlich frei und ohne Beeinträchtigungen über alles reden zu können.

Diese empirisch reichhaltig aufgezeigten Differenzen sind immer - spätestens in der populären Rezeption - in Gefahr, verabsolutiert zu werden. Auch wenn es unverzichtbar ist, den Blick dafür zu öffnen, dass über die geschlechtsdifferente Besetzung einer Zweierbeziehung geschlechtsgebundene Unterschiede der Erfahrungsvorräte und Relevanzen auftreten, erscheint es unzulässig, diese Unterschiede in Formen kategorialer Gegensätze zu fassen. Frauen sind nicht einfach ganzheitliche Wesen und Männer spezialisierte. Frauen machen nicht nur die Grunderfahrung der Verbundenheit und Männer die der Getrenntheit. Versuche der Bestimmung der Geschlechterdifferenz können zumindest unter modernen Bedingungen immer nur graduelle Unterschiede, keine polaren Erscheinungsweisen beschreiben. Mehr noch, dass Frauen diese und Männer andere Erfahrungen häufiger machen, ist lediglich eine Aussage mit einer mehr oder minder hohen Wahrscheinlichkeit.

Als Erklärung für diese (graduellen) Unterschiede von Frauen und Männern in Zweierbeziehungen wird meist sozialisationstheoretisch argumentiert. Für diese unterschiedlichen Erwartungen, Wünsche, Vorstellungen und Verhaltensweisen, die in Zweierbeziehungen aufeinander stoßen, werden geschlechtsdifferente Sozialisationserfahrungen verantwortlich gemacht (vgl. auch Böhnisch in diesem Band). Prototypisch kann hier Nancy Chodorow (1985) genannt werden, die die Ausbildung des männlichen bzw. weiblichen Sozialcharakters auf geschlechtsgebundene Erlebensmodi der Mutter-Kind-Beziehung zurückführt. Aufgrund des dominanten Modells der Arbeitsteilung ist für Kinder beiderlei

Geschlechts die Mutter die primäre Bezugsperson. Mädchen erfahren in ihrer ersten Beziehung Identifikation und Verschmelzung; aus derselben Beziehungskonstellation machen Jungen die Erfahrung der Separation und Individuation. Diese frühen Beziehungserfahrungen führen dazu, dass Frauen sehr viel stärker auf Beziehungen ausgerichtet sind als Männer (ähnlich argumentiert auch Schmidbauer 1991). Die weibliche Erfahrungswelt ist vom Primat der Verbundenheit geprägt, im Kontrast zum Primat der Getrenntheit als dem Grundprinzip männlicher Erfahrungen.

Mir geht es im weiteren nicht darum die These zu falsifizieren, wenngleich bei Chodorow die Gefahr der Verabsolutierung der Geschlechterunterschiede bereits in ihrer Beschreibung der Beziehungsdynamik angelegt ist. Mir geht es nur darum aufzuzeigen, dass diese These zur Erklärung der Geschlechterdifferenzen in Zweierbeziehungen nicht ausreicht. Diese Erklärung verbleibt im Sinnhorizont eines individuum-zentrierten Ansatzes; Frauen und Männer werden als Monaden aufgefasst, deren erworbene Verhaltensprogramme im Kontext der Zweierbeziehungen aufeinanderstoßen. Für eine genuin soziologische Analyse von Zweierbeziehungen reicht es nicht aus, nur die beteiligten Personen in den Blick zu nehmen und die Zweierbeziehung als Emanation ihrer „Wesensmerkmale" aufzufassen. Anstelle eines individuum-zentrierten Ansatzes wird eine theoretische Perspektive gewählt, die die Wechselwirkung zwischen den Personen in den Mittelpunkt stellt. Eine Beziehung ist „mehr" als die Summe der Eigenschaften der Beteiligten, sie hat eine Eigendynamik, die die Individualebene übersteigt. Zweierbeziehungen zeichnen sich - wie überhaupt persönliche Beziehungen - durch eine emergente Qualität aus, sie bilden eine Realität sui generis. Diese emergente Qualität ist gemeint, wenn von der „Wirklichkeit von Zweierbeziehungen" oder von der „institutionellen Ordnung" die Rede ist. Es reicht nicht aus, Zweierbeziehungen nur aus dem Blickwinkel mitgebrachter Sozialisationserfahrungen zu betrachten, zu zeigen ist vielmehr, wie diese Geschlechterdifferenzen durch die institutionelle Ordnung der Zweierbeziehung selbst produziert werden.

4. Institutionelle Ordnung von Zweierbeziehungen und die Geschlechterkonstruktion

Höchst anregend für dieses Thema sind die Arbeiten von Erving Goffman zum Geschlecht: sein ursprünglich in „Theory and Society" erschienener Aufsatz „The arrangement between the sexus" (orig. 1977) sowie die Aufsatzsammlung „Gender Advertisements" (orig. 1979), die inzwischen beide in deutscher Übersetzung vorliegen (1994 bzw. 1981). Eingebettet in sein Forschungsprogramm der „interaction order" (ausführlicher hierzu Lenz 1991), befasst sich Goffman mit der Geschlechterdarstellung in Interaktionen. Sichtbar gemacht werden die wirksamen Mechanismen und Regelstrukturen, die Frauen als Frauen und Männer als Männer erkennbar machen und die für uns fortlaufend die Evidenz der Zuordnung unter Beweis stellen. Ich nehme Goffmans Analyse zum Ausgangspunkt für die Geschlechterkonstruktion in Zweierbeziehungen.

Es lassen sich weiterhin zahlreiche Indikatoren aufführen, die zeigen, dass Frauen eine benachteiligte Sozialgruppe darstellen. Ihre geringeren Einkommen, ihre schlechteren Berufschancen oder ihre geringe Partizipation in politischen Führungsämtern sollen hier als Beispiele genügen. Vergleicht man Frauen mit anderen benachteiligten Sozialgruppen, wie z.B. Ausländer/innen, Arme, psychisch Kranke, Behinderte usw., dann stößt man auf Besonderheiten. Die Benachteiligungen gehen Hand in Hand mit Bevorzugungen, die keiner anderen benachteiligten Sozialgruppe in der Gesellschaft entgegengebracht werden. Frauen werden von bestimmten Arten körperlicher Arbeit freigestellt und es gibt einen ganzen Komplex von Ehrerbietungen, der speziell für Frauen reserviert ist. Das System der Höflichkeiten legt Zeugnis der hohen Wertschätzung der Frauen ab. Diese Höflichkeitsrituale vermitteln, wie Goffman (1994, S. 123f) formuliert, „den Eindruck, dass Frauen (in den westlichen Gesellschaften) als wertvoll, dekorativ und zerbrechlich gelten, dass sie unvertraut mit allem und ungeeignet für alles sind, was Muskelkraft, handwerkliches oder elektrisches Wissen oder ein körperliches Wagnis erfordert. Überdies gewinnt man den Eindruck, dass ihnen leicht Verunreinigung und Befleckung drohen, dass sie durch die Konfrontation mit rauhen Worten und grausamen Tatsachen leicht zu beschämen sind, dass sie ebenso unsicher wie zartbesaitet sind. Folglich hat der Mann die Pflicht, einzuschreiten und zu helfen oder zu beschützen, wann immer eine Frau auf irgendeine Weise bedroht oder stark belastet zu sein scheint, indem er sie vor blutigen, grausamen Anblicken, vor ekelerregenden Dingen wie Spinnen und Würmern, vor Lärm und Regen, Wind, Kälte und anderen Widrigkeiten bewahrt." Diese und andere Verpflichtungen des Mannes gelten gegenüber von Frauen, mit denen er persönlich verbunden ist. Sie gelten z.T. aber auch für alle Frauen, die in die bloße persönliche Nähe des Mannes kommen.

Mit diesem Privileg auf besondere Umgangsformen ist die Besonderheit der Frauen als benachteiligte Sozialgruppe noch nicht ausreichend umrissen: Hinzu kommt eine einmalige Zuordnungsregel von Repräsentanten der bevor- und benachteiligten Sozialgruppe. Da die allermeisten Erwachsenen in der Vergemeinschaftungsform der Zweierbeziehung leben, ist eine Eins-zu-Eins-Zuordnungsregel charakteristisch. Im Unterschied zu benachteiligten Sozialgruppen, die sozialräumlich segregiert oder gar in totale Institutionen abgeschoben werden, findet zwischen beiden statusungleichen Sozialgruppen eine breite gruppenübergreifende Fraternisierung statt: Jeweils ein Mitglied der benachteiligten Sozialgruppen steht in enger Verbindung mit einem Mitglied der bevorteilten Sozialgruppe. Oder in radikalfeministischer Anleihe formuliert: Jede (verheiratete) Frau hat ihren Feind bei sich zu Hause!

Paare bilden eine „Art Scharnier" zwischen den beiden Geschlechterklassen. Diese Vergemeinschaftungsform schafft eine Entschärfung des Geschlechterkampfes (vgl. Burkart 1997, S. 177), da der „Feind“ nicht Feind ist, sondern vielmehr signifikanter Anderer, mit dem man sich identifiziert und sich loyal verbunden fühlt, weit vor der eigenen Geschlechtsklasse. Die makrosozialen Ungleichheiten werden auf dieser mikrosozialen Ebene zwar nicht kompensiert, aber hier wird ein spezifisches Loyalitätssystem geschaffen. Mehr noch: Die Zweierbeziehung ist - und wird immer mehr - zu dem dominanten sozialen Setting, in dem unmittelbar erfahren wird, dass Männer und Frauen „anders“ sind. Das Paar schafft - wie es Günter Burkart (1997, S. 116) formuliert: „eine komplexe Gelegenheitsstruktur zur konkreten Darstellung der Zweigeschlechtlichkeit (und) bestätigt dadurch das Wissen um die Zweigeschlechtlichkeit“ (Burkart 1997, S. 176). Der öffentliche Bereich, vor allem mit den Zwängen der Arbeitswelt, lässt zur Erfahrung der Geschlechterunterschiede immer weniger Raum. Die hart verhandelnde Managerin oder die streng prüfende Professorin sind mittlerweile erfahrbare Sozialfiguren. Im privaten Bereich dagegen, sei es in Zuständigkeitsregelungen im Haushalt, im Flirtverhalten und sexuellen Begehren oder im verfügbaren Emotionshaushalt, werden im eigenen Erfahrungsbereich Unterschiede zwischen Frauen und Männer sichtbar und sei es nur als eine scheinbare Bestätigung überkommenen Wissens. Kurzgefasst und plakativ formuliert lassen sich Zweierbeziehungen als Großfabrikationsanlage für Geschlechterdifferenzen auffassen.

4.1 Institutionelle Reflexivität als Schlüsselmechanismus

Um aufzuzeigen, wie die institutionelle Ordnung der Zweierbeziehung fortlaufend an der Geschlechterkonstruktion mitwirkt, bietet es sich an, den Begriff der institutionellen Reflexivität von Goffman (1994) in den Mittelpunkt zu stellen. Unter diesem Begriff umschreibt Goffman tief verankerte institutionelle Praktiken, die in einem sozialen Arrangement geschlechtsklassenbezogene individuelle Verhaltensweisen zum Ausdruck bringen und so die Glaubensvorstellungen über die Natur der Geschlechter immer neu schaffen, in dem diese mit unmittelbarer Evidenz ausgefüllt werden.

Bevor ich unmittelbar zur Zweierbeziehung komme, möchte ich diesen Begriff an einem Beispiel aus dem öffentlichen Raum illustrieren, und zwar am Beispiel öffentlicher Toiletten: Es ist für uns selbstverständlich, dass es an Arbeitsstätten und Versammlungsorten zwei getrennte Toiletten gibt: eine exklusiv für Frauen, eine andere ebenso exklusiv für Männer. Das Fehlen entsprechender sanitärer Anlagen kann - wie Beispiele aus Männerberufen zeigen - sogar als Argument gegen die Anstellung von Frauen verwendet werden. Goffman weist darauf hin, dass das Arrangement dieser Absonderung nicht an den biologischen Erscheinungen selbst festgemacht werden kann, sondern nur an den „landläufigen Erscheinungen der biologischen Erscheinungen.“ „Es betrifft zwar die Funktionsweise der je nach Geschlecht unterschiedlichen Organe, doch nichts an dieser Funktionsweise würde biologisch eine Absonderung verlangen; dieses Arrangement ist ein rein kulturelles Phänomen“ (Goffman 1994,

S. 134). Diese parallele Organisation getrennter öffentlicher Toiletten für Frauen und Männer ist ein Fall institutioneller Reflexivität. Die räumliche Separierung der Toiletten erscheint als eine „natürliche Folge des Unterschieds zwischen den Geschlechterklassen", obwohl sie lediglich Ausdruck unserer kulturellen Vorstellungen über die Geschlechterunterschiede ist. Da diese kulturellen Vorstellungen aber in den getrennten Toiletten objektive Faktizität gewonnen haben, trägt diese Einrichtung fortlaufend dazu bei, dass wir auf die Geschlechterunterschiede verwiesen und diese bestätigt werden.

Die institutionellen Praktiken, die fortlaufend die Unterschiede zwischen den Geschlechtern bestätigen und dadurch auch schaffen, lassen sich bereits bei der Paarbildung beobachtet. In der großen Mehrzahl der Paare sind die Frauen jünger als die Männer (vgl. Simm 1987; Tölke 1991; Burkart 1997). Dieses Muster „Mann-älter-als-Frau" hat Tradition; vollends als eine feste Regel mit einem hohen Verbindlichkeitsgrad scheint es sich vor allem mit dem Aufkommen des bürgerlichen Familienideals etabliert zu haben. Das Muster „Mann-älter-als Frau" besitzt eine normative Relevanz und in der Ratgeberliteratur bis in die Nachkriegszeit ist die Vorgabe ein fester Bestandteil: Stellvertretend sei Pierre Dufoyer (1949) erwähnt, der sich mit seinem Ratgeber an junge Mädchen wendet und ausdrücklich vor dem Irrtum warnt, das Alter des Ehegatten sei belanglos:

> „Es wäre ratsam, einen um einige Jahre älteren Mann zu wählen. (...) Wer einen bedeutend jüngeren Bewerber heiratet, muß damit rechnen, in ihm weder jene Stütze und Entschiedenheit noch die ersehnte Selbstbeherrschung zu finden, welche die Frau in ihrem Anlehnungsbedürfnis erstrebt. Ohne besondere, vernünftige Gründe, wähle also keinen zu jungen Bräutigam und keinen, der jünger ist als du" (Dufoyer 1949, S. 163).

Auch wenn diese Altersempfehlung zumindest in modernen Ratgeber der Gegenwart verschwunden ist, besteht das Muster „Mann-älter-als-Frau" weitgehend ungebrochen fort. Daran ändert auch eine verstärkte mediale Aufmerksamkeit auf Beziehungen nichts, in denen die Frau einige Jahre älter ist als der Mann. Nach Ursula Richter (1989) sind die Paare mit einer umgekehrten Altersdifferenz weiterhin „unerwünschte Beziehungen" und sie zeigt auf, wie stark diese Beziehungskonstellationen auch heute noch auf ablehnende Reaktionen im persönlichen Netzwerk stoßen. Diese Reaktionen machen deutlich, wie intakt offensichtlich das „Mann-älter-als-Frau"-Muster noch immer ist. Dieser übliche Altersabstand ist zugleich ein Garant für die Geschlechterzuschreibungen. Der Altersvorsprung des Mannes trägt dazu bei, dass es meist die Männer in Zweierbeziehungen sind, die auf der beruflichen Karriereleiter bereits weiter voran sind, die mehr verdienen und auch über mehr Erfahrungen verfügen. Alles das trägt nachhaltig dazu bei, die Natur der Geschlechter unter Beweis zu stellen.

Die Sozialgruppen der Frauen und Männer weisen jeweils untereinander in ihrer Größe und Körperkraft erhebliche Varietäten auf. Würde die Paarbildung nach einem Zufallsprinzip zustande kommen, müsste es viele Paare geben, in denen die Männer kleiner oder genauso groß bzw. schwächer oder genauso stark wie ihre Partnerinnen sind. Doch die gängige selektive Praxis der Paarbildung stellt sicher, dass die Männer in Zweierbeziehungen in aller Regel einen körperlichen Vorsprung haben. Diese Paarbildungspraxis schafft dadurch Situationen, in denen Männer demonstrieren und selbst erfahren, dass sie Frauen körperliche Hilfe leisten. Begünstigt wird dadurch auch, dass Frauen relativ wehrlos körperlichen Drohungen und Angriffen ausgesetzt sind. Dies alles trägt dazu bei, dass Frauen und Männer sich gegenseitig im Kontext von Zweierbeziehungen ihre angeblich unterschiedliche Natur vorexerzieren und ihr Glaube in die Natürlichkeit der Unterschiede bestärkt wird.

Ein weiterer wichtiger Komplex für die Hervorbringung und Sicherung der natürlichen Geschlechterordnung ist die in intimen Situationen dominante Quelle der Verhaltenssymbolik: Die intimen Verhaltensweisen der Beziehungspersonen weisen - wie Goffman (1981) aufzeigt - eine deutliche Ausrichtung am Eltern-Kind-Komplex auf. Frauen wird der Freiraum eines Kindes zugewiesen; ihnen wird das Recht auf Gefühlsausbrüche zugestanden, ein spielerischer Umgang mit der Situation und den Mitteln. Den Männern kommt in dieser Situation die Elternrolle in Form des Beschützers und der Abwehr von Störungen zu. Der zärtlichste Ausdruck von Mitgefühl geht - mit den Worten von Goffman (1981, S. 41) gesprochen - „mit Darstellungen einher (...), in denen der Platz, den die Frau einnimmt, ein anderer als der des Mannes und zu diesem reziprok ist. Liebevolle Gesten zwischen den Geschlechtern choreografieren stets das Verhältnis zwischen einem Beschützer und einer Beschützten, dem Umarmenden und der Umarmten, dem Tröster und der Getrösteten, dem Ernährer und der Ernährten, dem Spender von Liebe und Zuneigung und der Empfängerin dieser Gaben; und es wird als ganz natürlich angesehen, dass der Mann umfängt und die Frau sich umfangen lässt. Und dies gemahnt uns nur daran, dass die Herrschaft des Mannes von ganz besonderer Art ist - eine Herrschaft, die sich bis in die zärtlichsten, liebevollsten Momente erstreckt, offenbar ohne Spannungen zu erzeugen; ja, diese Momente können wir uns gar nicht frei von solchen Asymmetrien vorstellen." Es hat den Anschein, als ob das liebevolle Spiel der Geschlechter unentkoppelbar an den Eltern-Kind-Komplex als Anregungsquelle verwiesen ist, diese Zuordnung spezifischer Rollenmuster unterstreicht jedoch immerfort die Geschlechterdifferenz.

4.2 Geschlechterkonstruktion und Aushandlungsprozesse in Zweierbeziehungen

Vielfach wird konstatiert, dass an die Stelle starrer Rollenvorgaben für die Beziehungspersonen in Zweierbeziehungen inzwischen ein Bedarf an Aushandlungs- und Verständigungsprozessen im Beziehungsalltag getreten ist (vgl. Beck/Beck-Gernsheim 1990; Giddens 1993) Während noch über weite Teile des 20. Jahrhunderts bereits im Vorfeld für die Ehegatten fest definierte Zuständigkeitsbereiche vorhanden waren, sind nun die Paare im wachsenden Maße gezwungen, mit ihrer Haushaltsgründung gemeinsame Lösungen für die anstehenden Aufgaben ihrer Alltagsorganisation zu finden. Geschlechterrollenvorgaben haben an Geltungskraft eingebüßt; die Ausgestaltung des Binnenraumes von Zweierbeziehungen sei zu einer Angelegenheit individueller Aushandlungen zwischen den Beziehungspersonen geworden. Als Musterbeispiele für diese Wandlungsprozesse dienen Paare, bei denen im Falle der Familiengründung der Mann - ganz oder zeitweise - den Erziehungsurlaub nimmt, während die Frau die Ernährerrolle übernimmt.

Ohne diese Wandlungsprozesse per se leugnen zu wollen, erwächst eine gewisse Skepsis aus dem Befund, dass es nur sehr wenige Väter ihren Anspruch auf Erziehungsurlaub einlösen. Auch zeigen die vorhandenen Studien, dass sich trotz aller Aushandlungsprozesse bei der großen Mehrzahl der Paare doch eine Regelung einschleicht, die der Partnerin den größeren Teil der Hausarbeit überlässt. Es reicht nicht aus, darin eine bloße Fortdauer traditioneller Vorgaben zu sehen, die in der Modernisierung als Relikte fortbestehen. Zutreffender erscheint es vielmehr anzuerkennen, dass in den stattfindenden Aushandlungs- und Verständigungsprozessen sich Lösungen durchzusetzen, die eine Ungleichverteilung zwischen den Geschlechtern reproduzieren.

Anschauliches Beispiel hierfür ist das Paar Nancy und Evan Holt, das Arlie R. Hochschild (1990) in ihrer Studie „Der 48-Stunden-Tag" (orig. „The Second Shift") ausführlich darstellt: Nancy beschreibt sich als „glühende Feministin", die mit der Hoffnung in die Ehe geht, dass sie und Evan eine partnerschaftliche Ehe leben können. Was sich jedoch spätestens mit der Familiengründung einstellte, war eine starke Ungleichverteilung in der Hausarbeit und Kinderbetreuung. Nancy schätzte, dass sie 80% der Hausarbeit und ca. 90% der Kinderbetreuung übernommen hat. Ihr Mann schätzte die entsprechenden Anteile auf 60% bzw. 70%. Die Unzufriedenheit von Nancy mit dieser Aufteilung nahm immer stärker zu und nach einem heftigen Konflikt kamen die Holts zu der folgenden Regelung, die Nancy vorgeschlagen hat: Beide kochen dreimal in der Woche und am siebenten Tag kochen sie entweder gemeinsam oder gehen essen. Auch für das Wäsche waschen sind sie abwechselnd zuständig. Evan war zwar gegen diese starren Pläne, willigte aber in den Vorschlag von Nancy dennoch ein. Aber schon nach kurzer Zeit klappte dieses Arrangement nicht mehr: Evan „vergaß" immer häufiger einzukaufen oder dass er beim Kochen dran war; auch ließ er die Wäsche einfach liegen. Die Konflikte zwischen den beiden nahmen immer mehr zu. Ihre emotionale Beziehung hatte ihren Tiefpunkt erreicht. Der Gedanke an eine Trennung kam auf.

Dennoch kam es nicht zur Trennung, dem Paar gelang es vielmehr die Spannungen deutlich zu reduzieren, da sie - aus ihrer Sicht - zu einer einvernehmlichen Lösung der Aufteilung der Hausarbeiten kamen. Fortan war Nancy für die obere Etage zuständig und Evan für die untere. Die obere Etage umfasste das Wohnzimmer, die Küche sowie die beiden Schlaf- und Badezimmer; die untere

Etage die Garage, die als Abstell- und Hobbyraum genutzt wurde, den Hobbyraum für Evans Hobbys. Außerdem bekam Evan noch die alleinige Zuständigkeit für den Hund übertragen, der zu einer ganz wesentlichen Aufgabe aufgewertet wurde. Ihren Konflikt um die „zweite Schicht" konnten die Holts beilegen, indem die Betreuung des Hundes und der Aufgabenbereich der Garage moralisch und praktisch so weit aufgewertet wurde, dass es den gesamten übrigen Haushalt aufwog. Sie beschrieben diese Einteilung als eine faire, in etwa gleichmäßige Arbeitsteilung, die auf den natürlichen Gegebenheiten des Hauses basiere. Durch einen langen Aushandlungsprozess wurde das Problem der Arbeitsteilung mit Hilfe eines Beziehungsmythos bewältigt. „Nancy durfte sich weiterhin als eine Frau fühlen, die von ihrem Mann nicht ausgenutzt wurde und sie konnte der harten Wahrheit aus dem Weg gehen, dass Evan sich durch Gleichmut und Passivität der Mitarbeit im Haushalt entzogen hatte" (Hochschild 1990, S. 71). Beide klammerten sich hartnäckig an die Vorstellung, sie führten eine gleichberechtigte Ehe. Erforderlich hierzu war, dass beide fest an den Mythos glauben, ihre Arbeitsteilung - sie oben, er unten - sei gerecht. Strikt vermied Nancy auch ihre Freizeit mit der von Evan zu vergleichen und Evan unterstütze sie dabei. Nancy leistete hinter den Kulissen eine erstaunliche Gefühlsarbeit, damit ihre Ideale nicht mit ihrer Realität in Widerspruch gerieten. Am Ende hatte sie ihre Vorstellung von Gleichberechtigung so erfolgreich eingegrenzt und zurückgestutzt, dass sie zwei Dinge gleichzeitig tun konnte: Sich als Feministin fühlen und in Wirklichkeit mit einem Mann leben, der in traditionellen Vorstellungen verfangen blieb.

Einblick in die vorhandenen institutionellen Mechanismen gibt die Studie von Jean-Claude Kaufmann (1994), die im Deutschen unter dem Titel „Schmutzige Wäsche. Zur ehelichen Konstruktion von Alltag" (orig. „La trame conjugale. Analyse du couple par son linge" 1992) erschienen ist. Die Anschaffung einer gemeinsamen Waschmaschine ist für Kaufmann das zentrale Ereignis im Übergang zur Bestandsphase einer Zweierbeziehung. Mit dieser Anschaffung wird „die kollektive Organisation der Hausarbeit im Rahmen eines festverankerten Zuhauses akzeptiert" (Kaufmann 1994, S. 83). Wichtiger als diese Bestandsmarkierung ist in diesem Zusammenhang: Der Umgang mit schmutziger Wäsche ist auch wesentlich an der Geschlechterkonstruktion in Zweierbeziehungen beteiligt, wie das folgende längere Fallbeispiel veranschaulicht:

> „In der ersten Zeit ihres Zusammenlebens waren die Delmonys weit davon entfernt zu ahnen, wie ihre häusliche Organisation aussehen würde. Sie hatten den Wunsch, die Aufgaben gerecht zu verteilen, und hatten damit begonnen, diesen Wunsch in die Praxis umzusetzen: jeder kümmerte sich um seine Wäsche. Aber genau genommen nicht exakt auf die gleiche Weise: Olivier nahm sie oft zu seiner Mutter mit nach Hause und nahm es mit dem Wegräumen der Kleidung nicht so genau; Anne-Sophie war von Anfang an sehr sorgfältig. Aber die Unordnung und die Nachlässigkeit von Olivier störten sie nicht. Sie nahm sie kaum wahr, nur wie aus der Distanz, und sie fühlte sich nicht verpflichtet, ihm „hinterherzulaufen". Dann aber änderten sich

die Dinge langsam. Sie begann seine Krägen und Manschetten zu inspizieren, um ihn dazu anzuhalten, die Hemden öfter in die Wäsche zu tun, sie räumte Kleidungsstücke weg, die auf dem Boden herumlagen und ordnete die Wäschestapel im Schrank neu: Allmählich wurde Oliviers Unordnung zu der ihrigen und somit unerträglich. Da bemerkten sie das Ungeheure ihrer Differenzen: Der Ungezwungenheit Oliviers stand die extreme Pingeligkeit Anne-Sophies gegenüber, die die Wäsche, die aufs Bügeln wartete, in Plastiksäcke packte, damit sie nicht staubig würde, und die ein Alkoholfläschchen bei sich trug, um die Hände ihrer Kinder abzuwischen, wenn sie mit ihnen spazieren ging. Unter solchen Umständen kann der Gleichheitsgedanke nur eine eingeschränkte und oberflächliche Anwendung finden. Es gelang ihnen, ihm einen Anschein von Wirklichkeit zu geben, solange sie die Integration des gemeinsamen Haushaltes hinauszögern konnten. Aber die Geburt des ersten Kindes beschleunigte die Entwicklung erheblich. Es war undenkbar, dass sich Olivier um die Babywäsche kümmern könnte. Nicht, dass er es abgelehnt hätte: Es war Anne-Sophie, die seinen halbherzigen Umgang mit der Wäsche nicht ertragen konnte. Dennoch wollten sie nicht auf die Illusion der gleichheitlichen Aufteilung verzichten: Deshalb kümmerte sich Olivier weiterhin um seine eigene Wäsche. Nicht lange. Das Baby hatte Anne-Sophies häusliche Verstrickung verstärkt; sie konnte ihren Trieb, alles aufzuräumen, alles zu ordnen, nicht mehr zurückhalten. Beide erinnern sich nicht mehr so richtig an die Umstände dieser Veränderung („das ist einfach so passiert, eines Tages fanden wir, dass es einfacher wäre ...“), so als ob sie den unterschwelligen Kampf zwischen zwei unterschiedlichen Typen des Partnerschaftsverhaltens nicht wahrgenommen hätten. Die Idee der Gleichheit nimmt einen zu wichtigen Platz in ihrer Geschichte ein, als dass diese Episode nicht störend wäre: Wenn sie sich schlecht an sie erinnern, so liegt dies vor allem daran, dass sie sie zu vergessen suchen.“ (Kaufmann 1994: 271f).

Kaufmann verweist darauf, dass heute Paare in den Anfängen ihrer Beziehung deutlich weniger Rollenvorgaben vorfinden, die ihre Verhaltensweisen festlegen. Sie können und müssen ihren Beziehungsalltag selbst gestalten. Was sich in den letzten Jahrzehnten ereignet hat, ist - in den Worten von Kaufmann (1994, S. 291) - „ein Übergang von der vorkonfektionierten Ehe zur Ehe nach Maß.“ Die zentrale Kraft, die Aushandlungsprozesse in Zweierbeziehungen erforderlich macht und zugleich vorantreibt, ist die kulturelle Leitidee der Gleichheit der Geschlechter. Die Ergebnisse dieses großangelegten Veränderungsprozesses sind aber ernüchternd. „Es ist nicht selten, dass sie (d.h. die Beziehungspersonen, Anm. KL) von einem einheitlichen Geschlechterkostüm in der Ehe träumen, es nicht schaffen, ein solches zu schneidern, und dann peu a peu ihr Projekt aufgeben, um in traditionellere Kleider zu schlüpfen. Ein verborgener Mechanismus hat die unendlichen Freiheitsräume auf einige wenige, kärglich verteilte Territorien reduziert und auf der anderen Seite alte, kaum umgearbeitete Kleider verteilt. (..) In Wirklichkeit (..) hat die Neubestimmung, die soviel Anstrengungen gekostet hat, nur lächerliche Ergebnisse gebracht" (Kaufmann 1994, S. 292). Die große Mehrzahl der Paare in der Studie von Kaufmann versicherten zwar, dass bei ihnen die Wäsche keine spezifisch weibliche Angelegenheit sei. Sobald jedoch die Fragen präziser wurden, kam das platte Gegenteil ans Licht.

Den zentralen Grund für das Scheitern sieht Kaufmann im Widerstand der „Alltagsgesten" oder der „elementaren Haushaltspraktiken" und damit auf der Ebene der Alltagspraxis der Paare (vgl. auch Kaufmann 1999). Im Beziehungsalltag, in einem dichten System von scheinbar unbedeutenden Handlungen - Kaufmann verwendet hierfür den Begriff der Gesten - kommt die Gleichheitsidee unter die Räder und es schleichen sich nahezu unbemerkt typische Geschlechterdifferenzen wieder ein. „Für sich betrachtet, scheint jede einzelne Geste, der gebügelte Slip, das herumliegende Kleidungsstück, von lächerlicher Bedeutung. In jeder dieser Gesten indes, im zum sozialen Objekt geronnenen Slip oder Schlips, steckt die ganze Gesellschaft, die das Individuum determiniert" (Kaufmann 1994, S. 293). Indem die Partnerin damit beginnt, ein herumliegendes Kleidungsstück wegzuräumen, schafft sie „eine neue Gewohnheit, welche die Positionen der beiden Partner verschiebt und den Geschlechterkontrast reproduziert und verschärft" (Kaufmann 1994, S. 294).

Es hat den Anschein, dass die Verschiedenheit der Verhaltensmuster und Vorstellungen der Beziehungspersonen denjenigen benachteiligt, der kompetenter und anspruchsvoller ist. Kaufmann fasst dies unter dem Begriff des „Verhaltenskapitals" zusammen und spricht davon, dass sich das Verhaltenskapital der Frauen in der Alltagspraxis der Zweierbeziehungen in ein Negativkapital verwandelt. In Haushaltsarbeiten haben die Partner die Position des Schülers inne und sie sind in aller Regel schlechte Schüler: Sie erweisen sich als wenig begabt, lernen nur sehr mühsam und vergessen das Gelernte sehr rasch wieder. Indem die Frauen ihr höheres Maß von Handlungskompetenz einbringen und ihre höheren Ansprüche im Alltag umsetzen, tappen sie in eine Falle. Eine Falle ist es nicht nur deshalb, da die Frauen trotz aller Gleichheitsideale weitgehend unverändert mehr Hausarbeit leisten, sondern sie besteht gerade darin, dass sie selbst damit ein System von Praktiken fortlaufend verstärken, das von ihnen auf der diskursiven Ebene unter Anleihe am Leitbild der Geschlechtergleichheit massiv kritisiert wird. Die sich einschleichenden Ungleichheiten werden von den Paaren - wie die Aussagen in der Studie von Kaufmann zeigen - vielfach gar nicht wahr genommen. Dazu können auch - wie im Beispiel der Holts - Beziehungsmythen beitragen, die die Ungleichheit aus der Binnensicht verdecken. Einige Paare sehen zwar die ungleiche Zuständigkeitsregelung und versuchen diese mit ihren Idealen stimmig zu machen, indem sie diese als freie Entscheidungen ausgeben.

Auf deutliche Unterschiede zwischen dem Partnerschaftsideal und der Praxis der Arbeitsteilung sind auch Cornelia Koppetsch und Günter Burkart (1999) in ihrer an Kaufmann anknüpfenden Studie gestoßen. Als ein Beispiel aus dieser

Studie sei das Paar Brigitte und Heiko Lichtenberg vorgestellt. Für die Gestaltung ihrer Beziehung hat das Partnerschaftsideal eine hohe Zentralität. Die Berufstätigkeit der Frau, wie auch die Gleichverteilung der Haus- und Erziehungsarbeit ist für beide eine Selbstverständlichkeit. Nachdem Brigitte beim ersten Kind Erziehungsurlaub genommen hatte, verständigten sie sich darauf, dass beim zweiten Kind Heiko diese Aufgabe übernimmt. Nach Auskunft von Heiko übernehme er das „ganze Programm der Hausarbeit". Tatsächlich ist es jedoch - wie Koppetsch und Burkart (1999) hervorheben - nur ein bestimmter und ziemlich kleiner Ausschnitt: Im wesentlichen beschränkt sich die Tätigkeit auf die Betreuung der Kinder in der Abwesenheit seiner Frau. Bevor er aufsteht hat seine Frau bereits das Frühstück gemacht und die Kinder für die Schule bzw. Kita vorbereitet. Am Abend und am Wochenende erledigt sie einen erheblichen Teil der Hausarbeiten. Auch ist sie es dann, die sich mit den Kindern befasst. Seit dem Rollentausch haben die beiden zu dem eine Putzfrau eingestellt, die die gröbsten Putzarbeiten erledigt und gelegentlich Heikos Hemden bügelt.

Dieses Auseinanderfallen zwischen Diskursideal und Praxis ist nach Koppetsch und Burkart (1999) typisch für das individualistische Milieu, und damit in dem Milieu, in dem die Gleichheit der Geschlechter die stärkste Resonanz gefunden hat. Koppetsch und Burkart (1999) führen dies darauf zurück, dass die Idee der Gleichheit und die Haushaltspraxis auf unterschiedlichen Ebenen angesiedelt sind. „Während die Idee der Gleichheit einer (reflexiven) Diskurslogik gehorcht, beruht die Verrichtung alltäglicher Handlungen auf einer anderen, einer praktischen Logik. Diese alltäglichen Verrichtungen - und damit sind keineswegs nur die Haushaltstätigkeiten, sondern auch die Verrichtungen der Körperpflege, des Aufstehens und des Ankleidens und die ganz privaten Rituale des Beginnens und Beendens der Arbeit gemeint - bilden durch interne Verknüpfungen ein expandierendes System von Praktiken, die sich gegenseitig hervorrufen und stützen, und die, einmal ausgelöst eine ganze Kette weiterer Praktiken nach sich ziehen. Diese Eigendynamik ist ein Grund dafür, dass sich dieses System inkorporierter Praktiken kaum durch Diskurse beeinflussen lässt" (Koppetsch/Burkart 1999, S. 156). Die praktischen Vollzüge, gespeist aus unterschiedlichen Reinlichkeits- und Ordnungsvorstellungen oder auch aus dem Wunsch nach einer harmonischen Beziehung, besitzen gegenüber den Gleichheitsvorstellungen einen Vorrang.

Was sich im individualistischen Milieu findet, ist nicht einfach die Fortsetzung des traditionellen Rollenmodells, sondern durch die Verknüpfung mit dem Gleichheitsdiskurs durchaus etwas Neues. Die ungleiche Alltagspraxis geht Hand in Hand mit einer nachdrücklich aufrechterhaltenen Illusion der gerechten Aufteilung. Die häusliche Ungleichheit wird geleugnet durch plastische Entwürfe von Beziehungsmythen oder/und auch dadurch, dass sie als das Ergebnis einer freien gemeinsamen Entscheidung bzw. einer individuellen Neigung gemeinsam gedeutet wird. Hinter dem Schleier der Rhetorik der Gleichheit und über mehr oder minder explizite Aushandlungs- und Verständigungsprozesse hergestellt, breitet sich eine paarinterne Selbstverständlichkeit von Männlichkeit und Weiblichkeit aus.

Neben dieser Diskrepanz zwischen Diskurs und Praxis macht die Studie von Koppetsch und Burkart (1999) zugleich, die Grenzen der Individualisierung deutlich (vgl. auch Hondrich 1997). Das Gleichberechtigungsideal findet sich nur im individualistischen Milieu und damit nur in einem von drei untersuchten Milieus. In den beiden anderen Milieus - dem traditionellen und dem familialistischen - sind traditionelle Vorgaben noch ungleich stärker verbreitet. Im traditionellen Milieu besitzt die geschlechtliche Arbeitsteilung und das darin symbolisierte Machtgefälle zwischen den Geschlechtern eine große Selbstverständlichkeit. Die Geschlechterordnung ist nicht problematisch und damit auch nicht legitimationsbedürftig. Hier findet sich eine deutliche Trennung der Sphären des Mannes und der Frau. Die Frauen bemühen sich die Grenzen ihres Zuständigkeitsbereiches zu wahren und gegen männliche Einmischung zu verteidigen. Die Tätigkeit des Mannes im Haushalt kommt einer Normverletzung gleich. Eine klare Arbeitsteilung zwischen Berufs- und Hausarbeit findet sich auch im familialistischen Milieu. Die Definition der Geschlechterrollen ist jedoch anders. Der Status der Frau erwächst nicht aus der materiellen Bedeutung der häuslichen Versorgung der Familie, sondern resultiert aus ihrer Kompetenz, in der häuslichen Sphäre Harmonie und Intimität herzustellen. Auch die Rolle des Mannes erfährt im familialistischen Milieu eine neue Bestimmung. Nicht die akzentuierte Distanzierung gegenüber der Familie als weiblicher Lebenswelt ist für die Männer kennzeichnend. Vielmehr haben sie ein außerordentliches Interesse an der Intimität ihrer Familie als Ort von Harmonie und Privatheit. Für beide Geschlechter kommt in diesem Milieu dem Familienleben eine herausragende Relevanz zu.

4.3 Geschlechterkonstruktion und kulturelle Codierungen von Zweierbeziehungen

Diese Milieudifferenzen in der Studie von Koppetsch und Burkart (1999) machen deutlich, dass die Analyse der Geschlechterkonstruktion in Zweierbeziehungen eine Erweiterung des Fokus über die Ebene der Aushandlungsprozesse im Beziehungsalltag hinaus erforderlich macht. Indem milieugebundene Unterschiede im Beziehungsalltag aufgezeigt werden, wird evident, dass die Schaffung einer - zumindest konsensfiktionalen - gemeinsamen Wirklichkeit keine bloße „private Erfindung" eines Paares ist. Die Wirklichkeitskonstruktion eines Paares einschließlich der geschlechterdifferenten Zuschreibungspraxis vollzieht sich im vielfältigen Rückgriff auf einen kulturell vorgegebenen Vorrat von Handlungs- und Deutungsmustern. Für die Analyse der Geschlechterkonstruktion ist es erforderlich, die Ebene der kulturellen Codierung einzubeziehen, die Schablonen und Folien für die Beziehungswirklichkeit bereitstellt. Auf diese Ebene sind wir bereits gestoßen als von der Leitvorstellung der Gleichheit zwischen den Geschlechtern als Agens der Wandlungsprozesse in Zweierbeziehungen die Rede war. Aber nicht die Gleichheitsidee, die im Morast des Beziehungsalltags stecken bleibt, soll hier weiter verfolgt werden, sondern es soll nach den Wirkzusammenhängen der kulturellen Codierungen auf die Geschlechterdifferenzen gefragt werden.

Von hoher Relevanz für die Geschlechterkonstruktion sind die auf der Ebene der kulturellen Codierungen vorhandenen Ideale der Maskulinität und Feminität (vgl. Goffman 1994). Diese Ideale umfassen Vorstellungen darüber, was für diese beiden Geschlechtsklassen als „wesentlich" und „charakteristisch" gilt. Diese Weiblichkeits- und Männlichkeitsbilder stellen gesellschaftliche Wissensvorräte dar, die Folien abgeben für die Ausformung geschlechtsklassenspezifischer Erscheinungsformen, Verhaltensweisen und Emotionen; sie liefern in vielfacher Weise auch geschlechtsbezogene Erklärungen, warum man selbst oder jemand anderes sich so und nicht anders verhalten hat. Einen wesentlichen Einschnitt scheint hier das 18. Jahrhundert zu bilden, das - wie Karin Hausen (1976) aufzeigt - eine „Polarisierung der Geschlechtscharaktere" gebracht hat, einhergehend mit dem Übergang vom „ganzen Haus" zur „bürgerlichen Familie" und der damit verbundenen Dissoziation von Erwerbs- und Familienleben. Standesdefinitionen werden von Charakterdefinitionen abgelöst, die nicht mehr auf die innehabende Position und die damit verbundenen Anforderungen Bezug nehmen, sondern allgemeine, abstrakte Eigenschaften für das gesamte männliche oder weibliche Geschlecht jeweils als typisch bestimmen. In den polaren Zuschreibungen werden für den Mann als zentrale Eigenschaften Aktivität und Rationalität, für die Frau Passivität und Emotionalität hervorgehoben.

Die Polarisierung der Geschlechtercharaktere als kulturelle Vorgaben wirkt bis in die Gegenwart fort, auch wenn sich diese starre Entgegensetzung abgeschwächt hat (vgl. Hochschild 1990). Eng verwoben sind die Maskulinitäts- und Feminitätsideale mit dem romantischen Liebescode und damit - unabhängig davon, ob sich Tendenzen des Bedeutungsverlusts oder -steigerung der romantischen Liebe erkennen lassen (vgl. Lenz 1998b) - mit der zentralen Leitfolie für Zweierbeziehungen. Aus der subjektiven Perspektive ist der Beziehungsanfang in aller Regel nicht - wie es die Austauschtheorie unterstellt - ein rationales Kalkül, das die beiden vereint. Ebensowenig ist es - wie die Humanethologie nahelegt - nur ein Walten unsteuerbarer sexueller Begierde. Was die beiden zusammen bringt und miteinander innig verbindet, wird meist als Liebe umschrieben und erlebt. So sehr auch das Paar die Einmaligkeit und Einzigartigkeit seiner Liebe betont, sie baut auf einer kulturellen Codierung von Liebe auf, die eine Folie vorgibt und bereitstellt, auf der „wahre" Liebe erst empfunden und in überzeugender Weise zum Ausdruck gebracht werden kann (vgl. Luhmann 1984). Der Liebescode nimmt nachhaltig Einfluss auf den Beziehungsverlauf.

Der kulturelle Code der romantischen Liebe hat im bürgerlichen Roman in England, allen voran in den Werken von Samuel Richardson (1689-1761) Gestalt angenommen. Seinen vollsten Ausdruck fand dieser neue Liebescode dann gegen

Ende des 18. Jahrhunderts in der deutschen Romantik (vgl. Kluckhohn 1966). In der literarischen Grundlegung zeichnet sich die romantische Liebe durch eine schier grenzenlos gesteigerte Individualität der einander Liebenden aus. Die romantische Liebe ist auf ein einzigartiges Individuum ausgerichtet, und durch die Verbindung zweier einzigartiger Individuen gewinnt die Beziehung ihre Einmaligkeit. Es können nicht länger einzelne Qualitäten einer Person sein, die sie mehr oder minder auch mit allen anderen teilt, die diese Verbindung begründen, sondern nur noch die Person als Ganzes. Wie Guy Oakes (1989) in Anschluss an Georg Simmel aufzeigt, entzieht sich die Frage „warum liebst du mich" auf der Grundlage des romantischen Liebescodes einer Beantwortbarkeit. Diese Frage „commits a category mistake. It erroneously assumes that love is something that can be explained or justified, rather than something that itself provides an explanation or justification by forming the basis of the lover's existence" (Oakes 1989, S. 236). Der romantischen Liebessemantik ist eigen, wie auch Niklas Luhmann (1982, S. 174) herausstellt, dass die Anlehnung „an vorgegebene Eigenschaften aufgegeben, und Liebe (..) auf ihre eigene Faktizität gegründet werden (muß)." Diese starke Betonung der Individualität mündet - um Luhmanns Formel zu gebrauchen - in der „Reflexivität des Liebens": Der Grund der Liebe kann nur in der Liebe selbst liegen.

Diese enorme Individualisierungssteigerung bringt im Liedescode die Einheit von sexueller Leidenschaft und affektiver Zuneigung hervor. In der romantischen Liebe wird der Gegensatz zwischen der Leidenschaft des reinen Gefühls und der bloßen Befriedigung sexueller Lust versöhnt. Im romantischen Liebescode wird ein hoher Wert auf die Aufrichtigkeit des liebenden Gefühls gelegt. Alle Taktiken in der Anbahnung und Erhaltung einer Liebesbeziehung gelten als verwerflich. Die romantisch Liebenden bauen auf Dauerhaftigkeit ihrer Liebe und auf Treue. Liebe ist kein Strohfeuer, das nur am Anfang einer Zweierbeziehung lichterhell lodert und dann bald erlischt. Eine wahre Liebe sei von sich aus, naturgemäß und ohne, dass es Stabilisatoren brauche, zeitlich unbegrenzt. Die Treue ist selbstverständlich und Eifersucht überflüssig, da ein jeder und eine jede für sich einmalig, prinzipiell unersetzbar ist und sie füreinander zu einem Zentralerlebnis ihres Lebens werden, von dem aus ihr Leben erst Sinn gewinnt.

Auch wenn es in der literarischen Grundlegung der romantischen Liebe deutliche Tendenzen - ausgeprägt in Friedrich Schlegels Lucinde (orig. 1799) - einer Androgynisierung der Geschlechter gegeben hat, haben sich diese im Zuge der Ausbreitung der romantischen Liebe nicht durchgesetzt. Ausgehend aus literarischen Zirkeln breitete sich der neue Liebescode nach und nach aus. Träger des romantischen Liebescodes war zunächst das sich herausbildende Bürgertum. Später löste sich das romantische Liebesideal zunehmend vom Bürgertum und gewann Stück für Stück eine milieuübergreifende kulturelle Dominanz. Hartmann Tyrell (1987, S. 591) spricht von einem „ungeheuren Kulturerfolg" der romantischen Liebe seit dem 19. Jahrhundert. Mit den Worten von Niklas Luhmann (1982, S. 175) lässt sich von einer „Demokratisierung der Liebe im

Sinne einer für alle gleichermaßen bereitgehaltenen Möglichkeit“ sprechen: Im Prinzip solle jede Frau ihren einzigartigen Mann und jeder Mann seine einzigartige Frau finden.

Der große Kulturerfolg der romantischen Liebe war aber nur in einer „entschärften“, den sozialstrukturellen Lebensbedingungen und den korrespondierenden Kulturmustern angepassten Fassung möglich. Einen ersten Niederschlag fand das romantische Liebesideal in der Norm der Liebesheirat. Beginnend im ausgehenden 18. und im 19. Jahrhundert wurde die Liebesheirat zum kulturellen Leitbild des Bürgertums (vgl. Rosenbaum 1982, S. 285ff). Liebe avancierte - verbreitet durch Herz-Schmerz-Romane und rührselige Theaterstücke - nach und nach auch über das Bürgertum hinausgehend zum einzig legitimen Grund der Partnerwahl. Die Norm der Liebesheirat löst die lange dominierenden sachlichen Kriterien der Partnerwahl ab. Mit Liebe war auch die Formel gefunden, mit der es für die nachwachsende Generation möglich war, die Eltern aus der „Eheanbahnung“ hinauszudrängen. So revolutionär diese Norm der Liebesheirat auch für die alte Familienordnung war, so beinhaltet sie dennoch eine zeitliche „Zähmung“ der Leidenschaft der Gefühle, da diese sie auf die Zeit der „Werbephase“ beschränkt. Während bei Schlegel Liebe und Ehe gleichgesetzt wird, die Dauer der Ehe nur durch die Dauer der Liebe begründbar ist, wird im 19. und 20. Jahrhundert die Liebe zu einem Phänomen der Ehevorbereitung. Oder wie es Luhmann (1982, S. 159) in einer pointiert-nüchternen Weise formuliert: „Liebe ist dann jene eigentümliche Erregung, die man erfährt, wenn man merkt, dass man sich entschlossen hat zu heiraten.“ Wie sehr die romantische Liebe im Gefolge auf die Partnerwahl reduziert wurde, belegt in Überfülle die Unterhaltungsindustrie, die in Romanen - und im 20. Jahrhundert dann auch in Filmen - als feststehendes Finale der dargestellten Liebe die Eheschließung bzw. das gegenseitige Eheversprechen setzt.

„Angepasst“ wird das Liebesideal im Zuge seiner Durchsetzung auch in dem Aspekt, dass die erste Liebe zu der wahren geadelt wird - zumindest für die Frauen. Dass Frauen diese Freiheit zu „vorläufigen Versuchen“ zugebilligt wird, dafür schien der Boden noch lange nicht bereitet zu sein. Vielmehr liierte sich auf einer frühen Realisierungsstufe das neue Ideal der romantischen Liebe mit einer ungleich stärkeren Kontrolle, der die Frauen einer langen Tradition folgend ausgesetzt waren. Das Anschlussstück war die polare Geschlechtscharakter-Konstruktion, die es möglich machte, der einen Geschlechterklasse etwas zu gestatten, was der anderen nicht gestattet wurde, ohne dass es als willkürliche Ungleichbehandlung offenkundig wurde. Die stärkere Einschränkung des Verhaltensspielraums der Frau im Vergleich zum Mann erwuchs nun „naturgemäß“ aus den Wesensunterschieden der Geschlechter. Nach Alfred Freiherr von Knigge (orig. 1788) ist „die Unkeuschheit einer Frau weit strafbarer als die eines Mannes“ (1991, S. 145). Diese ungleiche Gewichtung des Ehebruchs findet sich auch bei Johann G. Fichte (1960, S. 323ff; orig. 1796), und für Wilhelm Heinrich Riehl (1855, S. 89) ist die „geschlechtliche Unsittlichkeit“ der Frau gar „eines der wenigen Staatsverbrechen, welche die Frau begehen kann." Das neue Ideal verpflichtete junge Frauen des Bürgertums darauf zu warten, bis der „richtige" Mann kam, der die erste und einzige Liebe sein sollte. Ihre Chancen auf dem Heiratsmarkt waren sehr stark an die Bewahrung ihrer „sexuellen Unschuld" gebunden. Die sexuelle Unschuld wird gleichsam zum Beweis der ersten und wahren Liebe. Was sich im 19. und zu großen Teilen auch im 20. Jahrhundert im abgeschwächten Liebescode durchsetzt, bildete bereits das zentrale Motiv in den großen Liebesromanen von Richardson: Pamela, die junge Häuslerstochter und Kammerjungfer, wehrt alle Nachstellungen des jungen Mr. B., in dessen Diensten sie steht, ab und gewinnt ihn durch ihre Standhaftigkeit zum Ehemann. „Virtue Rewarded" - belohnte Tugend - ist der programmatische Untertitel des Romans. Clarissa, die zweite große Frauengestalt von Richardson, geht wegen des Verlustes ihrer „Unschuld" - sie wird von ihrem Bräutigam vergewaltigt - in den Tod.

In der literarischen Fassung bezieht sich die romantische Liebe auf beide Geschlechter. Julius oder auch der junge Werther, der in einer unglücklichen Liebe zu Lotte entbrannt ist und den Freitod wählt, sind Männer, die als ekstatisch Liebende auftreten. Aber nicht diese empfindsamen Männerfiguren obsiegen als männliches Leitbild, sondern eine Konstruktion, die sich mit aller Deutlichkeit bei Fichte (1960, S. 299ff; orig. 1796) findet: Die Liebe wird zur „Natur" der Frau erklärt und dem Mann wird die Fähigkeit zu lieben überhaupt abgesprochen. Diesen Vorgaben folgend wird die Liebe in ihrer Ausbreitung auf eine „Herzensangelegenheit" der Frauen reduziert (vgl. Dröge-Modelmog 1987; Lautmann 1998). Den zahlreichen romantisch verklärt liebenden Frauen stehen vergleichsweise nüchtern wirkende Männer gegenüber, eine Szene, die in Liebesfilmen immer wieder bis in die Gegenwart wiederholt wird. Ein Phänomen, das nicht erst mit der Filmindustrie auftritt, sondern den Kulturerfolg des neuen Liebescodes von Anfang an begleitet. Das literarische Ideal wird in diesem Zusammenhang überformt durch die „Kulturidee" der polaren Geschlechtsvorgaben, in der die weibliche Emotionalität der männlichen Rationalität entgegengestellt ist. Die Frau wird zum emotionalen Wesen, das in der wahren und ersten Liebe voll und ganz aufgeht und gleichsam für den Mann „mitliebt". Luhmann (1984, S. 173) fasst dies in den Worten zusammen: „Der Mann liebt das Leben, die Frau liebt den Mann; sie liebt dadurch einerseits tiefer und ursprünglicher, andererseits auch gebundener und weniger reflektiert."

Francesca M. Cancian (1987) spricht von einer Feminisierung der Liebe. Mit „feminisierter Liebe" möchte Cancian nicht nur zum Ausdruck bringen, dass in diesem Liebescode die Frauen für die Liebe zuständig sind, sondern dass die Liebe auch ausgesprochen feminine Qualität angenommen hat. „Feminized love was defined as what women did in the home; it had nothing to do with how men related to each other at work. Love became a private feeling, disassociated from public life, economic production, and practical action to help others" (Cancian 1987, S. 24). Als Liebe wird Zärtlichkeit, der emotionale Ausdruck und das Reden über Gefühle verstanden, wogegen die praktische Seite, wie Hilfe geben und gemeinsame Aktivitäten weitgehend aus dem, was Liebe ist, ausgeklammert wurden. Diese Fassung von Liebe ist nicht nur dazu angetan, Missverständnisse zwischen den Geschlechtern am laufenden Band zu produzieren (vgl. das Fallbeispiel bei Cancian 1987), sondern sie verstärkt auch die Abhängigkeit der Frauen. „Part of the feminization of love was the belief that women had an enormous need for love and tenderness while men were naturally independent and had much less need for enduring, non-sexual love. The imbalance in emotional dependency bolstered the power of men over women" (Cancian 1987: 26). Kehrseite der Feminisierung der Liebe ist eine Entwertung der Gunstbeweise der Männer. Typische Ausdrucksformen der „männlichen" Liebe, der Partnerin einen „Gefallen machen" sie durch praktische Tätigkeiten unterstützen, erscheinen auf dieser Folie nicht mehr als „richtige" Liebe. Trotz aller Veränderungen im Liebescode in der jüngsten Vergangenheit scheint die Feminisierung der Liebe weitgehend ungebrochen fortzuwirken.

5. Schlussbemerkungen

In diesem Beitrag wurde der Versuch unternommen unter Bezugnahme auf die Ebene des Alltagshandelns wie auch auf die Ebene der kulturellen Codierungen die fortlaufenden Geschlechterkonstruktionen in Zweierbeziehungen sichtbar zu machen. Aufgezeigt werden sollten institutionelle Mechanismen und kulturelle Codierungen, die Produktion und Reproduktion von Geschlechterdifferenzen in diesem privaten Setting bewirken und dadurch das „eherne Gehäuse der Kultur" verdeutlichen, in der die Geschlechterordnung verfangen ist. Aufgegriffen wurden nur einige Aspekte der Geschlechterkonstruktion. Ausgespart habe ich den wichtigen Bereich der Sexualität. Es ist aber zu vermuten, dass sexuelle Begehren und die sexuelle Praxis von hoher Relevanz für das doing gender sind. Die Grenzen der empirischen Zugänglichkeit machen es aber äußerst schwierig zu diesem Zusammenhang vorzustoßen.

Es hat den Anschein, dass im privaten Lebenszusammenhang stärkere Barrieren einer Veränderung der Geschlechterordnung entgegenstehen als in den öffentlichen Lebensbereichen (vgl. auch Koppetsch/Burkart 1999). Letztendlich dürfte der ausschlaggebende Grund hierfür in den strukturellen Besonderheiten von Zweierbeziehungen zu finden sein. Während im öffentlichen Bereich eine Reihe von Regelungen aufgestellt und in Form von Gleichstellungsbeauftragten auch Instanzen geschaffen wurden, die auf eine Gleichheit der Geschlechter hinwirken sollen, sind diese Formen der Institutionalisierung von Interessenvertretung zugunsten der Frauen in Zweierbeziehungen nicht möglich. Die Exklusivität von Zweierbeziehungen lassen diese externen Unterstützungsformen nicht zu. Hier müssen sich zwei Personen allein verständigen und ihre gemeinsame Wirklichkeit herstellen. Aufgrund vorgefundener kultureller Codierungen sehen sie sich dabei nicht einmal als gegensätzliche Interessensparteien, sondern beginnen die Aushandlungen zu diesen langfristigen Festschreibungen im festen Glauben, dass sich - im Bilde von Platon gesprochen - zwei getrennte Kugelhälften gefunden haben.

Literatur

Beck, Ulrich und Elisabeth Beck-Gernsheim (1990), Das ganz normale Chaos der Liebe. Frankfurt/M.: Suhrkamp

Beck-Gernsheim, Elisabeth (1990), Der Dialog der Identität. Über die private Kommunikation der Geschlechter. Vortrag bei der Jahrestagung der Sektion Sprachsoziologie in Bamberg

Berger, Peter L. und Hansfried Kellner (1965), Die Ehe und die Konstruktion der Wirklichkeit. Eine Abhandlung zur Mikrosoziologie des Wissens. In: Soziale Welt 16: 220-235

Bernard, Jessie (1972), The Future of Marriage. New York: Times Mirror

Bilden, Helga (1991), Geschlechtsspezifische Sozialisation. In: K. Hurrelmann und D. Ulich (Hg.), Neues Handbuch der Sozialisationsforschung. Weinheim: 279-301

Burgess, Robert L. (1981), Relationships in marriage and the family. In: S. Duck und R. Gilmour (Hg.), Personal Relationships 1: Studying Personal Relationships. London: 179-178

Burkart, Günter (1997), Lebensphasen - Liebesphasen. Vom Paar zur Ehe, zum Single und zurück? Opladen: Leske + Budrich

Burkart, Günter (1998), Auf dem Weg zu einer Soziologie der Liebe. In: K. Hahn und G. Burkart (Hg.), Liebe am Ende des zwanzigsten Jahrhunderts. Opladen: 15-50

Butler, Judith (1991), Das Unbehangen der Geschlechter. Frankfurt: Suhrkamp

Cancian, Francesca M. (1987), Love in America. Gender and Self-Development. Cambridge: Cambridge University Press

Chodorow, Nancy (1985), Das Erbe der Mütter. Psychoanalyse und Soziologie der Geschlechter. München: Frauenoffensive

Dröge-Modelmog, Ilse (1987), Was heißt hier Liebe? Gedanken zu einem sozialen Massenphänomen. In: I. Dröge-Modelmog und G. Mergner (Hg.), Orte der Gewalt. Opladen: 15-31

Dufoyer, Pierre (1949), Soll ich heiraten? Das Buch für das Mädchen. Luzern: Rex

Fichte, Johann Gottlieb (1960), Grundlage des Naturrechts nach Prinzipien der Wissenschaftslehre. Hamburg: Meiner (orig.1796)

Fishman, Pamela M. (1984), Macht und Ohnmacht in Paargesprächen. In: S. Trömel-Ploetz (Hg.), Gewalt durch Sprache. Frankfurt am Main: 127-140

Garfinkel, Harold (1967), Studies in Ethnomethodology. Englewood Cliffs: Prentice Hall

Giddens, Anthony (1993), Wandel der Intimität. Sexualität, Liebe und Erotik in modernen Gesellschaften. Frankfurt/M.: Fischer

Gildemeister, Regine (1988), Geschlechtsspezifische Sozialisation. Neuere Beiträge und Perspektiven zur Entstehung des „weiblichen Sozialcharakters“. In: Soziale Welt 39: 486-503

Goffman, Erving (1981), Geschlecht und Werbung. Frankfurt am Main: Suhrkamp (orig. 1979)

Goffman, Erving (1994), Das Arrangement der Geschlechter. In: E. Goffman, Interaktion und Geschlecht hg von Hubert A. Knoblauch. Frankfurt am Main: 105-158 (orig. 1977)

Gräßel, Ulrike (1991), Sprachverhalten und Geschlecht. Eine empirische Studie zu geschlechtsspezifischem Sprachverhalten in Fernsehdiskussionen. Pfaffenweiler: Centaurus

Hagemann-White, Carol (1984), Sozialisation: weiblich - männlich? Opladen: Leske

Hausen, Karin (1976), Polarisierung der „Geschlechtscharaktere" - Eine Spiegelung der Dissoziation von Erwerbs- und Familienleben. In: W. Conze (Hg.), Sozialgeschichte der Familie in der Neuzeit Europas. Stuttgart: 363-393

Hirschauer, Stefan (1989) Die interaktive Konstruktion von Geschlechtszugehörigkeit. In: Zeitschrift für Soziologie 18: 100-118

Hirschauer, Stefan (1993), Die soziale Konstruktion der Transsexualität. Frankfurt am Main Suhrkamp

Hochschild, Arlie R. (1990), Der 48-Stundentag. Wege aus dem Dilemma berufstätiger Eltern. Wien: Zsolnay

Hondrich, Karl Otto (1997), Die Dialektik von Kollektivisierung und Individualisierung - am Beispiel der Paarbeziehung. In: S. Hradil (Hg.), Differenz und Integration. Die Zukunft moderner Gesellschaften. Verhandlungen des 28. Kongresses der DGS in Dresden 1996. Frankfurt am Main: 298-308

Kaufmann, Jean-Claude (1994), Schmutzige Wasche. Zur ehelichen Konstruktion von Alltag. Konstanz: Universitäts Verlag

Kaufmann, Jean Claude (1999), Mit Leib und Seele. Theorie der Haushaltstätigkeit. Konstanz: Universitätsverlag

Kessler, Suzanne J. und Wendy McKenna (1978), Gender. An Ethnomethodological Approach. Chicago: University of Chicago Press

Kluckhohn, Paul (1966), Die Auffassung der Liebe in der Literatur des 18. Jahrhunderts und in der deutschen Romantik. 3. Aufl. Tübingen: Niemeyer

Koppetsch, Cornelia und Günter Burkart (1999), Die Illusion der Emanzipation. Zur Wirksamkeit latenter Geschlechtsnormen im Milieuvergleich. Konstanz: Universitätsverlag

Koppetsch, Cornelia, Maja S. Maier und Günter Burkart (1997), Die Illusion der Emanzipation. Zwischenbericht zum DFG-Projekt „Geschlechtsnormen in Paarbeziehungen im Milieuvergleich". Freiburg: Projektbericht

Lautmann, Rüdiger (1998), Wie verschieden lieben die Geschlechter? In: K. Hahn und G. Burkart (Hg.), Liebe am Ende des zwanzigsten Jahrhunderts. Opladen: 50-64

Lenz, Karl (1991), Erving Goffman - Werk und Rezeption. In: R. Hettlage und K. Lenz (Hg.), Erving Goffman - ein soziologischer Klassiker der zweiten Generation. Bern: 27-95

Lenz, Karl (1998b), Romantische Liebe - Ende eines Beziehungsideals? In: K. Hahn und G. Burkart (Hg.), Liebe am Ende des zwanzigsten Jahrhunderts. Opladen: 65-86

Lenz, Karl (1998a), Soziologie der Zweierbeziehung. Eine Einführung. Opladen: Westdeutscher Verlag

Lindemann, Gesa (1993), Das paradoxe Geschlecht. Transsexualität im Spannungsfeld von Körper, Leib und Gefühl. Frankfurt am Main: Fischer

Lopata, Helena Z./Barrie Thorne (1978), On the term „sex roles". In: Signs 3: 718-721

Luhmann, Niklas (1984), Soziale Systeme. Grundriß einer Allgemeinen Theorie. Frankfurt am Main: Suhrkamp

Mead, Margaret (1992), Mann und Weib. Das Verhältnis der Geschlechter in einer sich wandelnden Gesellschaft. Frankfurt am Main: Ullstein (orig. 1949)

Rhyne, Darla (1981), Bases of marital satisfaction among men and women. In: Journal of Marriage and the Family 43: 941-955

Oakes, Guy (1989), Eros and modernity, Georg Simmel on love. In: D. D. Frank und E. D. McCarthy (Hg), The Sociology of Emotion. Greenwich: 229-247

Richter, Ursula (1989), Einen jüngeren Mann lieben. Neue Beziehungschancen für Frauen. Stuttgart: Kreuz

Riehl, Wilhelm Heinrich (1855), Die Naturgeschichte des Volkes als Grundlage einer deutschen Sozialpolitik, Bd. 3: Die Familie. Stuttgart: Cotta

Rosenbaum, Heidi (1982), Formen der Familie. Untersuchungen zum Zusammenhang von Familienverhältnissen, Sozialstruktur und sozialem Wandel in der deutschen Gesellschaft des 19. Jahrhunderts. Frankfurt am Main: Suhrkamp

Rubin, Lillian B. (1983), Intimate Strangers. Men and Women Together. New York: Harper & Row

Schelsky, Helmut (1955), Soziologie der Sexualität. Reinbek: Rowohlt

Schmidbauer, Wolfgang (1991), „Du verstehst mich nicht!". Die Semantik der Geschlechter Reinbek: Rowohlt

Simm, Regina (1987), Partnerschaftsdynamik und Familienentwicklung. Die innere Dynamik von Partner- und Familiensystemen und ihre strukturellen Bedingungen und Folgen. Bielefeld: IBS-Materialien Nr. 25

Simmel, Georg (1958), Soziologie. Untersuchungen über die Formen der Vergesellschaftung. 6. Aufl. Berlin: Duncker & Humblot (orig. 1908)

Tannen, Deborah (1991), Du kannst mich einfach nicht verstehen. Warum Männer und Frauen aneinander vorbeireden. Hamburg: Kabel (orig. 1990)

Tölke, Angelika (1991), Partnerschaft und Eheschließungen - Wandlungstendenzen in den letzten fünf Jahrzehnten. In: H. Bertram (Hg.), Die Familie in Westdeutschland. Stabilität und Wandel familialer Lebensformen. Familien Survey, Bd. 1. Opladen: 113-157

Tyrell, Hartmann (1986), Geschlechtliche Differenzierung und Geschlechterklassifikation. In: Kölner Zeitschrift für Soziologie und Sozialpsychologie 38: 450-489

Tyrell, Hartmann (1987), Romantische Liebe - Überlegungen zu ihrer quantitativen Bestimmtheit. In: D. Baecker et al. (Hg.), Theorie als Passion. Frankfurt am Main 570-599

Tyrell, Hartmann (1989), Überlegungen zur Universalität geschlechtlicher Differenzierung. In: J. Martin und R. Zoepffel (Hg.), Aufgaben, Rollen und Räume von Frau und Mann. Freiburg: 37-78

West, Candace und Don H. Zimmerman (1987), Doing Gender. In: Gender & Society 1: 125-151 (orig. 1977)

Die Autorinnen und Autoren

Lothar Böhnisch, Jg. 1944, Dr. rer. soc. habil., ist Professor für Sozialpädagogik und Sozialisation der Lebensalter an der Technischen Universität Dresden.

Margrit Brückner, Jg. 1946, Dr. phil. habil., ist Professorin an der Fachhochschule Frankfurt/M., Fachbereich Sozialarbeit.

Karin Jurczyk, Jg. 1952, PD Dr. phil., ist Lehrbeauftragte an den Universitäten Gießen und Marburg/L.

Karl Lenz, Jg. 1955, Dr. phil., ist Professor für Mikrosoziologie an der Technischen Universität Dresden.